国家社科基金
后期资助项目

现代汉语自主状语研究

Study on the Volitional Adverbial Modifier of the Modern Chinese

赖慧玲 著

中国社会科学出版社

图书在版编目(CIP)数据

现代汉语自主状语研究／赖慧玲著. —北京：中国社会科学出版社，2017.5

ISBN 978 – 7 – 5203 – 0280 – 7

Ⅰ.①现… Ⅱ.①赖… Ⅲ.①现代汉语 – 状语 – 研究 Ⅳ.①H146.3

中国版本图书馆 CIP 数据核字(2017)第 094567 号

出 版 人	赵剑英
责任编辑	任　明
特约编辑	李晓丽
责任校对	闫　萃
责任印制	李寡寡

出　　版	中国社会科学出版社
社　　址	北京鼓楼西大街甲 158 号
邮　　编	100720
网　　址	http://www.csspw.cn
发 行 部	010 – 84083685
门 市 部	010 – 84029450
经　　销	新华书店及其他书店
印刷装订	北京市兴怀印刷厂
版　　次	2017 年 5 月第 1 版
印　　次	2017 年 5 月第 1 次印刷
开　　本	710 × 1000　1/16
印　　张	19.75
插　　页	2
字　　数	351 千字
定　　价	86.00 元

凡购买中国社会科学出版社图书，如有质量问题请与本社营销中心联系调换
电话：010 – 84083683
版权所有　侵权必究

国家社科基金后期资助项目
出版说明

　　后期资助项目是国家社科基金设立的一类重要项目，旨在鼓励广大社科研究者潜心治学，支持基础研究多出优秀成果。它是经过严格评审，从接近完成的科研成果中遴选立项的。为扩大后期资助项目的影响，更好地推动学术发展，促进成果转化，全国哲学社会科学规划办公室按照"统一设计、统一标识、统一版式、形成系列"的总体要求，组织出版国家社科基金后期资助项目成果。

全国哲学社会科学规划办公室

目 录

第一章 绪论 ……………………………………………………………… (1)
  第一节 本研究的相关理论背景 ……………………………………… (2)
  第二节 相关研究成果综述 …………………………………………… (4)
    一 有关状语的研究综述 …………………………………………… (4)
    二 自主范畴研究综述 ……………………………………………… (19)
    三 本文的研究空间 ………………………………………………… (25)
    四 本文的研究方案 ………………………………………………… (26)

第二章 语言世界中的人的主观能动性 ……………………………… (28)
    一 词语中［＋自主］语义特征的成因 …………………………… (29)
    二 动词的［＋自主］语义特征 …………………………………… (29)
    三 其他词语的［＋自主］语义特征 ……………………………… (32)
    四 不同词语［＋自主］语义特征的异同 ………………………… (36)
    五 小结 ……………………………………………………………… (37)

第三章 自主状语的界定 ……………………………………………… (38)
  第一节 自主状语的概念和判断标准 ………………………………… (38)
  第二节 自主状语的范围 ……………………………………………… (39)
    一 动词类自主状语 ………………………………………………… (40)
    二 形容词类自主状语 ……………………………………………… (46)
    三 名词类自主状语 ………………………………………………… (52)
    四 副词类自主状语 ………………………………………………… (56)
    五 介词短语类自主状语 …………………………………………… (62)
    六 主谓短语类自主状语 …………………………………………… (71)
    七 "一＋量"重叠式类自主状语 ………………………………… (84)
    八 其他短语、固定短语构成的自主状语 ………………………… (87)

第三节 状语自主义的连续统 ………………………………… (89)
  一 状语自主义的特点 ……………………………………… (90)
  二 影响自主状语自主义的因素 …………………………… (95)
  三 小结 ……………………………………………………… (102)

第四章 自主状语的语义指向分析 ……………………………… (103)
第一节 自主状语语义指向的分类 ……………………………… (104)
  一 语义指向研究及相关理论 ……………………………… (104)
  二 自主状语语义指向的分类 ……………………………… (105)
  三 自主状语语义指向的判定标准 ………………………… (109)
第二节 指向谓语的自主状语 …………………………………… (112)
  一 指谓自主状语语义指向判定标准 ……………………… (113)
  二 指向谓语的自主状语的类型 …………………………… (114)
  三 小结 ……………………………………………………… (145)
第三节 指向主语的自主状语 …………………………………… (146)
  一 指主自主状语语义指向判定标准 ……………………… (146)
  二 指向主语的自主状语的类型 …………………………… (148)
  三 指主自主状语的形式标记"地" ……………………… (164)
  四 小结 ……………………………………………………… (168)
第四节 指向宾语的自主状语 …………………………………… (169)
  一 指宾自主状语语义指向判定标准 ……………………… (170)
  二 指向宾语的自主状语的类型 …………………………… (171)
  三 小结 ……………………………………………………… (191)

第五章 自主状语与施事类型 …………………………………… (193)
  一 自主状语与意志施事/非意志施事共现的比较 ………… (194)
  二 意志施事与非意志施事的典型特征比较 ……………… (199)
  三 自主状语句施事优选配位 ……………………………… (210)
  四 小结 ……………………………………………………… (211)

第六章 自主状语与动词的双向互动 …………………………… (212)
第一节 自主状语激活动词自主义项 …………………………… (212)
第二节 自主状语与非自主动词的互动 ………………………… (242)
  一 自主状语与非自主动词组合自主义隐没 ……………… (242)

二　非自主动词临时获得自主义 …………………………（249）
　　三　小结 …………………………………………………（265）

第七章　修饰位移动趋式的自主状语 …………………………（267）
　第一节　位移动趋式的界定 …………………………………（267）
　第二节　修饰位移动趋式的状语自主义的隐现 ……………（270）
　　一　位移事件和位移动趋式 ……………………………（270）
　　二　位移动趋式类型 ……………………………………（273）
　　三　修饰自移动趋式的状语自主义的隐现 ……………（276）
　　四　修饰致移动趋式的状语自主义的凸显 ……………（281）
　　五　小结 …………………………………………………（285）

第八章　全书总结 ………………………………………………（286）
　　一　本项研究取得的主要研究成就 ……………………（286）
　　二　本项研究的创新和待完善方面 ……………………（288）

参考文献 …………………………………………………………（289）

附表 ………………………………………………………………（303）

后记 ………………………………………………………………（308）

第一章 绪论

  20世纪以来，现象学、存在主义、哲学解释学、后现代主义等学派致力于"通过语言来揭示人"这一论题，普遍认为"人是语言的动物"，这都证明了"语言的重要性"。海德格尔就曾说"语言是人类存在的家园"，意即"任何存在者的存在居住于词语之中"①。

  在哲学史上，关于"语言"与"存在"的论述很多，其中不乏玄妙之词，但也有认识上的"泥沼"，诸如"天人合一"就有着一定程度的玄学倾向。把"语言"与"客观世界"完全"同一"，可以回避很多研究上的细节，但这种做法并不科学。像"语言是存在之家"一类的句子，是诗，是神"话"，是艺术，不是狭义上的"语言学"研究。

  人创造语言，语言成为人的第二现实。因此，在某种程度上语言是以人为中心的。这可以从两方面理解：一是语言是人的内部世界的外化，通过语言表达人的认知、目的、情感、意志等主观方面；二是语言反映的现实是人认知的对象，并且由它将有关对象的认知结果概念化在语言之中。可见，与人没有关系或者人没有关涉的外部世界不会反映在语言中。显然，人是语言的核心，研究语言必须考虑语言中人的因素。人在语言中存在，并通过语言进入人类的历史和现实世界。从某种程度上说，人们认识了语言，就可以通过它去认识世界，世界通过语言得以体现，是语言将世界具体而明确地呈现给人们。因而，人们掌握了语言，也就等于掌握了打开世界的钥匙。

  我们将从"人"的角度切入语言、研究语言。在人类征服客观世界的过程中，主体总是有意识（有目的）地作用于动物、非生物，从而对客观世界施加自己的影响。在这一过程中，人无时无刻不在发挥自身的主观能动性。经过认知过程，人的主观能动性必可概念化在语言之中。在这个"概念化的语言世界"里，我们选择其中"充当状语的部分"作为我

---

  ① 海德格尔：《海德格尔选集》，上海三联书店1996年版，第1068页。

们的研究对象，考察状语成分所体现出来的人的"自主性"问题。

第一节 本研究的相关理论背景

马克思主义认为，实践集中表现为人的活动方式，实践是认识的来源、发展动力，实践是检验认识是否正确的唯一标准。人的实践活动展现了人的生存方式，人们可以以此为出发点去理解人。通过实践活动，人的精神和观念得以对象化、物化。因此实践的结果也就凝聚着人的精神和观念。实践的观点是马克思主义认识论的基石。

19世纪末20世纪初哲学界发生的"语言转向"，以及20世纪末21世纪初英美分析性语言哲学和欧洲大陆本体论语言哲学相互交叉、融合，对语言学的跨学科研究起到了推动作用。以俄罗斯学者尼娜·阿鲁秋诺娃为代表的研究者，成功跨越了语言学与语言哲学之间的学科壁垒，将语言视为人的存在方式，从而通过语言揭示人和人的世界。他们的研究表明语言学与语言哲学并不存在绝对的界限，两者的不同之处仅仅在于切入研究对象的维度不同：前者从自然语言的逻辑分析入手，后者则从人的符号性开始。

概括地说，语言学的研究已经更多地关注语言中的主观意义，研究语言的使用者（人）并通过语言哲学研究人的思维。"Taylor（2002：5）认为，当代语言学家大多支持'语言在心智之中'（Language resides in the minds of its users）的观点，从这个角度看，他们的研究都与'认知'有关……一般认为，认知语言学主要包括认知语义学和认知语法，它们构成了认知语言学的核心内容。"[①] 进入20世纪后半期以来，越来越多的语言学家逐渐运用认知的观点和方法来研究语言。认知语言学是一门正处于形成中的学科，呈现出一种开放状态，故而认知语言学涉及的对象还不确定，以至各家对认知语言学的研究范围不尽相同。张敏认为："认知语言学是一个以我们对世界的经验以及我们感知这个世界并将其概念化的方法、策略作为基础和依据进行语言研究的语言学学派。"[②] 王寅给出的"权宜性定义"为："认知语言学是一门坚持体验哲学观，以身体经验和认知为出发点，以概念结构和意义研究为中心，寻求语言事实背后的认知

[①] 王寅：《认知语言学探索》，重庆出版社2005年版，第5—6页。

[②] 张敏：《认知语言学与汉语名词短语》，中国社会科学出版社1998年版，第3页。

方式，并通过认知方式和知识结构等对语言作出统一解释的、新兴的、跨领域的学科。"① 以乔姆斯基为首的生成学派以探索人脑中具有普遍性的人类语言根本机制为研究目标，他们认为语言是人类心智能力的一部分，这涉及认知方面的理论。"乔氏认为语言是人脑中的心理客体，是人类心智能力的一部分，因而把语言研究划归认知心理学，他也曾自认为是认知语言学家。Saeed（1997：299）也将乔氏理论归入认知语言学门下……袁毓林（1998：1）则认为，如不计较技术和细节上的巨大差异，勉强概括各种研究路子背后的共同特征，那么当代一些有影响的语言学流派大都可归在认知研究这个名目之下。"② 就语言和客观世界的关系而言，语言是人们对世界的认知以及认知对世界经验进行组织的结果，语言离不开范畴化、概念化这个过程。"语言运用和理解的过程也是认知处理的过程，所谓语言知识只不过是关于世界的知识固化于语言符号而已。"③ 语言本身就是一种认知活动，也是人类的认知成果得以表达、记载、传承的工具。

　　语义功能语法理论特别重视语义语法范畴。"语义语法范畴指的是一定的语义内容和相应的语法形式，主要是和隐性语法形式相结合而构成的语法范畴。"④ 依据这个理论，我国学者基本上放弃了单纯地凭借形态范畴建立语法体系的尝试，转而特别地注重"分布"等"隐性语法形式"，以此来构建语义语法范畴。汉语语义范畴的确立，植根于这样一个基本假设：语法的形式和意义二者是有关系的，即便是不完全对应，至少也是部分地对应。根据这个假设，自觉地注意和发现形式和意义的对应关系，揭示语义语法范畴，我们可以建构出汉语语义范畴语法体系。从操作程序看，要想发现语义语法范畴，把分布特征与语义特征结合起来研究是一个较好的途径。对非形态语言来说，例如汉语，提出语义语法范畴这一概念具有方法论上的重要意义。马庆株曾说："汉语找不到印欧语那样的形态，只好从语义范畴入手来寻找语法形式，这样比直接从语法形式入手更容易操作，更容易发现和确立语法范畴。这种理论方法行之有效，来自研究实践，又得到了研究实践的反复验证。这种方法既适用于包括汉语在内

---

① 王寅：《认知语言学探索》，重庆出版社2005年版，第8页。
② 何自然：《认知语用学——言语交际的认知研究》，上海外语教育出版社2006年版，第30页。
③ 赵艳芳：《认知语言学概论》，上海外语教育出版社2001年版，第10页。
④ 胡明扬：《胡明扬语言学论文集》，商务印书馆2003年版，第304页。

的所有形态变化少的语言，也适用于形态变化多的语言，因为即使是在形态多的语言中也不可能是所有的语法范畴在任何情况下都有形式特征，形态多的语言也有语义语法范畴。可以说所有语言都有语义语法范畴。因而由汉语语法研究中生发出的语义语法范畴理论，可以完善语法分析方法，丰富普通语言学理论。"① 语义语法范畴理论可以帮助我们解决某些深层的句法语义问题，但语义语法范畴的论证必须十分谨慎，必须从语义到形式、从形式到语义反复推敲，必须给出严密的规则，相关理论要符合语言事实。

本研究就是在马克思主义认识论的指导下，运用认知语言学和语义语法范畴理论的相关理论，对汉语句法中的状语进行［±自主］的认知、语义分析，这属于"句法—语义"范畴的研究。

第二节 相关研究成果综述

据我们对中国知识资源总库的检索，目前将自主范畴理论与状语结合起来的研究成果尚未见到。因此，我们先将现代汉语状语和自主范畴理论的基本研究现状作一个基本归纳。

一 有关状语的研究综述

自《马氏文通》问世至20世纪80年代，现代汉语状语的研究主要集中在状语的界定、状语的分类、什么样的词语可以充当状语以及状语的句法特征描写等方面。20世纪80年代以后，随着研究理论和方法的改进，学者们对状语的语义分类更加细致深入，开始用语义特征分析法研究状位成分尤其是非典型的状位成分（如名词、动词等）。学者们还运用语义指向分析法从句法和语义层面来分析状语与其他句法成分之间复杂的语义关系。可见，学者们对状语的研究已经不限于静态描写，更重要的是运用各种理论对与状语相关的问题进行解释。学者们对状语的研究大致涉及以下方面：

（一）状语的名称

状语在《马氏文通》有包含"状字"在内的一些称谓。马建忠指出：

---

① 马庆株：《忧乐斋文存：马庆株自选集》，南开大学出版社2004年版，第5页。

"凡实字以貌动静之容者，曰状字。"① "状字之于动字，亦犹静字之于名字，皆所以肖貌之者也。凡状者，必先其所状，常例也。"② 但是，"状字""状词""状语""状辞""转词"等概念在《马氏文通》里面又很不明确，既可以指代今天的副词，又可以指代句子成分"状语"，这就将词类成分和句子成分等同看待了。马建忠没有看到汉语的状语除了由副词来充当以外，还可以由其他词类充当。

"状语"的名称和内涵在《马氏文通》里显得比较混乱，后来的学者对此评议很多。例如，吕叔湘、王海棻指出："《文通》在处理状字问题上还有一个缺点，就是让'状字'一名具有两种不同的用法，既是字类，又是句子成分。"③ 黎锦熙区分了"副词"和"状语"，把状语称为"副词性附加语"④。吕叔湘、朱德熙在《语法修辞讲话》中把状语称为"附加语"⑤。吕叔湘在《中国文法要略》1942年版和1953年版中把状语叫作"丙级加词"⑥；《暂拟汉语教学语法系统》开始出现"状语"这一名称，将其定义为"修饰动词或者形容词的成分是状语"⑦；此后，"状语"这一名称被学界广泛接受。

（二）状语的界定角度

以往对汉语状语的界定，大致有三种角度：

第一，通过修饰语本身的性质确定状语。

黎锦熙把状语按中心语的性质分为"形容的附加语"和"副词的附加语"⑧ 两类，后者相当于状语。这里"副词的附加语"，从字面上看好像是修饰副词的附加语，但实际上指的是"副词性的附加语"。

第二，通过中心语的性质确定状语。

朱德熙认为："在某些偏正结构里，根据修饰成分本身的性质就可以

---

① 马建忠：《马氏文通》，商务印书馆2008年版，第51页。
② 同上书，第380页。
③ 吕叔湘、王海棻：《〈马氏文通〉评述》，《中国语文》1984年第1期。
④ 黎锦熙：《新著国语文法》，商务印书馆1998年版，第29页。
⑤ 在《语法修辞讲话》里的"附加语"不限于指"状语"，书中有"长附加语""名词的附加语""动词的附加语"等。参见吕叔湘、朱德熙《语法修辞讲话》，中国青年出版社1979年版。
⑥ 吕叔湘：《中国文法要略》，商务印书馆1942年版、1953年版。
⑦ 张志公等：《语法和语法教学——介绍"暂拟汉语教学语法系统"》，人民教育出版社1956年版，第29—30页。
⑧ 黎锦熙：《新著国语文法》，商务印书馆1998年版。

确定它是定语还是状语。"① 譬如说由名词或代词充任的表领属的修饰成分一定是定语，由副词充任的修饰成分一定是状语。

吕叔湘在讨论状语和中心语形成的"组合关系"②（也可称为"附加关系"）时，主要着眼于中心语的性质。

丁声树等在讨论"修饰语"时，围绕中心语的性质把修饰语分为名词的修饰语、动词的修饰语及形容词的修饰语③。

刘月华等认为："在短语中状语是用来修饰动词或形容词的，……在句子中，状语是句子谓语部分中的修饰成分。"④

钱乃荣："认为状语和补语都是谓语的修饰成分，是谓语的副词性扩展。"⑤

相对来说，"暂拟汉语教学语法系统"的论述较为成熟："修饰动词或者形容词的成分是状语。……状语修饰动词或者形容词，表示动作变化发生的情况、方式、时间、处所等，或者表示形状的程度等。"⑥

第三，通过整个偏正结构的性质确定状语。

朱德熙（1999）综合前人研究成果指出确定汉语句法成分状语有三种可能的途径：①根据修饰语本身的性质；②根据中心语的性质；③根据整个偏正结构的性质。他根据整个偏正结构的性质确定状语，把状语定义为谓词性偏正结构里的修饰语。我们认为从整个偏正结构的性质出发来确定状语比较全面，学术界基本认可并采纳了朱德熙的标准。

（三）状语的分类

前人对状语的分类主要是从两个层面上来进行：句法层面和语义层面。句法层面主要是看充当状语的词类性质（或者短语的性质）。比如说，可以把状语分为名词性状语、动词性状语、形容词性状语、副词性状语以及代词状语、数量短语状语、介词短语状语等等。从语义层面对状语分类主要有两个角度：状语与谓词中心语之间的语义关系（表示时间、方式、关联、工具等等）和状语的语义指向（状语的语义指向谓语、主语、宾语等等）。不同的学者对状语的分类可能会侧重某一个层面、某一

---

① 朱德熙：《定语和状语》，上海教育出版社1984年版。
② 吕叔湘：《中国文法要略》，商务印书馆1956年版，第19—22页。
③ 丁声树等：《现代汉语语法讲话》，商务印书馆1999年版，第42—55页。
④ 刘月华等：《实用现代汉语语法》，外语教学与研究出版社1983年版，第304页。
⑤ 钱乃荣：《汉语语言学》，北京语言学院出版社1995年版，第161页。
⑥ 张志公等：《语法和语法教学——介绍"暂拟汉语教学语法系统"》，人民教育出版社1956年版，第29—30页。

个角度，但是他们一般很少用单一标准，也就是说同一个学者往往会列出自己对状语的不同的分类。下面，我们对有关状语分类的代表性观点进行归纳，精力所限挂一漏万亦所难免。

朱德熙主要是根据词类和结构形式来给状语分类的，有副词作状语，形容词作状语，名词作状语，代词作状语，数量词作状语，介词结构作状语，有连带成分的状语，"……似地"作状语，主谓结构作状语，联合结构作状语，递加的状语等十一类①。这种按充当状语成分的词性和结构来对状语分类的好处是描写起来比较方便，不好的地方是这样不能揭示状语的一些比较本质的特征。因为这些状语都是从外在的表现形式来分类的，没有涉及状语和动词之间的语义关系这一本质层面。

史存直把状语分为"前加状语和后附状语"，认为不管状语的位置在谓词前还是在谓词后，都是对谓词的修饰或补充②。他所说的状语实际上还包括通常所说的补语（后附状语）。

丁声树按照状语所表示的语法意义进行分类。其中"动词的修饰语"分六类：第一类是说明动作发生的地方；第二类是说明动作发生或经历的时间；第三类是说明数量的；第四类是描写方式或状态的；第五类以上几类之外的；第六类比况性的状语③。"形容词的修饰语"主要是说明所修饰的中心语（形容词）的性质或状态的程度。

《中学教学语法系统提要》对状语的介绍较为零散，在"几种附属成分"中提到了"评论性状语""关联性状语"和"解释性状语"几种④。

刘月华等首先把状语分为"限制性的状语和描写性的状语"⑤两大类。限制性状语主要是从时间、处所、范围、对象、目的等方面对句子、谓语成分或动词、形容词加以限制，它没有描写作用。描写性状语又可以分为两小类：描写动作的、在意念上描写动作者的，其作用是描写动作行为或变化的方式、状况以及行为主体动作时的情态。

赵博源（1999）对汉语和日语中的状语进行了分类，分为①时间状

---

① 朱德熙在《定语和状语》一书中的章节标目基本上就是这样分类的，1957年版和1984年修订版章节标目并没有什么变化。参见朱德熙《定语和状语》，新知识出版社1957年版；朱德熙：《定语和状语》，上海教育出版社1984年版。
② 史存直：《语法新编》，华东师范大学出版社1982年版，第71—76页。
③ 丁声树等：《现代汉语语法讲话》，商务印书馆1999年版，第48—55页。
④ 人民教育出版社中学语文室：《中学教学语法系统提要（试用）》，人民教育出版社1984年版，第25页。
⑤ 刘月华等：《实用现代汉语语法》，外语教学与研究出版社1983年版，第305—309页。

语、②地点状语、③方式状语、④比较、比况状语、⑤程度状语、⑥目的状语、⑦对象、关涉状语，共七类。

钱乃荣（1995）根据语义性质把状语分为：时间、处所、范围、动量、程度、施受、对象、方式、目的原因、依据、协同、条件、比较、情态、判断、能愿、语气 17 类。

邢福义（1998）主要从四个角度来看状语，分别是：从语法标志看状语，从语义类型看状语，从序位顺序看不同类型的状语，从跟其他成分的联系看状语。就语义类型而言，状语又可以分成状况类状语和物体类状语两大类。状况类状语又有如下几个小类：①性态状语、②幅度状语、③程度状语、④否定状语、⑤因由状语、⑥关涉状语、⑦语气状语。物体类状语又有如下几个小类：①时地状语、②数量状语、③事物状语。

郑仁淑（1997）根据语义关系把汉语状语分为：时间、空间、与事、施事、受事、对象、当事、比较、方式、情态、动机、程度、否定、范围、语气、真值模态、评论共 17 类。

青野英美（2005）根据语义指向的不同，把描写性状语分成描主状语、描宾状语、描谓状语、描主/谓状语、描谓/宾状语五类。描主状语是指描写对象是主语，对动作行为主体的表情、姿态、心理等进行描写的描写性状语。描宾状语是以宾语为描写对象，在语义上直接和宾语发生语义关系的描写性状语。描谓状语是对谓语所表动作行为进行描写的描写性状语，它和动词发生直接语义关系。描主/谓状语，指的在对主语进行描写的同时也对谓语进行描写，在语义上同时与主谓发生语义联系的描写性状语。描谓/宾状语，指的是对谓语进行描写的同时也对宾语进行描写，在语义上既与谓语发生直接语义联系，同时也与宾语发生语义联系的描写性状语。

综上所述，对状语进行分类，虽然可以有不同的层面、不同的角度，但是，即使是使用同一个层面的同一个角度来分类，不同的学者得出的结论也不尽一致。目前，对现代汉语状语进行分类，主要是从状语的语义或语法性质入手。但是，这两种分类方法都不尽完善：从语义出发，不同学者归纳出的状语语义类型并不完全相同，这与分析的角度以及语义关系本身异常繁杂有关；从状位成分的语法性质入手，虽然得出的结论比较一致，但是由于汉语词类和句法成分之间不是一对一的简单关系，所以这种分类对于探求状中结构的组合规律并没有太大的作用。因此，现代汉语状语的分类仍然是一个具有研究价值的问题，如何找到一个有效而具有操作性的标准是我们关心的问题。不过，我们对现代汉语状语的分类也主要是着眼于语义，在分析时主观性较强，这是我们的研究需要改进的方面。

（四）状语与其他成分的比较或转换研究

伴随着语义学的兴起，学者们开始将语义指向分析法作为句法结构和语义结构多重性矛盾的接口，而在状语研究方面则集中在分析状语和定语或补语的可易位现象。

吕叔湘在讨论"汉语句法的灵活性"时，曾指出"我们又常常遇到应该是定语的词语跑到了状语的位置上，例如：（24）咱们热热地来壶茶喝。（老舍：骆驼祥子）"[1]。他将这种现象归为"移位"，即一个成分离开平常的位置，出现在其他位置上。至于移位的原因，有时是为了强调某个成分，有时是为了避免重复或由于其他结构条件的作用。

陆俭明指出指宾状位形容词不是定语易位现象而是做了句子的状语，例如"我一看，黑压压地挤了半屋子人""长长的打了一把宝剑"这样的句子"都是一般所说的包含状语和中心语的偏正结构，其中的'酽酽的'、'圆圆的'、'热热儿的'、'黑压压的'、'长长的'都是状语，修饰后面整个述宾结构"[2]。

邵敬敏（1987）从语序的三个平面讨论了定语的移位问题，在比较了"他香喷喷地吃了碗饭"和"他吃了香喷喷的饭"后，他指出"香喷喷"在两个句子中所起的作用和表示的语法意义不同。"香喷喷"在前句描写动作的情状，在后句描写事物的属性。如果把前句的"香喷喷"分析成定语前置，而又它看作状语，那么，这种语法分析的不一致性将会使人无所适从，显然还是看作状语为好。

张爱民（1996）主要是对形容词重叠式作状语与作其他成分（定语、补语、谓语）的句法语义特征进行比较。在对四类形容词重叠式（色彩类、情状类、情态类、情感类）作状语和作宾语的定语的比较中，找出了四类形容词重叠式作状语的语义特征。

侯友兰（1998a）采用了郑贵友关于"系"的说法，讨论了双系状语的移位情况及其所受的限制。侯友兰（1999a，1999b）还考察了定语在句中移位作状语的情况和状语在句中移位作定语的情况，她认为从句法平面看，处在状语位置上的形容词修饰的是谓语动词，从语用的角度看，移位后是强调谓语动作后的状态。

针对"汉语中有些修饰性成分能在状语和主/宾语的定语间移动"的

---

[1] 吕叔湘：《吕叔湘全集》（第三卷），辽宁教育出版社2002年版，第460—461页。
[2] 陆俭明：《关于定语易位问题》，《中国语文》1982年第3期。

问题，刘大为根据移动的不同情形分出 ABCDE 的 5 种类型，并指出："句法结构中的各种位置都以自身的结构意义来接纳相应的认知语义，当某词语的认知语义与某位置的结构意义不一致但是事实上进入了该位置时，由于结构意义靠了语言形式强大无比的力量，句法位置总是强制性地把固有的结构意义赋予这个词语。"①

卢建在一篇文章的摘要里说，"运用句式语法理论，对现代汉语中存在着的状定可换位现象的构成条件和概念结构进行了分析。文章认为典型的撃物状语句和撃物定语句是两种完全不同的句式，前者是主观的意志动作句，只有制作类的自主动词才可以进入该句式；而后者则是客观的状态达成句，因此只要能与句中的宾语相组配的任何动词都可进入。以此为出发点，我们认为撃物状语句的状语与撃物定语句的定语有着不同的语义内涵，前者的语义内涵可以大致概括为：状语：[主观意志性][动作伴随性][状态临时性]。正是在这个意义上，我们不同意以往的移位说、定语说以及简单化了的状语说，而是认为它们在我们的头脑里有着不同的'意象'，各自有着不同的整体意义"②。

李劲荣（2007）深入分析了定居状位这种移位现象的语用价值和语用动机。从移位所受到的语义句法制约出发，从篇章角度考证两种句式的语用价值，即它们在篇章中充当的信息功能，并进一步分析移位的语用动机。从信息功能的角度来说，异位作状语削弱了源句式的及物性特征，尤其是削弱了宾语名词的可操纵性，使其对后续篇章的启后性弱化。异位的语用动机是使性状成为焦点。文章的最终目的和结论是说明移位不但改变了源句式的语义功能，更重要的是产生了新的篇章功能。

综上所述，学者们分别从"状位"的句法位置义、句式义与状位词语的双向制约的角度来探讨状位词语在状位、定位、补位的不同语义。对不同词语由定位移至状位的条件和动因作出了富有建设性的探索。本文将主要吸收关于状位、定位和补位的不同位置义与充当状语的成分之间存在双向制约关系的相关研究成果，并将其运用到我们对自主状语的研究中。

（五）不同词类作状语的研究

汉语的词类和句法虽然不是一一对应的关系，但也不是完全没有规律。除了个别的特例和临时活用外，每一个词类都有自己的典型句法位置，同一种句法位置上的词类也有很强的一致性。可以充当状语的词类也

---

① 刘大为：《语义蕴含与修饰性成分的移动》，《世界汉语教学》1992 年第 1 期。
② 卢建：《可换位撃物状语的句位实现及功能分析》，《语言研究》2003 年第 1 期。

有典型与非典型之分，主要有下面一些情形：

第一，动词充当状语。

唐吉辰（1982）曾提出"动词状语说"，他注意到了动词作状语这一特殊的语法现象，但他的观点也有可商榷之处。曾祥明（1984）后来指出唐吉辰的一些不当之处，例如，把动词前的介词结构、形容词误认为动词；对一些能带动词宾语的动词认识不足；误用状语标志词"地"等；曾祥明完全否定了动词能够作状语的这一语法功能和语法现象，把动词作状语的现象一律划归为连动式。这样一来又走向了另一个极端，也是不妥当的。

江天（1987）指出动词能作动词的状语是毫无疑问的，而且这类动词多半是双音节的，一般需要助词"地"的帮助。倘若作状语的动词带有比况性，往往又需要"似地"的帮助。随后，他又提出了"不带'地'或'似地'的动词能否作状语"的问题，他举了"他飞跑着""我躺着休息"两例，指出前例是动词作状语，后例是连动。理由就是"飞"只修饰"跑着"，而不陈述主语"他"；而"躺着"除了修饰"休息"外，还陈述主语"我"，因而也是谓语动词，它和"休息"共同构成连动式。江天认为动词作状语除了有"地"标志外，必须是不能陈述全句主语的。我们认为他的某些观点值得商榷，如他认为作状语的动词不能陈述主语，若陈述了主语就不是状语而变成谓语了，这显然是不符合语言事实的。现代汉语中某些动词作状语语义指向主语就可以看作是对主语的陈述。

王政红（1989）从状语的形式标记"地"入手，描述了动词作状语带"地"和不带"地"的两种情况，并较为详细地论述了"动词＋地"修饰动词的词汇特征、语义关系等。

孙德金（1997）首先对动词连用形成的并列式、连动式、动宾式、动补式、状中式等结构进行区别、说明，然后对动词作状语的形式表现、数量表现和语义特点等方面进行了简要的阐述。

高增霞（2004）从语法化的角度对动词作状语的现象进行考察，认为一些动词作状语的现象是从表达"方式—动作"的连动式语法化而来的，并且动词作状语的状中结构还会进一步向复合词方向发展。在发展过程中，有些动词向着"专职的动词前加词"方向发展，进一步扩大了状中结构的使用范围，丰富了现代汉语的词类范畴。

邢福义谈道："动词作状语，一般要求带'地'。常见的有两类。一类是情绪性心理动词，包括'同情、羡慕、崇敬、尊敬、感谢、担心、怀疑、怜悯、鄙视、蔑视、怨恨、仇恨、厌恶'等等。另一类是意向性行为动词，包括'试探、乞求、讨好、巴结、挽留、安抚、爱抚、征求、征询、请示、纠正、服从、反抗、嘲弄、挑逗、审视'等等。这类动词，表示人们在某种意向支配下所采取的行为。"①

郭奇军、龙启艳在《非范畴化视角下的现代汉语动词作状语研究》的"摘要"中说："运用非范畴化理论研究现代汉语中的动词作状语现象，主要讨论了动词状语 V1 的非范畴化、动词作状语的动因及其形成机制。在构式语法理论支撑下，文章认为作状语的动词仍是动词，它是构式赋值、动词词义与动词使用频率共同作用的结果，此类动词还处在非范畴化的中间状态。"②

上述学者对动词作状语的考察，早期主要围绕动词能不能作状语展开，其实质涉及动词的语法功能问题，即动词是单功能的还是多功能的，更进一步说就是汉语的词法和句法是否有一一对应的关系。随着研究的深入，学界对动词状语的结构形式的描写更趋精密，注重研究动词状语与谓语动词之间的语义关系，注意到动词作状语时发生的功能漂移现象，并对动词作状语的动因及机制进行深入挖掘。我们认为现代汉语中有部分动词可以作状语，不过它们进入状位后表示的语义有了变化，主要表示方式义。

第二，名词充当状语。

较早关注现代汉语名词作状语现象的是洪心衡。洪心衡（1963）指出名词、动词及其词组可以直接作状语，不一定要加结构助词"地"。用作状语时在意义上是用以表示方式、情态、情况及工具、材料等。

李晋荃（1983）讨论了名词和名词短语作状语的情况，将能作状语的名词划分为四类：①名词表示动作行为的方式，②名词表示动作行为的工具、材料，③名词表示动作行为的情态，④名词表示比况。他认为，其中表动作行为的方式（包括工具、材料）的非时地名词可以充当状语，原因在于这种名动直接组合的状中短语不能扩展。除此之外，所述三类名词短语也能充当状语。他认为在"他的手本能地缩了回来""这个任务历史地落在了我们的肩上"中，"本能的""历史的"是"名词加上副词后缀'的'转化成副词作状语"。这种"转化说"认为名词仍旧是名词，而"名词+的"才是副词性成分，所以并非名词作状语。

---

① 邢福义：《汉语语法学》，东北师范大学出版社 1998 年版，第 172 页。
② 郭奇军、龙启艳：《非范畴化视角下的现代汉语动词作状语研究》，《咸宁师专学报》2010 年第 1 期。

喻芳葵（1984）结合古代汉语中状位名词的表意类型，从历时和共时两个方面探讨汉语中名词作状语现象及其规律。他认为状位名词可表示动作行为的方式、情态；动作行为使用的工具和材料。这与李晋荃观点一致，不过，他认为名词表示比喻以及名词加"地"以后修饰动词也是名词作状语的现象。其中"似的"和"地"可以作为名词充当状语的标志。

文炼（1994）认为名词也可以充当状语。他认为用名词修饰动词，利用介词表示不同的语义关系，古今是一脉相承的，差别只在于现代汉语的介词更加丰富，分工更为精密。名词直接修饰动词包括的语义关系也是多种多样的。常见的有表示比况、方式、工具、依据、原因、处所、时间几种。

孙德金（1995）以国家汉办主编的《HSK 词汇等级大纲》为考察对象，旨在通过考察现代汉语名词作状语的情况来得出词类划分上的处理意见。他将名状的语义分以下几种关系：时间+动形；处所+动形；方向+动形；工具+动形；材料+动形；方式+动形；范围+动形；数量+动形；原因+动形；目的+动形。他指出对"原则、集体、直线"等词应作兼类处理，以便较好地实现词类与句法成分的对应，利于句法分析，对于"工具""依据""处所""方向"等类词，因其在口语中可以省去介词，所以应视为介词省略的零格形式，句法上同样分析为介宾短语作状语，而不是名词作状语。而表"方式""范围""原因""目的"义的名词则可以视为名词作状语。针对名词加"地"作状语的情况，他认为是一种欧化的现象，其中"地"对应于"-ly"。

范迪容（1987）认为一般名词作状语的现象在日常用语中比较普遍，且仍在不断创新。一般名词作状语主要有三个表达上的作用：第一是精炼，有以少胜多的表达效果；第二是整齐，具有汉语特有的音韵美；第三是形象生动，使人易于联想，易于理解。

范晓（1991）认为少数抽象名词（历史、本能、科学、民主等）有时也可作状语；比喻某种情状或表示动作的工具时，某些名词有时也用来作状语；表示动作的方式或状态时，某些名词短语也可用来作状语。如：历史地考察、本能地相信、电话联系、炮轰、手写等。他所说的名词作状语，包括带"地"和不带"地"两种情况。

沈家煊（1999）指出作状语是名词的有标记的句法功能，而一般作状语的名词多为表示性质的抽象名词。按标记论，名词范畴内抽象名词是非典型的名词，相对具体名词是有标记项。有标记的名词才有有标记的句法功能，符合"标记颠倒"的模式。

刘慧清（2005）列出了能够直接作状语的名词词表，并对名词作状语的音节、句法、语义特点进行了分析和描写。她指出作状语的名词一般是双音节的，在作状语时有固定和临时之分。名词作状语与动词之间的语义关系有时间与动作、处所与动作、方式与动作、工具与动作、凭借与动作、原因与动作几种。文章指出名词作状语有独特的语用功能：一般表示非常态的、非默认值的情况，或者是需要特别强调的。

李梅认为名词状语与动词中心语的组合手段有三种不同情况。她结合句法、语义的不同特征区分了 NV 式状中短语和 NV 式主谓短语，指出"现代汉语的部分名词突破了原有的功能，具有充当状语的能力"①。

上述学者对名词的研究起初多集中于辨析名词能否作状语，哪些现象可以被定义为名词作状语以及名词的表义类型上。到了 21 世纪初，学者们对名词能作状语达成了共识，开始尝试对这一现象进行解释。对于名词作状语的功能，多认为是名词的语法功能的偏移，但各种词类语法功能本身就是一个连续统，要探究名词在状语位置上语义发生了怎样的变异，还有必要对状语位置进行深入研究。另外，光杆名词作状语，究竟是不是介词的简单删除还需要进一步思考。我们认为介词结构作状语时，说话人出于经济性考虑常常会省略介词，这时就出现了名词直接作状语的现象。不过也应该看到有些光杆名词作状语是不能添加相应的介词的，这提示我们研究名词作状语还应从名词的句法功能角度作深入分析。

第三，形容词充当状语。

吕叔湘（1965）分别对单音节形容词、双音节形容词和形容词重叠式作状语的情况进行了考察，指出单音节形容词修饰单音节动词和双音节形容词修饰双音节动词的较多，单音节修饰动词不带"de"，与动词结合紧密，就相当于一个词，双音节修饰动词，带"de"不带"de"的都有，有些带"de"的其中的"de"不能随意去掉，而有些不带"de"的不能随意加上"de"。另外，单音节形容词修饰动词时不带附属成分，而双音节形容词修饰动词可以带附属成分，带了附属成分必须带"de"。形容词重叠式中，AA 式作状语，带"de"的比不带"de"的少；AAB 式作状语，都要带"de"；AABB 式、ABAB 式以及别种构造的四字式，带"de"不带"de"的都有。

朱德熙（1999）认为单音形容词和双音形容词真正能作状语的不多，大多数形容词作状语后所表达的意义，跟作定语和谓语时相比发生了很大

---

① 李梅：《析现代汉语 NV 式状中偏正短语》，《四川师范大学学报》2001 年第 5 期。

的变化。于是，可以认为它们作状语时丧失了形容词的身份，变成副词了；而形容词重叠式则经常作状语。

朱德熙指出："性质形容词——不管是单音节的还是双音节的，作状语都受到限制，转化为状态形容词以后，就可以自由地作状语。"①

朱德熙（1984）进一步指出部分能作状语的单音形容词是很不自由的，只能修饰极有限的几个词，例如"高"只能修饰"喊"或是"举"，"粗"只能修饰"看"，"怪"只能修饰"叫"；一部分是自由的，但数量不多，常用的只有"多、少、早、晚、全、真、假"等等。能够作状语的双音节形容词大都是一些新产生的书面词汇，口语里能作状语的双音节形容词很少。

贺阳（1996）着力对性质形容词在一般口语和一般书面语中作状语的情况进行了考察。他以《汉语水平词汇与汉字等级大纲》和《形容词用法词典》所收的形容词为选词范围，根据"能受'很'等程度副词修饰，能充当定语或谓语"的标准确定性质形容词，为了保证所考察性质形容词与所修饰的中心语之间是真正的状中句法关系（即排除是构词成分的情况），作了一些硬性规定。他主要考察了性质形容词在三种格式（A 式：形容词 + 单音动词；B 式：形容词 + 复合动词；C 式：形容词 + 状中短语）中作状语情况。文中还对性质形容词加"地"后作状语的情况进行了考察，结论是单音形容词无论能否直接作状语，都不能带"地"作状语；双音节形容词不能直接作状语的（796 个），带上"地"后有 40.8%（325 个）能作状语。这样把带"地"不带"地"作状语的情况加起来，共有 44.0%（491 个）的形容词可以作状语。

山田留里子（1995）对《形容词用法词典》的所有形容词做了梳理，列举出了双音节形容词不能作状语、作状语时可带"地"可不带"地"以及作状语时一定要带"地"几种情况。得出的结论是：《形容词用法词典》所收录的 918 个双音节形容词义项中，能作状语的有 468 个，占 51%；不能作状语的共 450 个，占 49%。

王俊毅（2006）将形容词状语分为陈述性和描写性两类，研究形动组合间的语义关系与状位形容词形式上的关系，他认为陈述性形容词状语以不带"地"为常态，描写性形容词状语以带"地"为常态，语义上陈述性状中结构中状语和中心语直接相关，而描写性状中结构中状语和中心语的关联则是间接的。从形容词的类出发，只有表行形容词可能不加

---

① 朱德熙：《语法讲义》，商务印书馆 1982 年版，第 153 页。

"地"充当状语,表物形容词或者不能充当状语,或者需加"地"充当状语。

上述学者们对形容词作状语的研究主要集中在三个方面:一是对形容词作状语结构特征的研究,大多学者探讨了不同音节形式的形容词在作状语时的结构形式和能力。二是对形容词作状语进行了计量考察,得出了比较令人信服的结论。另外,20世纪90年代以后,对形容词作状语的语义指向研究,出现了很多成果,这些成果不仅仅是描写形容词作状语的语义指向情况,而且还对具有不同语义指向的形容词状语所表达的意义,所具有的语义特征、句法特征、认知基础和语用动机等进行了探讨。(详见2.1.7状语语义指向研究)

(六)结合句式研究状语

结合句式对状语进行研究,多以"把"字句和"被"字句中的状语为对象。作为汉语中颇具特色的句式,几十年来,众多的语法学家对这两类句式作了多角度的研究。但是从状语角度研究这两种特殊句式的成果不太多,也不够系统和深入。21世纪以来,人们开始关注这些特殊句式中的状语问题。

刘培玉(2004a)区分了"在L"在"把"字句里的位置:即主语前、主语和"把"字短语之间、"把"字短语和动词之间、动词之后。他指出"在L"的位置不同,导致四种句式的结构类型不同,不同句式里"在L"前面的状语也不同。"在L"和动词相互制约。

刘培玉(2004b)分析了"用"字短语在把字句里的两种位置,指出位置的不同反映人们观察事件的角度不同。同时,两种句式的结构在整体性和离析性上存在着差异。他还进一步分析了制约"用"字短语和"把"字短语位序的原则。

刘师健认为:"在'把'字句里,表示处所起点的'从L'位于'把'字短语之后时,施事可以和'把'的受事一起发生位移,我们称这类句子为'伴随位移句';施事也可以不随受事发生位移,称这类句子为'他动位移句'。在这两类句式中,'从L'的语义指向,动词的类型,施事的类别,受事的类别,施事与'从L'表示的处所的包含范围等方面都不尽相同。'从L'制约'把'字句的语义特征和结构类型。"[①]

(七)状语语义指向研究

吕叔湘指出"也有这样的情形:论结构关系,A应该属于B,但是在

---

① 刘师健:《嵌入"从L"的把字句》,《文教资料》2006年第19期。

语义上 A 指向 C"①，他举的例子中就有形容词作状语的情况，即"圆圆地排成一个圈"。

朱德熙（1982）指出有的时候作状语的形容词在意义上只跟后头的动词的宾语相关，跟动词在意义上反而没有直接的联系。

陈一（1987）根据形容词作状语时语义指向句中的谓语动词还是主宾位上的名词，将其分为"指 V 类"和"指 N 类"。其中，"指 V 类"所属的语义类型有"表情态""表结果""表程度、范围""表时间"等。"指 N 类"情况较为复杂。首先根据其指向的主宾语位置上的名词语义是施事、受事还是非施非受分为"指施事 N 的"（包括指向施事主语和施事宾语）、"指受事 N 的"（包括指向受事宾语和受事主语）和"指向非施非受 N 的"。其中，"指施事 N 的"所属的语义类型有：情态类、评议类。指向受事宾语的形容词状语所属语义类型有：表状态、表结果。"指向非施非受 N 的"形容词状语，都是表状态的，又有两种情况，一种是"'杂乱'类"，该类多出现在存在句中有时指向宾语、有时指向主语；一种是"'炽烈'类"，该类多出现在以无生事物名词为主语的主谓句中，语义指向主语。最后，陈一在结论中还指出"一般形容词作状语时，其语义指向是确定的。这一情况是有其深厚的语义基础的。粗略地说，特定的性状总是与相应的事物或动作行为等相联系，而有生名词、无生名词、动词在句子结构中所能担当的角色也存在着基本的分工。……当然，也有少数形容词，由于其自身语义特点的特殊性所决定，作状语时语义指向不确定，在不同的句子结构中作状语有多种可能的语义指向，有的甚至不限于指向动词或主宾语"②。

张力军（1990）系统研究了形容词状语语义指向，详细讨论了"NP1 + A + VP + NP2"格式中 A 的语义指向及其规律，格式中的 A 指的是充任状语的状态形容词，文章没有涉及性质形容词的范围。他认为，格式中 A 的语义指向，首先与 A 本身的内部差异有关；其次，A 在格式中指向不同的 NP，这与句法结构本身的构成及格式的语义结构也有关系；最后，有时格式中 VP 不同，也会导致 A 的语义指向发生变化，有时 A 还可以同时指向 NP 和 VP。

董金环（1991）根据状语位置上的形容词的语义指向情况，将其分成 An（语义指向体词性成分）和 Av（语义指向谓词性成分）两种，然

---

① 吕叔湘：《汉语语法分析问题》，商务印书馆 1979 年版，第 60 页。
② 陈一：《形容词作状语问题再探讨》，《北方论丛》1987 年第 5 期。

后又根据它们与所指成分之间的语义关系，分出 A 的 12 种下位语义类型。其中，指向体词性成分的共有四类：神态、部位状态、形态、性态；指向谓词性成分的共有八类：程度、方式、结果、频率、原因、目的、评价、语气。文章指出形容词状语 A 的语义指向受词语选择限制、词序和句型三种因素的制约。

卢福波（1997）将形容词状语的语义指向类型分为四种：即指向动词中心语、指向主语发出动作的人、指向与动作或事物有关的数量及指向宾语的人或事物。同时他还探讨了含有不同语义指向的形容词状语在语句运用上的差异。

侯友兰（1998a）引入"系"的概念将形容词状语纳入句法框架中进行考察。

张世才（1999）认为状语的语义指向可以分为指向施事者和受事者两大类（包括指向兼语与介词宾语）。他还提出谓语动词的修饰语可以变换句法结构，变成定语修饰语，同样也可以成立。

郑贵友（2000）以"小句中枢说"为理论背景，以"表—里—值"小三角的思路为总体上的研究思路，提出并运用"系"的理论和方法对现代汉语状位形容词以及与之相关的句法、语义问题进行了较为全面、深入的研究，全面考察了形容词状语句中的形容词状语，根据形容词在句中与谓语动词、主语、宾语在语义上的联系，分为四类，即"动主双系"的形容词状语、"动宾双系"的形容词状语、"主动宾三系"的形容词状语和"唯动单系"的形容词状语，并深入分析了每种类型状语句中的语义与形式特点。郑贵友对语义指向的研究对我们也有很大的启发，但是，根据他的分析，大量例句都存在多指现象。

王立弟、顾阳（2000）对"宾语指向"的状语的语义条件进行了探讨。他们认为形容词作"宾语指向"的状语表达动作结果的状态，这种结果的状态是动作的主体有意识/有目的的控制之下产生的，可以通过限定动作的行为方式来实现。

周国光、张林林（2003）认为具有［＋述人］语义特征的状语指向表示人的成分；具有［＋述物］语义特征的状语指向表示事物的成分；具有［＋述动］语义特征的状语，则只能指向表示动作行为的成分。

张国宪（2005）根据形容词的语义将其分为表物和表行两个语义类型，指出形容词的依附性语义特征决定了次范畴与句法成分之间有一种无标记关联，语义异指正是说话人破坏这种关联的结果；他还讨论了句法异位的语用动机，认为词语的异位是说话人试图表达某种信息意图和交际意图而采用的句法手段,是一种带有明显语用动机的"明示"行为过程。文章中关于语义异指现象的语用动机的讨论,可以看出他认为表物形容词作状语具有[+临时][+有意][+主观]的语义特征。文章还指出限于人的认知结构差异,对于语义指向的理解只能是一种接近话语意图的概率推理。我们认为语义指向分析是带有主观性的,不同的人的看法不尽相同,因此,语义指向分析法局限性也是较大的。

肖伟良(1998)分析了兼语短语前的状语,根据语义指向成分的多少,将其分为两类:单指状语和兼指状语。单指状语有五种情况:①状语指向兼语短语中的前一个谓词语;②状语指向兼语短语中的后一个谓词语;③状语指向整个兼语短语;④前一个状语指向兼语短语,后一个状语指向前一个谓词语;⑤前一个状语指向前一个谓词语,后一个状语指向兼语短语。兼指状语又分为三种:①状语兼指主语和兼语短语中的前一个谓词语;②状语兼指主语和谓语;③状语兼指主语、谓语和兼语。状语指向的成分可以是不同层面上的直接成分,也可以是不同层面上的间接成分。兼语短语前如果有两项以上的状语,它们的语义指向可能一致,也可能不一致。他在对兼语短语前状语的语义指向进行分析时,列举了大量多指的例证,但我们觉得对语义指向的分类不宜过于琐碎。

上述学者对语义指向的研究多集中在对形容词充当状语的语义指向分析上,从整体上考察状语语义指向的文章不多。

二 自主范畴研究综述

20世纪70年代到80年代,汉语语法学家就已经注意到了表示有意识行为的动词和表示无意识行为的动词在语法功能上有某些差别。例如,可以说"不吃""吃!"(祈使),但是不能说"不塌""塌!"(祈使)。有人把表示有意识行为的动词称作"意志动词",把表示无意识行为的动词称作"非意志动词"。"意志动词"和"非意志动词"只是动词的一种语义分类而不是语法上的再分类,并没有和具体的语法形式对应起来,因此这种分类只是一种语义范畴而不是语法范畴。马庆株从这两类动词语义上的差异着手,全面分析了它们在词法和句法方面的差异,并把语义上的差异和相应的句法组合功能或分布特征结合起来,为这种语义范畴找到了相应的语法形式,从而确立了汉语语法中的一个新的语法范畴,那就是现在基本已经得到公认的"自主/非自主范畴"。现代汉语关于自主范畴的研究成果主要集中在对各词类自主特征的提取,在组合中研究语言成分自主义的隐现等方面。

(一) 对词类自主范畴的研究

第一,动词自主特征的研究。

马庆株(1988)提出了划分现代汉语自主动词和非自主动词的语义、语法标准,列举了两类动词对立的多种语法表现,并进一步分析了非自主动词内部的语法差异,最后得到一个动词分类系统。马庆株比较了汉语和藏语动词的自主和非自主范畴,指出由于汉语缺乏严格意义上的形态变化,只能根据功能和分布特征来区分自主动词和非自主动词,并从语法、语义、动词的类与动词词组的类、时态语气、否定及两类动词在句法结构中与其他成分的制约关系等五个方面作了详尽的论述。

$$\text{动词}\begin{cases}\text{自主动词}\\\text{非自主动词}\begin{cases}\text{属性动词}\\\text{变化动词}\end{cases}\end{cases}$$

袁毓林(1993)在马庆株对动词自主范畴研究的基础上,进一步归纳了自主动词和非自主动词的上位范畴。他以语义和形式上的标准建构了一个基于自主范畴的动词的分类系统。按照语义标准首先把动词分为述人动词和非述人动词,再以能否进入祈使句为标准,分出能进入祈使句的可控动词和不能进入祈使句的非可控动词。可控动词下区分出能同时进入肯定式和否定式祈使句式的自主动词和只能进入否定式祈使句的非自主动词。

袁明军(1998)在马庆株对自主动词和非自主动词的分类基础上,对其中的非自主动词作了细微补充。他指出专职的状态动词是既不同于属性动词又不同于变化动词的一类动词,它和属性动词、变化动词共同构成了非自主动词的第一层级的分类。

我们认为上述学者在对动词的划分中,都不同程度地考虑了不同动词在祈使句式中的分布状况,原因在于不同形式的祈使句的语义结构对动词类型有明显的选择限制。对于缺乏形态变化的汉语而言,能否进入祈使句及能进入哪种祈使句是鉴别自主动词与非自主动词的一个很有效的形式标准。我们在研究自主状语时也采用了这一标准。

第二,形容词自主特征的研究。

关于形容词[+自主]语义特征的分析,马庆株、袁毓林、张国宪、朱景松等都有涉及。

马庆株在《与"(一)点儿"、"差(一)点儿"相关的句法语义问题》中提出"可控形容词的语义特征是[+可控],其实[+可控]就是［＋自主］"①。

袁毓林（1993）用［±人］［±可控］［±自主］等特征来刻画与祈使句相关的形容词的小类，总结出一个与祈使句相关的形容词的分类系统。可图示为：

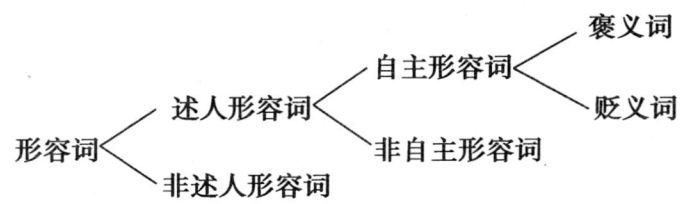

张国宪（1993）依据形容词自身的语义特点，如［±自变］［±人］［±可控］［±抽象］等语义特征，对形容词进行了层层二分，建立了一个分类系统。可图示为：

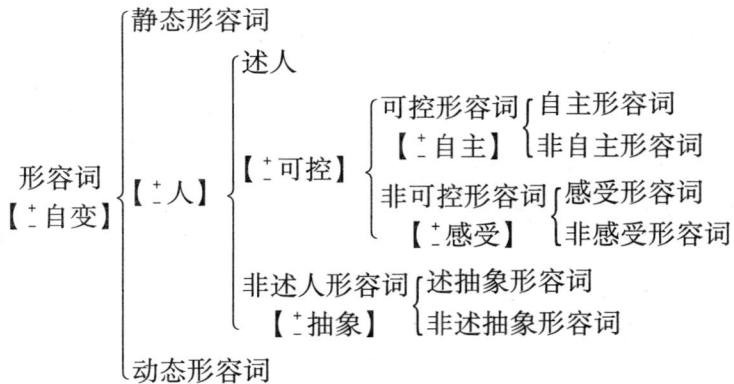

朱景松（2002）认为形容词的自主性是指"词义中含有主体的可控成分，即主体的能动成分"。朱景松把形容词的［＋自主］或［＋可控］解释得很清楚：形容词表示的性质，其形成、显现或程度上的加重，可以是人的主动行为，或者是人为的结果，而形成这种人为结果的动机反过来对主体的特定行为、动作方式等方面有制约作用。他以"放＋形容词＋（些）点儿"和"动词＋得＋形容词＋（些）点儿"为鉴定格式，把相关形容词分为内在的、外在的两类，每类又各分小类。

以上学者对形容词可控性的研究，多集中在性质形容词一类。我们认

---

① 马庆株：《与"（一）点儿"、"差（一）点儿"相关的句法语义问题》，中国语文杂志社：《语法研究和探索（六）》，语文出版社1992年版，第142页。

为部分状态形容词也有可控性，状态形容词是以性质形容词为基式通过添加后缀、重叠等手段构成的，其基本语义仍来源于其基式，所以两者在语义特征上应该是基本一致的。形式上的变化也会带来相应的表达的量度及语法功能上的变化，所以状态形容词自主性还受到这些形式手段形式特点方面的制约。下文将会谈到这里不再赘述。

第三，副词自主特征的研究。

林华勇（2005）认为副词有可控副词和非可控副词之分，能进入"Ad +（来/去）+ V +（O）+（来/去）"格式的副词称为可控副词。相反，不能进入该格式的副词称为非可控副词。能进入"Ad +（来/去）+ V +（O）+（来/去）+｛祈使｝"句式的副词称之为企望义副词，具有［+ 企望］的语义特征。能进入"Ad +（来/去）+ V +（O）+（来/去）"格式但不能构成祈使句的副词称之为非企望义副词，具有［- 企望］的语义特征。由此文章得出了副词的［±可控］［±企望］两组语义特征。

唐瑛（2001）借用"自主与非自主"理论，对副词展开讨论。她指出自主副词是用于强调人有意识、有目地以某种方式影响或引导动作行为或结果产生的副词。

上述学者主要对现代汉语的动词、形容词、副词等词类中具有的自主义进行研究，并注意联系句式分析自主义对句子意思表达的作用。他们的研究成果和有关理论对我们的启发很大。

（二）自主与非自主的转化研究

马庆株（1988）指出自主动词与非自主动词的对立并非绝对的，除了自主义或非自主义，一个动词还可以包含多种义素，例如完成义、持续义、状态义、动作义、感受义、致使义等，自主义和各义素之间有的是并存关系，有的是排斥关系。由于这些义素的存在及影响，就使得有些自主动词的自主义总是很明显，有些自主动词的自主义在一定条件下产生不确定性，即受到其他义素的影响而隐没，在另一些条件下又显现出来。这些义素与动词的分类究竟存在哪些影响，如何解决在具体划类时遇到的困难，文中都作了具体的描述和说明。

朱景松（2002）在讨论形容词的自主与非自主时明确指出："自主形容词与非自主形容词并没有截然的界限，从典型的具有能动意义的形容词到绝无能动意义的形容词，其能动意义的有无、强弱、显隐呈现为连续状态，……形容词的能动意义大都呈隐含状态，并且能动意义越弱，其能动意义的显现对语境的依赖程度就越高。"朱景松还指出与自主形容词组合的动词的性质，自主形容词的句法位置以及主体的人称的不同，都会影响自主形容词能动意义显现。

单宝顺、肖玲（2009）考察非自主动词在一定条件下的自主用法，从而揭示二者的联系。他们指出自主动词和非自主动词主要区别在于生命体意志的隐现上，而生命体意志的隐现同词义、语境等有关。他们把自主义分为"起点可控""过程可控""终点可控"三段，通过考察一些能够容纳非自主动词的自主格式、自主语境等试图揭示其中的规律。

上述学者的研究是从自主非自主的转化着手，着重讨论静态词汇层面存在的词的自主义在动态环境中的变化。自主与非自主之间并不存在绝对的界限，只要满足一定的条件二者是可以互相转化的。这一理论对于我们研究状语自主义有极为重要的作用。

（三）结合句式或特定格式研究自主特征

朱景松（1998）根据动词重叠式的表达功能和可重叠动词的语义条件，把动词重叠式的语法意义归结为三个方面：减弱动作、行为、变化的量（对量的含义重新作了解释）；延续动作、行为、变化的过程；强化动作、行为、变化主体的能动性，并且说明强化能动性是动词重叠式的最根本的意义。朱景松对动词重叠的语法意义作出了新的解释，着重说明动词重叠最突出的作用是凸显动作主体的能动性。

尹百利（2006）讨论了非自主动词重叠现象，指出非自主动词重叠的句子环境是：第一，用于表示致使的祈使句。第二，用于表示变化的句子。她认为当非自主动词重叠后，所表示的动作行为或变化就明显地增强了它的自主性，使得其所在的句子表示的事件在主观上成为可控事件。

荣晶、廖庆睿（2006）研究了祈使句中"V＋A点儿"的特点和语序问题。文章指出所有的V和A都能进入这个祈使式，这是由该祈使句本身的特性决定的。该祈使句的总句式义是：要求某人做某事，人有意识地实施某种动作、行为。因此能够进入"VA点儿"祈使句型的V的基本特征是：V［＋述人］［＋可控］［＋自主］［＋肯定］［－书面语］＜＋受修饰＞；能够进入"VA点儿"祈使句型的A的基本特征是：A［＋可控］［－贬义］［－定量］［－书面语］。

王振来（2004）结合语义考察被动表述式对自主动词和非自主动词的选择，分析了自主动词比非自主动词更容易进入被动表述的原因。自主动词的动作行为是有意识的主观控制的，而非自主动词的动作行为则是无意识的，但是却产生了不以人的主观愿望为转移的客观效果。两者语法意义的差异使其在进入被动表述时出现了不同的情况。

卢建（2003）运用句式语法理论，对现代汉语中存在着的状定可换位现象的构成条件和概念结构进行了分析。文章认为典型的摹物状语句和摹物定语句是两种完全不同的句式：前者是主观的意志动作句，只有制作类的自主动词才可以进入该句式；后者则是客观的状态达成句，因此只要能与句中的宾语相组配的任何动词都可进入。这两种句式整体句式义的差异使得它们对入句的动词提出了不同的要求。

上述研究学者主要以特定句式或格式为考察对象，分析不同词语进入该类句式或格式的不同情况，其中自主义的有无是造成不同句式与不同词语选择限制关系的重要原因之一。

（四）与自主相关的范畴的研究

张万禾（2008）认为可以把［＋自主］特征再细分为［＋意愿］和［＋可控］（能力），这两种特征对动词的句法行为也有重要的制约作用。据他考察，对［±自主］特征的这种分解能够充分解释动词自主义隐现的条件和原因、主动与被动的对立。主动意义（自主性）由意愿和可控组成，意愿又由三个特征构成，对这四个特征的否定都可以使动词由自主转化为非自主。

张黎（2003）指出汉语的镜像表达以核心动词为界，动词前的成分是有意的，动词后的成分是无意的。所谓"有意"是指主体对事件或动作本身以及动作所涉及的场所、性状、可能、方式等语义范畴的自觉性的观照；而所谓"无意"是指上述语义范畴在经过动作后，超越主体的意识而形成的客观态势，是一种主体表现范畴。有意范畴具有如下语义特征：第一，主体性：即有意范畴所表达的都是主体的选择、主体的判断、主体的目标等。第二，先时性：即对主体而言，有意范畴都是先于动作或与动作同时存在的。与此相反，无意范畴具有客体性、后时性的语义特征。这就是说，无意范畴表达的都是后于动作而形成的客体范畴。可见，"有意""无意"实际上说的是各种意象同主体之间的关系。在动作实施之前，被主体意识到的意象具有"有意"性；而在动作发生前，没有在主体意识之中的意象就具有"无意"性。

张万禾对［＋自主］特征的分解让我们对自主义的理解更深入。他着重从"情态"角度，分析了"意愿性"对被动句的影响。我们赞同他关于自主特征的分解，在本研究中注重从意愿及可控两个方面对状语自主义进行研究；张黎关于"有意"和"无意"的解释对我们也很有启发作用，状语位置在动词之前，它是表现行为主体"有意"的一个重要句法位置，状语可以表现出行为主体对动作方式、情态等特征的自觉关照。我们在研究自主状语如何体现行为主体的意志时主要借鉴了张黎的观点。

三 本文的研究空间

前人和时贤对现代汉语状语和自主范畴进行了比较充分的分析和研究，取得了丰硕的成果，这些成果为我们的研究打下了坚实的基础。学者们研究的思路和角度也启发了我们研究的方向。通过对前人关于状语和自主范畴相关研究的研读，我们认为本文可深入研究的方面有：

第一，关于状语的分类还有进一步研究的必要。前人对现代汉语状语功能与意义的归纳，存在或多或少的分歧。这说明现代汉语中的状语本身是一个很复杂的句法范畴。从已有研究可以发现，作为状语的语言单位与谓词之间的语义关系比较复杂，状语可从时间、处所、情态、方式、程度、范围、否定、幅度、关涉、语气等多方面对中心语进行修饰或限定。另外，不同学者用不同的标准，对现代汉语中的状语进行分类，得出的分类体系各不相同。虽然，不同角度的分类可以拓展我们对状语性质的认识，但是，不可否认的是至今对现代汉语状语的分类仍未取得完全一致的结论。目前，对现代汉语状语的分类多是从语义角度进行的，我们则尝试借用自主范畴理论来对状语进行分类，以期建立一个能够反映人的主观能动性的状语分类体系。

第二，学者们已经对名词、动词能作状语的观点达成了共识。但对名词、动词作状语时发生的功能游移，分析得还不够深入。我们认为对这一问题还需作进一步的探讨和挖掘。在现代汉语中，尽管词类与句法功能没有简单的对应关系，但各类词都有着主要的、常规的句法功能。充当状语并非动词、名词的主要句法功能，二者在状位发生了不同程度的语义、功能的变化。运用非范畴化理论来解释名词、动词作状语时［＋自主］特征的隐现，是我们着力解决的问题。

第三，状语语义指向的复杂性有深层语义原因和语用动因，涉及句子整体的理解和把握。语义指向可以解释句法和语义不一致的现象，对此我们认为有进一步考察的空间。

第四，就已发表的论文看，自主范畴已初步建立。尤其是从主体意志与动作的关系出发，划分出的自主/非自主动词已在语义特征和句法特征上得到了比较全面、细致的描写。因此，单就从自主性的角度对动词进行分类来说，这一课题的现有成果已处在顶峰。不过，与这一课题相关的一些问题如：这一对立范畴在汉藏语系、印欧语系、古代汉语中的表现如何；这一对立范畴用来给汉语动词性结构分类的效应如何，都是值得进一步探讨的。我们尝试借用自主范畴理论来给现代汉语中的状语进行分类，以期得到关于自主范畴的一些新的认识。

四 本文的研究方案

(一) 研究思路和研究内容

既有研究往往致力于对词类次范畴的精细描写，而对句法成分的描写相对薄弱。由于状语类型丰富、成员复杂、语序多变描写的难度较大，至今未见系统精细的研究。状语研究现状为我们提供了比较大的研究空间，我们在前人研究的基础上以自主/非自主范畴的对立特征为标准，从一个新的角度观察分析现代汉语状语，以建立一个新的现代汉语状语分类体系。同时，人的主观能动性通过认知活动概念化于语言表达的多个方面，语言不仅反映其作为物质运动的现象而且还反映人对行为的主观态度和能动控制，在状语这种句法成分中如何体现人的主观能动性是我们研究的主要内容。

(二) 研究方法和运用的理论

我们准备在句法、语义、语用三维研究的总原则的指导下，以结构主义、认知语言学等理论为框架，对语言实际运用中自主状语的情况进行充分的调研。论文各个部分的侧重有所不同：讨论自主状语的界定时，我们主要采用语义特征分析法、分布原则、典型范畴等理论；讨论自主状语的语义指向时，主要采用语义指向分析法、语义特征分析法等理论；讨论自主状语的施事特点时运用生命度理论和优选配位理论；讨论动词与自主状语的双向互动时，主要采用语义特征分析法、同类语义增强论、语用学等相关理论；讨论修饰位移动趋式的自主状语则运用了语法化理论和自主/非自主连续统理论。具体研究时，我们的立论依据是建立在大量实际语料的收集、整理和分析的基础上。所以，围绕本论文所要进行的调研主要是资料查证和语料搜集。我们将充分利用已有资源，如北京大学、国家语委等建立的比较权威的语料库，进行语料的检索和收集。调研的主要内容就是尽可能全面地将各种词类成分充当状语的情况考察清楚。此外，为了获取更加鲜活、生动、贴近生活的语料，我们利用搜索引擎从不同媒体中（如新闻广播、电视、电影、博客等）吸纳能够反映当今时代特色的语料，在此基础上对语料进行细致分析，以获得关于现代汉语自主状语相对完整的理解，确保我们研究的真实性、及时性和准确性。我们的语料来源主要有：

(1) 北京大学汉语语言学研究中心 CCL 语料库。

（2）国家语委现代汉语语料库。

（3）中央研究院现代汉语平衡语料库、近代汉语标记语料库、古代汉语语料库。

（4）部分辞书、词典用例。

（5）部分来自参考文献中摘取的例句，文中注明出处。

（6）南方网检索系统、百度搜索引擎。

我们将在研究方法上注意贯彻形式与意义相结合、静态与动态相结合、描写与解释相结合、历时研究与共时研究相结合等原则，在尽可能充分占有事实材料的基础上，采用转换验证、典型例证分析等综合方法进行深入考察。

（三）研究意义

第一，前人时贤在对现代汉语状语进行分类时采用的标准主要有：以充当状语的词语的语法性质为标准或以状语与中心语之间的语义关系为标准。按这两个标准得出的状语分类体系各不相同不具有普遍性。我们以自主范畴理论为指导，以是否具有自主义作为状语分类的标准，这是一个全新的角度，目前尚未有人做过这样的研究。

第二，学者们运用自主范畴理论对现代汉语进行的研究，多集中在词类的自主特征以及不同句式与自主特征的选择关系上。我们对状语成分自主义的研究，以不同词类的自主特征为基础，在研究中要借鉴已有的相关成果。另外，句法位置和词语之间存在双向制约关系，不同词语进入状位后自主义发生的变化将是一个极具研究价值的课题。我们在研究中注重从这个方面入手，以获得对句法位置与词语意义之间互动关系的更加深入的认识。

第三，语言不仅反映其作为物质运动的现象而且还反映人对行为的主观态度，而主观意志的概念化存在于语言表达的多个方面。通过考察状语的自主义特征以及状语与谓词之间的关系有助于深化我们对语言和世界之间关系的认识。

第二章　语言世界中的人的主观能动性

人类认识世界和改造世界的实践活动集中反映了人的主观能动性。在语言世界和客观世界之间，人的主观能动性是联系它们的重要桥梁。主体按照自己的愿望和要求，根据自己现实的能力和手段，从多样性的对象世界中有选择地确定自己活动的对象；在复杂多变的外部条件下，排除众多不利影响和刺激的干扰；以高度的注意力，通过发动或抑制某些欲望、愿望、动机、兴趣、情感等来控制自己的行动，使其符合主观意图的要求，最终达成主体预期目标。人的本质就在于人掌握世界的方式："人是世界上最奇异的存在：人创造了人自己，人创造了人的世界；人永远创造着自己，人永远创造着人的世界；人永远是未完成的存在，人的世界永远是未完成的存在。"① 对实践的主体人来说，客观世界是一个巨大的复杂系统，在人化自然和社会制度的创造和建构过程中无不渗透着人们的主观意图、预期目标，使得客观世界处处打上人的主观能动性的印记。

认知语言学认为语言并不直接表现客观世界，而是反映人对客观世界的认识成果。客观世界是人类认知活动的对象和基础，并通过人类思维这个透镜映射到语言世界中，作为认知成果概念化在语言的各个层面。虽然思维在折射客观世界的过程中会使其产生某些扭曲的映象，但总体而言，语言结构在很大程度上受到客观世界内在结构的影响。一句话，语言结构在某种程度上折射出客观现实世界内在结构（至少是我们观念中的客观现实世界的内在结构）。客观世界中人类自身的活动是为了满足人类生存发展的需要，为了实现这一目标，人类需要发挥主观能动性来协调人与自然、人与人之间的相互关系，并凭借主观能动性来确定客观世界中人类活动的具体方式、路径。这些过程经过认知活动加工，以认知成果的形式概念化在语言中，从而在语言世界中表现出人的主观能动性。根据研究需要，下文着重分析现代汉语中动词及相关词语的自主义。

---

① 孙正幸：《哲学通论》，辽宁人民出版社1998年版，第194页。

一 词语中 [＋自主] 语义特征的成因

认知语言学认为客观世界、认知世界和语言世界之间具有映射关系。人类对客观世界的认知成果通过思维活动形成概念范畴。概念范畴是人类认知的最基本因素，经过认知活动的加工在语言世界中形成语义范畴。语言是有形的，思维是无形的，语言是思维活动的产品，又是思维活动凭借的工具。当概念要以语言形式表达时，就获得了外在的物质形式——词，而概念自身成为词的内容即词义。这时，无形的概念就获得了有形的表达形式——词义。因此，我们可以将词、词义、概念三者的关系表述为：词是概念的语言形式标记，词义是获得外在表现形式的概念。这三者之间具有对应关系即：词汇形式→词汇意义→概念。这一关系与认知语言学提出的"句法结构→语义结构→概念结构"的对应关系显然是一致的，其基本精神是语言形式反映语言意义，语言意义是人类对客观世界进行概念化、范畴化等认知活动的结果。从认知语言学的角度看，词语的功能之一是对语言之外的客观世界进行分类，词的语义系统反映的是非语言世界的范畴系统。通过分析词语的认知意义能得出这样的结论：词与客观世界的范畴对应，这种对应关系是通过范畴化的认知活动获得对事物的认知概念来实现的。人类在改造自然及创造世界的过程中的主观能动性经过概念化、范畴化等认知活动的加工，反映到语言世界中就形成了语言中词语所蕴含的自主义。

二 动词的 [＋自主] 语义特征

在世界的存在、运动与相互关联的一系列活动中，人类获得了对事物结构属性及其运动方式的综合认知。在这一认知成果的基础上，人类深入地探究事物运动过程的发展规律、事物运动的本质和特性以及事物之间相互作用的方式，并总结出人类适应自然、改造自然、利用自然、征服自然的经验和教训。动词就是上述活动的概念化和范畴化。动词蕴含了与事件相关的各种主客观因素（如主体、时间、处所、方式、工具等），并通过语义符号的组织和排列将其表现出来。长久以来，语言学家的研究重点之一就是分析动词的语义特征，并取得了相当丰硕的成果。语义特征与语言结构的概念化过程密不可分，因此，它既有客观性又有主观性。动词具有语义上的非自足性，它的某些语义要素只有在进入特定语言环境后才能得到语义补偿。从语义学研究的成果看，动词的语义框架直接反映情景参与者的属性、相互关系以及与之相关的事件结构等。这一语义框架是有序的、有规律可循的，可以看作是与事件相关的语义角色紧密围绕动词义核形成的结构体，因而，参与者的固有特征必定在动词的语义特征里有所反映；反过来说，动词语义特征的形成和概念化也必定会受到参与者固有特征的影响。任何行为、事件都有自己的主体，在概念化的过程中，直接反映人类活动的动词都凝结了潜像信息，有着共同的蕴含："人"的参与。人在执行某一动作的过程中表现出的主观能动性，就概念化为动词词义中的自主义。

在动词范畴中，考虑人的主观能动性与动词语义关系的学者，主要有马庆株、袁毓林等。马庆株通过汉藏语言的对比发现，汉语有些动词是自主的（volitional），有些是非自主的（nonvolitional）。对此，马庆株（1988）做了基本的介绍：

"自主动词从语义上说是能表示有意识的或有心的动作行为的。所谓有意识的动作行为指的是能由动作发出者做主、主观决定、自由支配的动作行为。这是狭义的动作行为。我们把这种动词的语义特征记作［＋自主］，［动作］"①。

"非自主动词表示无意识、无心的动作行为，即动作行为发出者不能自由支配的动作行为，也表示变化和属性，质言之，是表示变化或属性的，因为无心的动作行为也可以看做变化或属性。这种动词的语义特征是［－自主］，［变化］／［属性］"②。

袁毓林（1993）在马庆株对"自主／非自主动词"分类的基础上，进一步把动词分为述人动词和非述人动词。其中，述人动词可以分为可控动词和非可控动词。可控动词又可以分为自主动词和非自主动词。他对这些分类是这样界定的：

像"拿、问、忘、救"等动词能够表示人的动作、行为、状态、变化等，可以叫作述人动词（human verb）；像"啄、闪、倒伏、塌"等动词只能表示人以外的动物、生物、事物等的动作、行为、状态、变化等，可以叫作非述人动词（non‐human verb）。

有些述人动词，如"拿、问、忘、落"等表示能由动作发出者控制的动作、行为，可以叫作可控动词（controllable verb）；如"知道、挨、病、患"等这种述人动词，都表示不能由动作者控制的动

---

① 马庆株：《自主动词和非自主动词》，《中国语言学报》1988 年第 3 期。
② 同上。

作、行为，可以叫作非可控动词（non-controllable verb）。

像"挽、劝、送、吃"这种可控动词，表示动作发出者有意识地发出的动作、行为，可以叫作自主动词（volitional verb）；像"跌、丢、误、嫌"这种可控动词，表示动作发出者无意中发出的动作、行为，可以叫作非自主动词（non-volitional verb）。①

根据前人提出的划分自主动词和非自主动词标准，我们将孟琮、郑怀德等编著的《汉语动词用法词典》里的两千余个动词，按照不同义项一一进行甄别，得到的自主动词主要有：

看、拔、打、拨、把握、霸占、拼、摆、摆弄、摆脱、搬、办、办理、拌、帮、帮忙、帮助、绑、包、裹、包围、承担、包围、剥、保持、保存、保护、保留、保卫、保证、报复、报告、报销、抱（用手臂围住）、背、奔跑、奔走、奔、蹦、逼、比、比较、较量、比较、比赛、闭、司幕、避、编、变（表演戏法）、辩论、表达、表决、表示（用言语行为显出某种思想感情、态度等）、表现（故意显示自己）、表演、表扬、拨、剥削、驳斥、补充、补助、擦、猜、裁、采、采购、采集、采纳、采取、采用、踩、参观、参加、参考、藏、操心、操纵、测、测量、测验等。

非自主动词主要有：

挨（遭受、忍受）、爱、爱好、爱护、爱惜、熬（忍受）、包（担保）、包含、包括、包（心里存着）、抱歉、抱怨、暴露、爆发、比（能够相比）、比照、比方、比、毕业、变（和原来不同；变化；改变）、变化、标志、表示（事物本身显出某种意义）、表现（表现出来）、病、差（不相同、不相合、错误、相差）、欠、产生、超过、吵（声音杂乱扰人）、成、成为、变为、呈现、乘、容纳、充满、收缩等。

我们认为学者们对自主动词和非自主动词的划分，体现了人类是如何从动作与主体之间的关系出发来观察事件的认识过程，反映了自然语言是

---

① 袁毓林：《现代汉语祈使句研究》，北京大学出版社1993年版，第24—27页。

如何参与社会实践并忠实地记录人类动作行为的全部过程,而其中最为重要的就是动词如何动态地显示主体改造客观世界的活动中的相关细节的。当我们看到或听到"看、听、问、拿"等词时,我们的头脑中可能会自然地浮现出"眼睛""耳朵""嘴巴""手"的具体形象,这是人类思维过程中的一种"连锁激活"现象。动词语义上的非自足性在"连锁激活"的过程中获得了语义补偿。动词语义框架中行为主体的特征,以及动作实现的手段、方式或工具,参与者的属性、相互关系以及与之相关的事件结构等主客观因素都通过这一补偿过程得以具体化、现实化,这必然会极大地影响动词语义特征。在这些影响因素中,人的自主性是最为重要的一个标记。Dowty 谈论英语里主被动关系时指出人类在观察事件时有一种习惯的顺序:即先确定是否有"人"的参与,然后再确定"有生命的物体"是否参与该事件,他称这种现象为"生命层级"(animacy hieracy),并指出这是一种"内在的偏见"(in-built bias)①。"生命层级"的重要性在于它标志着人的自主性。因而,蕴含有"人"作为主体的动词,在句法语义上的特点必定与"自主性"密不可分。从人类社会的发展历史来看,动词应该是人类最早发明的语言符号之一,它是为满足人类记录自己的行为和活动的要求而产生的。作为一种符号,动词准确地记述了人与客观世界的相互关系和交互影响,体现了人和客观世界的原始同一性和统一性,凸显了主体"人"在动词语义形成过程中的影响,其语义特征中的"自主性",对它所联系的基本事件结构的类型(如主体特点、时间、处所、方式、工具、状态、结果等)有很大的影响。"人"的活动具有意志性和工具性,行为主体在参与客观实践的过程中,动词的词根意义通过"典型实现规则"与事件结构相结合,并以词汇化的形式表现出来,既区分了行为主体与动作本身,又凸显了人的自主性的影响和作用。马庆株、袁毓林等学者在分析动词语义特征时,充分重视了主体"人"对动词语义的影响,立足"以人为本",建构一个从人的主观能动性出发的动词的新的分类体系。上述分类中的自主动词具有鲜明的自主义,是主观能动性在现代汉语中最为明显的表现之一。

三 其他词语的[+自主]语义特征

语言世界在某种程度上可以看作是对客观现实世界的描摹。人的思维

---

① Dowty, David R, *Thematic proto-roles and argument selection*, Language, 1991(合订本), p. 578.

活动通过认知过程对客观现实进行加工并形成概念，再反映到语言中凝练为词，从而实现了从无形到有形的转变。词的语义特征是人类对客观世界进行概念化、范畴化等认知活动的结果。人的"自主性"在现代汉语的语言表达形式中普遍存在，不仅体现在动词也体现在其他词语的语义特征中。

某些副词也具有［＋自主］语义特征，马庆株（1988）在论述自主动词和非自主动词时，指出这两类动词存在与其他词的组合对立：

> 有些自主动词能受方式副词（亲自、擅自、特地、特意、专程、大力、大肆、默默、暗暗、暗中、暗地、暗自、死死、活活、苦苦、好好、好生、草草、一例、甘、瞎、胡）的修饰，而非自主动词一般不能受这类副词修饰。对比两类动词受方式副词修饰的情况：
> （1）a 亲自干　　　好好学　　　瞎说　　　（自主）
> 　　　b＊亲自知道　＊好好懂　　＊瞎忘　　（非自主）

我们认为上述方式副词只能和自主动词组合，而不能和非自主动词组合。这些副词词义中蕴含有人的主观能动性，可以体现出人类对其行为方式的主动控制。因而，它们的词义中也具有［＋自主］语义特征。

马庆株还指出自主动词能受"马上"修饰，非自主动词一般不受"马上"修饰。试比较：

（2）a 马上找　　马上洗　　马上搬　　（自主）
　　　b＊马上忘　＊马上塌　＊马上败　（非自主）

上面 b 组中的"马上"都可以变换为"立刻"，使原来不合法的结构成立。

例（2）a 中的"找""洗""搬"表示人有意识的发出的动作行为，是自主动词，它们能够和"马上"组合；而例（2）b 中的"忘""塌""败"表示人无法主观控制的动作行为，是非自主动词，它们不能和"马上"组合，但可以和"立刻"组合。这一组合上的对立，反映出"马上—立刻"这对同义副词的差异：它们只在动作执行时间和言语行为时间的间隔短这一时间点上构成同义，而在［±自主］语义特征上二者对立。因而"马上"一般和自主动词组合，而"立刻"一般和非自主动词组合。

某些形容词也体现出人的自主性，马庆株（1991）、袁毓林（1993）、张国宪（1993）、朱景松（2002）等都认为形容词具有可控义。

马庆株在《与"（一）点儿"、"差（一）点儿"相关的句法语义问题》一文中提出：

"可以后加'点儿/着点儿'构成祈使句的形容词是可控性质形容词，简称为可控形容词。"① "可控形容词的语义特征是 [＋可控]，其实 [＋可控] 就是 [＋自主]。"②

马庆株在文章中还指出进入"A 着点儿"的形容词主要有三种情况③：

这些形容词表示要求说话人具有的性质的，如"老实、诚实"等。
这些形容词表示要求听话人的动作行为具有的性质的，如"快、慢"等。
这些形容词表示要求听话人动作所影响的事物具有的性质的，如"大、小"等。

不同的形容词其可控义往往有不同的具体表现。有的性质状态可以通过人的主观意志来决定显现或不显现。如：

（3）钱先生轻轻拍了拍孩子的脑袋，一再说："别闹，乖乖的，别哭了！"（老舍《四世同堂》）
（4）澳大利亚有些地方人也多，如银行。人虽多，却安静。人都老老实实排队，特别有耐心。（《新华社新闻稿》，2004 年）
（5）奶奶又对朱辰讲："辰辰要勇敢点儿，像个男子汉，我最喜欢勇敢的孩子。"（《报刊精选》，1994 年）

---

① 马庆株：《与"（一）点儿"、"差（一）点儿"相关的句法语义问题》，中国语文杂志社《语法研究和探索（六）》，语文出版社 1992 年版，第 132 页。
② 同上书，第 142 页。
③ 同上书，第 132 页。

例（3）—（5）中的形容词重叠式"乖乖""老老实实"以及由形容词与"点儿"组合成的"勇敢点儿"，都表示可以在人的主观意志的控制下得以显现的性质状态，这些形容词具有可控性。

有的性质状态在某些语境中不受人力控制，但是通过调整形容词出现的语境可以在某种程度上实现人对该性质状态的控制。如：

（6）一盘切得薄薄的牛肉片子，一碗炖得烂烂的红烧牛腩，一碟炒得嫩嫩的蚝油牛肉，谁知一筷子夹下去，第四样还是牛肉。（古龙《陆小凤传奇》）

（7）"把衣服改短点儿，别穿衬裙和紧身胸衣啦，不然夏天你会热死的。"（考琳·麦卡洛《荆棘鸟》）

（8）我看出他想说的是"那为什么不将这儿搞得干净点儿，卫生点儿？"（梁晓声《感觉日本》）

例（6）—（8）中出现的形容词"薄""烂""嫩""短""干净""卫生"是物体固有的性质状态，一般不以人的主观意志为转移。但是在例（6）—（8）中，以上述形容词为基础构成的形容词重叠式"薄薄的""烂烂的""嫩嫩的"，由形容词与"点儿"组合成的"短点儿""干净点儿""卫生点儿"都凸显出可控性，突出了主体通过实施某种动作行为，实现或改变该形容词表示的性状的过程。如例（6）中通过"切"使"牛肉片子"具有了"薄薄的"的状态，通过"炖"使"红烧牛腩"具有了"烂烂的"的状态，通过"炒"使"蚝油牛肉"具有了"嫩嫩的"的状态；例（7）、（8）分别通过"改"和"搞"的动作使"衣服"和"这儿"呈现出"短点儿"和"干净点儿""卫生点儿"的状态。

马庆株指出"不仅动词有自主与非自主的区别，动词性结构也有这样的区别。"[①] 例如：

（9）据教师讲，她听课时注意力不集中，精神不振，课堂上常打哈欠，甚至趴在课桌上酣然入睡。（《报刊精选》，1994年）

（10）见面时，她吃了一惊，想不到姐姐也同时剪了短发。两人还穿着同样的上装，同样的裙子。（《中国儿童百科全书》，2015年）

（11）吴琼给我打电话，说她的文章已经写好了，想先给我看

---

① 马庆株：《自主动词与非自主动词》，《中国语言学报》1988年第3期。

看,让我再提些意见。(卞庆奎《中国北漂艺人生存实录》)

(12) 我决定趁着现在没事,去动物园看一看。(卞庆奎《中国北漂艺人生存实录》)

例(9)中的"打哈欠"是人类生理的自然反应,疲倦劳累都会自然引起这类动作。因而,它不是在人的主观意志控制下发生的,是非自主性的。例(10)"吃了一惊"是人类受到外界刺激产生的心理反应,是人力无法控制的情况,因而是非自主性的。例(11)、例(12)"打电话""去动物园"都是人有意识、有目的的行为,因而是自主性的。

人类通过认知活动将体验到的客观世界加以概念化并进行编码,最终形成自然语言,其本质是反映人类感知、认识世界的成果。从自然语言的形成来看,人类实践活动中的主观能动性可以经认知投射为概念性表征,再编码到自然语言的词语中。因而,现代汉语中的部分词语在静态词汇层面上不同程度地蕴含有自主义,这是记录人类活动的自然语言的突出特点之一。

四 不同词语 [+自主] 语义特征的异同

认知语言学认为语言在某种程度上是对客观世界的反映。我们认为现代汉语不同词语中存在的 [+自主] 语义特征,是"人"的主观意志在语言中留下的印记。因此,无论是动词还是其他词类、短语中包含的 [+自主] 语义特征,都可以理解为"具有某种主体可控成分"。不过,[+自主] 语义特征在不同的词语中的表现不尽相同。对于动词而言,[+自主] 语义特征表现为行为主体有意识、有目的地发出动作;对于副词而言,[+自主] 语义特征表现为行为主体对动作相关特征(方式、工具等)有控制的能力;对于形容词而言,[+自主] 语义特征表现为行为主体对某种性质状态,拥有促使其显现或发生变化的控制能力;对于动词性短语而言,[+自主] 语义特征表现为行为主体能否主动地开始某种行为。

尽管不同词语表现人的主观能动性的侧重点不同,但是它们都体现出行为主体主动进行的行为(有意识地发出动作、促使性状显现、改变等)中的意志性和能动性。从过程分析的角度来看,人类行为可以分解为若干个过程,大致可分为主观意识活动阶段和具体行为实施阶段。以购物这一常见行为为例:首先是产生购物欲望的心理活动阶段,愿望产生之后根据自己的价值观会产生一个态度,然后实施购物这种行为,包括出门、去商场、选购、付款等等。这一系列行为都离不开行为主体的意志性和能动性。所谓的意志性是指主体是否有清晰的意识，有明确的目的，有使动作行为进行的决心，等等。意志性是致使行为主体发出某个动作行为的主观驱动力，但是仅具备意志性并不足以开始活动，像"考上大学"这样的行为是具有主体意志性的，但是这个行为要得到实现还必须通过发挥能动性创造条件。比如，主观上要有刻苦学习的精神、坚忍不拔的毅力；要通过学习储备有足够的知识；客观上要有适合学习的环境等等。能动性可以使一般情况下不自主的动作行为朝着人们所期待的方向转化。例如：

（13）有一次打仗，我把一个鬼子挑到悬崖下，自己也滑下去了。（冯国跃《长在房上的小白杨》）

（14）带足炮弹，你和弹药手们先是顺坡滑下去，速度越快越好！（李存葆《高山下的花环》）

例（13）、（14）的区别就在于位移的过程是否在主体的主观控制下完成。根据物理定律，物体在不使用外力的情况下自上而下的位移最易发生，它基本不需要人为有目的有意识地操控。例（13）的"滑下去"是主体无意发出的动作，是一种意外不自觉的情况；而例（14）中同样的"滑下去"是主体有意识地利用自然规律实现快速移动的目的，这是主体自主的有目的的行为。可见，人的主观能动性可在一定程度上实现"趋利避害"主观愿望。

五 小结

本章我们着重分析了语言世界中人的主观能动性在不同词语中的表现及其异同。按照认知语言学的观点，我们认为语言在某种程度上可以看作是对客观现实世界的描摹。因此，通过认知加工形成的词语，会不同程度地含有反映人的主观能动性的［+自主］特征。我们以前人时贤的研究为基础，对语言中不同词语的自主义做了比较全面的分析，以此作为我们研究自主状语的基础。

第三章　自主状语的界定

本章界定我们的研究对象。前文已经谈到，关于状语的分类标准目前并不统一，大多数学者是从语义角度对状语进行分类的。比较常见的状语分类是以谓词为中心对状语所表的意义进行分类，这种分类体系以刘月华（1983b）为代表。首先把状语分为描写性状语和非描写性状语两大类，再按照状语与中心语之间形成的不同语义关系划分小类。

我们讨论的"自主状语"是一种认知语义的分类。以自主范畴为理论基础，采用形式和意义结合的标准。我们将现代汉语中语义蕴含有主体可控成分，能够进入肯定祈使句的状语称为自主状语。

第一节　自主状语的概念和判断标准

我们认为在界定自主状语时需要遵循意义和形式相互验证的研究原则，前文已经提及，"人"的主观意志在语言中留下的印记，通过认知活动概念化在不同的词语中。从语义上看，虽然不同词语具有的［＋自主］语义特征表现不尽相同，但是都可以用语义中蕴含有"主体可控成分"来概括。因此，我们在判定自主状语时采用的意义标准是：语义中蕴含有主体可控成分。具体来说，自主状语能够表示主体有意选择的，用来实施、凭借、伴随、达成动作行为的相关特征（时间、空间、速度、力度、程度、状态、方式、工具等），或能表现主体对动作行为相关参与者施加有意控制的成分。

从形式上看，虽然具有［＋自主］语义特征的语言成分在进入状语位置后，受到状位意义的影响，其［＋自主］语义特征会产生不同于静态词汇意义的某种变化，但它们之间至少会具有某些共性。我们认为自主义（可控义）都直接或间接地和祈使句式有关。如袁毓林认为能进入祈使句式的动词具有可控义，否则具有非可控义。祈使句的句式义是要求某人做或不做某事。与否定祈使句相比，肯定祈使句对听话人的行为控制能力要求更高。肯定祈使句表示请求和命令某人做某事，其预设是听话人能有意识地实施某种动作、行为，对事件具有较高的控制能力，不仅能主动地开始也能主动结束某种行为。所以，能进入肯定祈使句的状语语义应该含有主体可控成分。因此，我们可以用能否进入肯定祈使句作为形式标准来判定句法层面上由不同词语充当的状语的自主性，可以进入肯定式祈使句［"请（让/一定要）＋Ad＋VP＋O｛祈使｝"］的状语在句中凸显了自主义。（"Ad"表示状语；"VP"表示谓词；"O"表示宾语；｛祈使｝表示祈使语气。下文同。）

第二节 自主状语的范围

为了划定本文研究对象自主状语的范围，我们首先全面研读了前人有关状语的研究成果，在此基础上确定现代汉语哪些词语能够充当状语。朱德熙（1984）认为凡是谓词性偏正结构中的修饰语都是状语。现代汉语的状语可以由不同词性的词语充当，除了最基本的副词以外，经常作状语的还有形容词、时地名词和介词结构。一般名词、动词通常不作状语①。可以直接修饰动词作状语的名词大多表示动作的工具、方式等，例如"集体相亲、电话购票、笑脸迎人、公费出国/留学、现金支付、现钱交易、现场直播、批判继承"等；可以直接修饰动词作状语的动词大都蕴含有方式、状态义，例如"偷拍、缺席审判、监督劳动、加速发展、竞争上岗"等。此外，代词、数量词及量词短语等也可以在一定条件下充当状语。其次，我们结合前人对不同词语［+自主］语义特征研究的相关成果，在静态词汇层面对充当状语的不同词语的概念意义进行语义特征分析，提取"自主义"，以此确定哪些是语义中蕴含有主体可控成分的自主状语。值得注意的是任何句法位置都有一定的结构意义，进入其中的成分应符合这样的结构意义。我们认为状语位置最根本的意义在于"系动性"。这种"系动性"使得状语表示的是动作发生时的一种暂时状态，体

---

① 我们认为语言是不断发展变化的，为了使语言表达更经济、更新颖，人们常会打破一些常规。名词、动词直接作状语就是这样一种现象。部分一般名词作状语是由于介词结构作状语省略介词造成的，这种现象现在有增加的趋势，这可能和语言的经济性有关。另外，一般都认可的动词带"地"修饰动词的现象也是"近年来才大量涌现的"。

现出［+修饰性］和［+伴随性］语义特征。这就要求出现在状语位置上的词语，具备与状语位置的结构意义相适应的语义特征，从而使状位上的成分具有了一种动态性。状位对词语的这种规约作用会对其自主义产生某种影响，我们在提取状位成分的自主义时将综合考虑这种影响。

据我们考察，按照充当自主状语的语言成分的性质来看，自主状语包括以下几类：动词、形容词、名词、副词、介词短语、主谓短语、"一+量"重叠式、动词性短语和形容词性短语。

一　动词类自主状语

动词描述人和物的动作行为、心理活动、变化发展，主要句法功能是作谓语而非状语。在汉语早期语法研究中，学界对动词作状语这种语法现象基本上持否定态度，观点可归纳为：或认为一般动词不能作状语；或认为除助动词外其他动词很少作状语；或认为动词作状语就转化成了副词。到了20世纪90年代，肖伟良（1983）、王政红（1989）、邢福义（1991）、孙德金（1997）、高增霞（2004）等学者分别讨论了动词带"着、地"修饰动词和动词直接修饰动词的问题明确了只有极少数动词可以直接作状语；大部分的单音节动词和双音节动词必须带上表示修饰性的"着""地"后才可以作状语。根据前人对动词作状语的研究，能作状语的动词一般是情态动词或心理动词，这类动词动作性较弱。当这些动词进入状语的位置后，形成了 V1 + V2 的组合。一般来说，"在汉语中，'一个句子一般只表达一个事件'和'一个动词（加上论元）表达一个事件'"①。因此，当一个句子中含有两个或两个以上的动词时，其中一个动词的独立性会降低而发生非范畴化，这个动词会逐渐失去自己原有的一些特征逐渐向其他次类范畴或向其他范畴产生功能游移。充当状语的动词就发生了非范畴化，语义上的表现是发生了语义降级，动词原本的动作义受到抑制，动作性弱化而状态性突显，表现为方式或状态义；功能上的表现则是具有了修饰性，充当句子的背景信息；句法上的表现就是作状语的动词一般不可以加上表示瞬时性、完成体的体标记"了"，一般不能带"起来""下去"等准时体标记。

我们选择《现代汉语动词用法词典》收录的2117个动词（按义项计）进行调查，通过内省与语料库检索相结合的方式，分析这些动词作

---

① 参见王冬梅《动词的控制度和谓宾的名物化之间的共变关系》，《中国语文》2003年第4期，第326页。

状语的能力及表现形式，由此获得现代汉语动词作状语的基本面貌。下面是考察结果：

类型	例词
Ⅰ 单音节动词（86个）	挨_{阴平}、熬、抱、背、包、补、拌、炒、搀、侧、唱、盛、炖、端、顶、倒_{去声}、蹲、盯、瞪、呆、叠、堆、扶、翻、飞、分、放、赶、跟、挂、烩、含、合、换、混、挤、煎、借、哭、扛、看、烤、靠、啃、拉、搂、愣、漏、瞒、拿、趴、扒_{阴平}、捧、跑、爬、陪、瞧、抢、烧、赊、试、锁、偷、躺、提、抬、跳、摊、烫、舔、照、站、坐、炸、煮、蒸、走、跪、握、围、笑、腌、争、转、租、装
Ⅱ 双音节动词（181个）	爱惜、哀求、安慰、暗示、抱歉、巴结、保护、报复、抱怨、暴发、比较、补充、崇拜、重复、抽签、抽样、颤动、垂直、簇拥、仇恨、仇视、沉思、沉醉、称赞、吹捧、吹嘘、催促、担心、妒忌、叮嘱、搭配、倒换、登报、颠倒、对比、对照、反对、反抗、反省、防备、放松、放心、放任、放纵、服从、发泄、讽刺、奉承、辅助、分散、封闭、附带、感动、感谢、关心、甘心、鼓励、害怕、害羞、怀念、怀疑、欢迎、悔恨、合作、欢呼、回味、回忆、嫉妒、忌妒、警惕、敬佩、敬重、讥笑、假装、惊叹、集中、继续、交换、节约、抗议、克制、恳求、恐吓、夸大、夸奖、考试、扩充、留恋、留心、领悟、冷藏、冷冻、垄断、联合、流动、轮换、迷信、埋怨、卖弄、藐视、命令、密封、模仿、摸索、佩服、批判、批评、陪同、配合、迁就、谦让、强调、轻视、乞求、请求、屈服、劝解、区别、忍耐、试探、生气、失望、顺从、商量、试验、陶醉、疼爱、体谅、体贴、同情、同意、坦白、挑逗、挑衅、妥协、摊派、调剂、突击、挖苦、威胁、委托、习惯、喜爱、喜欢、嫌弃、羡慕、孝敬、心疼、欣赏、信任、醒悟、询问、限制、悬挂、选举、巡逻、象征、旋转、协商、仰慕、怨恨、掩饰、央求、诱惑、延缓、运动、摇晃、赞成、赞赏、赞美、憎恨、珍惜、自信、尊敬、尊重、责备、争辩、挣扎、遵照、综合

勾勒出状位动词的基本面貌后，我们采用马庆株（1988）判定自主非自主动词的标准来判定这些能充当状语的动词是否具有〔＋自主〕语义特征：

"我们用在动词 V 前后加上'来/去'的格式作为鉴定格式。……格式中不带补语、不带后缀、不是重叠式，但可带宾语 O，宾语不包括数量准宾语（时量、动量、度量）。……除动词本身外，其余各项都可以不出现。如果动词前后'来/去'都不出现，则动词能单独构成祈使句，或带上宾语构成祈使句。如果动词前后能出现一个或两个'来/去'，则不必管是否祈使句。"[①]

上述标准整理如下（表格见下页）：

---

① 马庆株：《自主动词和非自主动词》，《中国语言学报》1988 年第 3 期。

I 祈使句	I$_a$ V + {祈使}	I$_b$ V + O + {祈使}
II 非祈使句	II$_a$ V + 来/去	II$_b$ V + O + 来/去
	II′$_a$ 来/去 + V + 来/去	II′$_b$ 来/去 + V + O + 来/去
	II″$_a$ 来/去 + V	II″$_b$ 来/去 + V + O

注：宾语 O 不包括数量准宾语（时量、动量、度量）。{祈使} 为祈使语气。

能进入以上两组格式中任何一种格式的动词为自主动词，否则为非自主动词。以此为标准，我们将常见状位动词分为自主和非自主两类，见附表（表1：常见的可以充当自主状语的动词）。

一般能充当自主状语的动词是自主动词，例如：

（1）她在几天内赶做了两双布鞋和几双柔软的鞋垫，送给景英老师。(《报刊精选》,1994 年)
（2）丁疤拉眼累得气喘呼呼，……抢嗅着许大马棒喷出来的残烟，……（曲波《林海雪原》）
（3）她拼命挣扎，没命地喊叫……（莫怀戚《透支时代》）
（4）灯光下，她在埋头写作，与那些经典大师对话，倾述自己的心扉。（张世君《红房子》）
（5）等正式招工无望，琴提前办了退休手续，把儿子从农村"顶替"回来上班了。（张世君《红房子》）

例（1）—（5）中的状语由动词"赶""抢""拼命""埋头""提前"充当，它们都是自主动词，可以进入鉴别自主动词的典型框架"（来/去）+ V +（O）+（来/去）"{祈使} 中。就状语与中心语的关系看，例（1）、（2）表明行为主体在发出动作时有意选择的方式，例（3）、（4）表明行为主体执行动作时表露在外的主观情态，这种情态是可以受行为主体主观控制的。例（5）表明行为主体执行动作时有意选择的与动作相关的时间要素。可见，上述状语能表现出行为主体对动作的相关特征的主观控制。因而，我们认为它们在语义中具有主体可控成分，其形式上的标记是可以进入"请（让/一定要）+ Ad + VP +（O）"{祈使}格式中。如"请（一定要）赶做两双布鞋""让他抢嗅残烟"等。

非自主动词在静态词汇层面看具有 [－自主] 语义特征，它们一般不能充当自主状语，但部分非自主动词词义中有残留的自主义，若满足一定条件非自主动词可以向自主动词转化。我们发现有些非自主动词在进入状位后，如果可以表现出行为主体对动作相关特征的主观控制，则临时获得自主义。例如：

（6）令人发指，一群90后男女街头活剥小狗。(《新浪新闻》，2007年)

（7）通过和经济台的共同策划，厂里首先在经济台全天节目中滚动播出5组系列广播广告。(《报刊精选》，1994年)

（8）"你就放心地去读书吧，一切有我在，我会帮你圆明星梦的。"(卞庆奎《中国北漂艺人生存实录》)

（9）这时，一位扫街的老人朝他走过来，得知他的遭遇后，同情地说："别急别急，让我想想办法。"(速泰春《"亚洲第一巨人"的漂泊奇遇》)

例（6）—（9）中的状语由动词"活""滚动""放心""同情"充当，它们都是非自主动词，不能进入鉴别自主动词的典型框架"（来/去）+V+(O)+（来/去）"{祈使}中。就状语与中心语的关系看，例(6)"活"在这里发生了意义变化，不再表示"生存、生活"之义，而表示"在活着的状态下"。在句中表明主体有意选择的执行行为"剥"时的状态条件，也凸显了行为主体的主观故意。例(7)"滚动"表示行为主体有意选择的执行行为的方式"不间断的、首尾循环播出"。例(8)、(9)中的动词是表示心理的动词，一般情况下人的心理状态是不受人的主观意志控制的，但是行为主体出于特殊的目的，可能会加强对自身心理状态的调节，从而在一定程度上实现对心理的主观控制。如例(8)中"放心"出现在祈使句中，其预设是说话人认为听话人在听到自己的话后，能够实现"心情稳定"这种心理状态，因而，"放心"在这里表现出自主义。例(9)"同情"本来表示不受人力控制的心理状态，在此例中突出行为主体以主观意志控制心理状态的外在表现，使得这种心理状态被旁人察觉，因而，"同情"临时获得了自主义。

动词在充当状语时，受到状语句法位置的影响，其［+自主］语义特征会有不同于其充当谓语时的表现。动词的主要句法功能是充当谓语，在谓语位置上出现的动词凸显的是词义的核心部分——陈述义，而动词的自主义在谓语位置得到最充分的显现，强调行为主体有意识地发出动作，是对动作行为本身在行为主体控制下执行的陈述；状语位置上出现的动词发生了非范畴化，原有的动词范畴属性逐渐消失，动作义减弱，凸显的不再是词义的核心部分而是词义中蕴含的方式或情态义。与此相适应，此时状位动词的自主义强调的是行为主体对与动作相关的方式或情态的主观控制。我们可以通过比较同一动词充当谓语和充当状语时自主义的不同来说明上述观点，例如：

（10）这可是个大好时机呀，该出手时就出手吧哥们儿，晚了恐怕就被别人抢去了。（卞庆奎《中国北漂艺人生存实录》）

（11）"我只要还有一口气，就要为群众甩掉穷帽子去拼命！"（《报刊精选》，1994年）

例（10）、（11）中的自主动词"抢"和"拼命"处于谓语位置，表现出行为主体有意识地发出"抢"和"拼命"的动作，是对行为本身而非相关特征的控制。而上文例（2）、（3）中出现在状位上的"抢"和"拼命"，分别和动词"嗅"和"挣扎"组合，表明行为主体以怎样的方式和情态去执行行为，状位"抢"可理解为"赶快、赶紧"表现出行为主体对动作时间特征的主观控制；状位"拼命"可理解为"用尽全力"表现出行为主体对动作方式的主观控制。虽然动词自主义受到状位影响，不再直接对动作行为本身产生直接影响而表现为行为主体对动作各相关特征的控制，但由于这些相关特征会贯穿在行为主体执行动作的过程中，因而最后仍然会对行为主体执行动作产生间接影响。比如"抢嗅"既然行为主体要"抢"那么就决定了在执行"嗅"这个动作时会特别注意对时间的把握，从而有意识地将发出动作"嗅"的起点尽可能提前；"拼命"修饰"挣扎"就意味着行为主体会特别注意对执行"挣扎"这一动作时的力度、强度的把握，从而有意识地在执行动作"挣扎"时加大力量输出。

可见，句法位置会影响动词自主义的具体表现，每一个句法位置都有其特定的意义和功能，主语、谓语和宾语承担基本的语义，其他句法位置承担次要、附加的语义，而次要的句法位置以及处于该位置的语言成分具有某种不确定性。据我们考察动词类自主状语在句法语义上与中心语动词之间有多种关系：方式+动作、程度+动作、状态+动作、时间+动作、态度+动作。受语义关系影响，动词类自主状语的自主义表现各有不同，可以归入不同的语义框架。例如：

（12）他们把各班分成爆破、突击、火力和支援4个组，各组要

配合执行任务。(《报刊精选》，1994年)

（13）因为你就是挣命劳动，到头来还不是和耍奸溜滑的人一样分粮分红。(路遥《平凡的世界》)

（14）我会把850万美元分散投资在不同国家和不同行业的股票上。(《青年文摘》，2008年)

（15）青葱嫂意味深长地笑看着暖暖。(周大新《湖光山色》)

（16）福军也不在，他就再没心思在县城继续逗留。(路遥《平凡的世界》)

（17）"我知道"，春玲同情地看着那一瓢小米说，"你拿回去吧，你们家还该着救济哪。"(冯德英《迎春花》)

例（12）—（17）中的状位动词和谓语中心语可以分别形成方式+动作、程度+动作、状态+动作、时间+动作、态度+动作的语义关系。例（12）状位动词和谓语中心语形成"以……方式+VP"的语义框架，状语"配合"表示中心语动词采用的方式，可以理解为以配合的方式执行任务；例（13）状位动词"挣命"表示的是主体在执行"劳动"这一动作行为时达到的程度；例（14）、（15）表示执行动作时的状态，可以进入"在……状态下+VP"的语义框架中。李临定（1985）认为动词中有些词有动态功能，有些词有静态功能。所以，作状语的动词在这个框架中也可以分为动态状态和静态状态两种。其中例（14）状位动词"分散"表示的状态不需要动作反复进行，只需要发生此动作即可将这种状态持续下去，是静态状态；例（15）"笑"是持续性动词表示动态状态，其后可以加"着"。例（16）作状语的动词"继续"表示时间意义，在句子中也是起修饰谓语中心语的作用。例（17）状位动词"同情"是心理动词，描述人的情感、意志，表示的是人对外界事物的态度、观点和看法。当"同情"作状语时，表明行为主体执行动作时的心理状态并可通过一定的方式为人感知，语义指向句子的主语"春玲"。

综上所述，动词处于不同的句法位置其自主义有截然不同的表现：谓语是对主语的陈述，处于谓语位置上的动词凸显的是动词的陈述义，表示一个具体的行为事件。该动词的自主性在于表明主体发出动作的意志性、主动性。当动词处于状语位置修饰另一谓语动词时，两个动词在句法机制的作用下，通过激烈的竞争来确立在结构中的主次地位，充当状语的前动发生语义降级成为背景，凸显的是动词词义中蕴含的非核心义。状位动词的自主义在于表明主体对动作特征的能动控制。这时该状位动词不再表示一个具体的行为事件，转而表示动作行为进行的方式、程度、状态等。

二 形容词类自主状语

形容词表示人或事物的性质、状态、特征或属性，其语法功能主要是作定语和谓语。形容词作状语的现象，已经有很多学者从不同角度作出了研究。为了确定形容词类自主状语的范围，我们首先利用已有的形容词作状语能力的计量考察成果，确定哪些形容词能作状语，再根据形容词自主义的判定标准勾勒出形容词类自主状语的基本面貌。

就整体而言，形容词几乎能进入各种句法位置，但具体到形容词内部，不同的形容词进入某一句法位置的能力是不同的。粗略地说，能充当状语的形容词多数是状态形容词，还有部分性质形容词在一定条件下也可以作状语。状态形容词表示的是具象的概念，是对事物直观外在形貌或人对事物的直观感受的描写，如"纷纷、雪白、冰凉、慢腾腾、气冲冲、弯弯曲曲等等"。性质形容词是对人或事物性质的高度抽象概括，没有形象意义，又不具有对动作行为的分类功能，所以基本上不充当状语。性质形容词作状语时受状位的约束，语义上都发生了一定程度的改变，不再表示性质而表示与动作行为相关的数量、时间、处所、速度、范围、方式、情状、主观评价等，不再具有量幅特征和无界性。如多说（数量）、早到（速度）、快跑（速度）、普遍认为（范围）、诚恳请求（情状）、沉着应战（心理状态）、仓促行事（方式）、不幸遇难（发话者的主观评价）等。我们主要参考朱德熙（2001）、贺阳（1996）、山田留里子（1995）的研究确定能作状语的形容词范围。

朱德熙在《现代汉语形容词研究》中把形容词分为简单形式和复杂形式，并指出了它们在语法功能上的区别。两者在作定语、谓语和状语等方面都有所不同。山田留里子（1995）对《形容词用法词典》中的918个双音节形容词作状语情况的考察结果是：（1）能作状语的有468个，占51%；不能作状语的有450个，占49%。（2）作状语可带可不带"地"的有143个，只占能作状语的30.6%，一定要带"地"的共320个，在能作状语的双音形容词中占68.4%；绝不能带"地"的只有5个，仅占能作状语的双音形容词的1%。贺阳（1996）将1992年版和1991年版的《汉语水平词汇与汉字等级大纲》以及《形容词用法词典》中的单音节形容词作状语的情况进行了比较，结果是198个单音节形容词中只有45个能作状语，仅占总数的22.7%。我们以上述学者的研究为基础，再考察北大语料库中的语料，初步确定了能够作状语的形容词。

关于形容词自主（可控）义的讨论，马庆株（1991）、袁毓林（1993）、张国宪（1993）、朱景松（2002）都有涉及。学者们对形容词可控性的研究，多集中在性质形容词一类。我们认为部分状态形容词也有可控性，主要包括形容词重叠式（AA 式，AABB 式）和 A 点儿三种形式。下面分别说明：

形容词重叠式是由形容词通过重叠的方式产生，具有可控性的包括 AA 式和 AABB 式两种。吕叔湘（1980）把形容词重叠式称为生动形式，全面分析了可以重叠的形容词及其重叠形式，并对 AABB 式及其他如 AA、ABB、ABC、A 里 AB、BABA、AXYZ 等各种格式的重叠格式和生动格式进行一一列表，分析了它们的结构和读音。朱德熙（1956、1982）把形容词重叠式归入状态范畴，并认为 AA（儿的）、AABB（的）这两种重叠式都包含着量的观念，一般说来，在定语、谓语位置上表示轻微的程度，在状语、补语位置上表示加重或强调。形容词意义中量的因素对其重叠能力有一定的影响：形容词表示的性质如果客观上有明显程度上的比较，可以有程度上的变化，一般可以重叠（如轻、重、干净、规矩）；相反，没有程度上的比较或变化的形容词一般不能重叠（如正确、虚假、古老、偏僻）。

状态形容词 AA 式具有 ［＋可控］ 的特征，因为从表义上看重叠都具有致使性。重叠式表达的意义中包含主体对行为、动作、程度、状态、方式等加以控制的成分，要求作谓语中心的形容词或动词，必须具有可控的语义特征来满足句式义的要求。袁毓林（1993）指出能独用构成祈使句的 "AA 儿的" 为数不多，它们一般表示人能够控制的某种性状（能有意识地表现或不表现出来的某种性状），即它们都含有 ［＋自主］ 的语义特征。并且只有那些能修饰光杆动词（动词不带其他成分 bare verb）的 "AA 儿的" ［＋自主］ 才能构成祈使句 "AA 儿的！"，如 "慢慢儿的！" "好好儿的！" "静静儿的！" "轻轻儿的！" "乖乖儿的！"。不能修饰光杆动词的 "AA 儿的" ［＋自主］，一般不能构成祈使句 "AA 儿的！"，如 "紧紧儿的！" "细细儿的！" "重重儿的！"。"AA" 还可以作为状语构成祈使句，如 "AA 地 VP！"。但并不是所有的 "AA 地 VP" 都可以构成祈使句。当 "AA" 表示动作的方式时才构成祈使句，如 "紧紧地抓住！"；当 "AA" 表示动作造成的事物的性状时，不能构成祈使句，如 "长长地打把刀" "高高地盖座楼"。AA 式作状语，强调的是说话人要求听话人在实施某个动作、行为时采取的方式。用第二人称时，祈使语气强烈，含有希望、命令、要求、关心之意。

"AABB 的"一般不能直接进入祈使句的一般肯定格式，但能进入强调式的祈使句"给我……！"和否定祈使句"别……！"。一般情况下，不带褒贬色彩的"AABB 的"既能进入强调式，又能进入否定式。带有褒义色彩的"AABB 的"只能进入强调式"给我……！"；带有贬义的 AABB 状态形容词可以直接进入否定祈使句。AABB 形容词还可以作动词的状语，构成强调祈使句"给我 AABB 地 VP！"。词义的褒贬对形容词重叠式的可控性也有一定的影响。一般情况下，褒义词可以重叠或重叠能力较强，贬义词不能重叠或重叠能力较弱，重叠式的使用范围也相对较窄。这也与重叠式表义上的"可控性"有关，人们对某一现象或事件的感情、情绪、意向、态度一般是积极正面的，希望所处状态或获得的体验及发生的变化都是好的方面。一般祈使句包含着说话人的请求、建议、劝告、命令、希望等语气。贬义重叠式形容词一般不具有可控性，比如"黑不溜秋""慌慌张张"等。

由形容词加量词"点儿"构成的"A 点儿"，可以表现出主体对形容词"量度"的有意识的调控，常作状语，如："慢点儿走""快点儿跑"等。这类格式体现出行为主体对形容词所表示的性状量的"调整"具有可控性。

综合已有研究，我们认为形容词自主（可控）义可以表述为：行为主体对形容词所表示的性质、状态，能够有意识地通过自身努力达成、调整或规避。包含两层含义：（1）形容词所表达的性状能够受行为主体的主观控制。（2）性质或状态发生改变。这种改变有三种形式的表现：a 某种性状从无到有。b 性状的程度加强或减弱。c 避免拥有（或使拥有）某种性状。

从形式上说，形容词是否具有自主（可控）义可以通过某些格式加以鉴定。马庆株提出"可以后加'点儿/着点儿'构成祈使句的形容词是可控性质形容词，简称为可控形容词"。也就是说形容词是否自主（可控）可以用能否进入"A＋点儿"格式来鉴别。朱景松（2002）以"放＋形容词＋（些）点儿"和"动词＋得＋形容词＋（些）点儿"为框架鉴别形容词的自主性。综合以上学者的观点，为了检验某个形容词或形容词的某一义项是否具有自主性，我们分三种情况来检验：（符号说明："NP"名词性短语；"V"动词；"A"形容词；"AA/AABB"形容词重叠形式）

第一，表示主体有意识地采取某种行为改变受事或客体的性状，包括表现出这种性质或加重（减轻）性质的程度或量。

（把 NP）+V+A（一）点（儿/些）　　如：（把灯笼）挂高/矮（一）点儿

（把 NP）+V 得 AA/AABB 的　　如：（把灯笼）挂得高高的

第二，表示主体有意识地控制与动作有关的时间、速度、力度、态度、声音等特征的性状，包括显现或加重（减轻）上述特征性状的程度或量。

V+（得）+A+（一）些/点儿/AA/AABB（的）

如：走（得）快（一）点儿　走得快快（的）　说得明明白白（的）

第三，表示主体通过有意识的行为，让某人（也包括自己）处于某种状态、获得某种体验、发生某种变化等。

A（一）点儿/些　　如：灵活（一）点儿/聪明（一）点儿

AA/AABB 的　　如：老老实实的/高高兴兴的

能进入以上三组格式中任何一种格式的为可控形容词，不过不同的形容词可控性的强弱有程度上的差别，其中能进入"A（一）点儿/些"句式的是最典型的可控形容词。

一般情况下，可控形容词可充当自主状语，例如：

（18）丰台区交通支队紧急调派 30 多名民警迅速赶到现场，维护现场秩序，清理事故现场。（《新华社新闻稿》，2004 年）

（19）地方政府投资建设项目，要控制规模、合理安排、量力而行。（《新华社新闻稿》，2004 年）

（20）刘志艳听到这事后，又耐心地向妻子作解释，得到妻子的理解。（《报刊精选》，1994 年）

（21）企业的高层管理人员每天都要紧张地工作十几个小时。（《报刊精选》，1994 年）

（22）"你要不明明白白说出来，白纸黑字写出来，我决不动心。"（王朔《过把瘾就死》）

例（18）—（22）中的状语由形容词"迅速""合理""耐心""紧张""明明白白"充当。其中，"迅速""合理""耐心""紧张"是性质形容词，可以进入"A（一）点儿/些"格式；"明明白白"是状态形容词，可以进入"V 得 AABB"格式，它们都是可控形容词。就状语与中心语的关系看，例（18）—（22）分别说明速度、方式、主观情态、力度、程度等动作的相关特征，这些特征都是行为主体有意选择的，受行为主体主观意志的控制。例（18）—（22）作自主状语的形容词都可以进入"请（让/一定要）＋Ad＋VP＋（O）｛祈使｝"格式中，它们表明了行为主体对动作相关特征的控制，行为主体有意使形容词所表示的性状在动作进行过程中显现、加深或隐藏。

不能进入以上三组格式中任何一种格式为非可控形容词，如"阴、晴、旱、瘸、瞎、聋"，它们语义中不包含有主体可控成分，不属于自主状语。

和自主动词相比，形容词的自主义更为隐蔽。形容词的词汇意义是表示事物的性质状态，其词义中虽然有主体可控成分，但其显现是有条件的，需要进入一定的格式中。如我们上面提到的"A（一）点儿/些"就是激活形容词自主义的典型环境之一。我们认为形容词如果出现在表示人为去显现或改变（事物、动作的）性质状态的环境中，则可以凸显其词义中蕴含的自主义。状位就是可以激活形容词自主义的环境之一，从句法上看，状语的典型位置是处于主语和谓语中心语之间，对谓语动词所表达的动作、状态或变化进行修饰（限制或描写）。根据距离象似原则，概念成分之间的关系越紧密，相对应的语言成分就越近，因此，状语位置上的成分应该与谓语动词在概念距离上最近。也就是说，状语应具有［＋系动性］；从语义上看，状语体现了发话人或描述者的某种意愿、情感、意志，倾向于描写主观情状或表述事物的非固有属性，具有［＋伴随性］和［＋主观性］特征。状位自身的句法语义要求不仅使一部分形容词很难进入其中，而且对于能进入其中的形容词的性质有一些转化的作用，从而会对形容词自主义有明显的影响，即：激活形容词原有的自主义或赋予一些形容词临时的自主义。

朱德熙（2001）指出，单音形容词和双音形容词真正能作状语的不多，大多数形容词作了状语后所表达的意义跟作定语和谓语时所表达的意义相比发生了很大的变化，于是可以认为它们作状语时丧失了形容词的身份，变成副词了，而形容词重叠式则经常作状语。微观地看形容词内部不同小类作状语的能力并非整齐划一的。形容词与动作行为的相关性是决定其能否在状位出现的主要原因。一般来说，如果形容词跟动作行为相联系，用来限制或描写动作行为，那么这部分形容词进入句子中的状位可以说是没有阻力的；还有一部分形容词虽然说跟事物相联系，但也能够进入状位，此时它表示的是动作发生时事物的一种伴随状态，该形容词被临时赋予了限制或描写动作的［＋系动性］语义特征。

状位对进入其中的形容词另一明显的制约,就是强制性地赋予作状语的形容词[+伴随性]的特征,即进入状位的形容词表示的性状要体现出随着动作的进行而产生、变化或消失等特点。就形容词而言,性质形容词一般不充当状语是因为它一般表示恒定的属性,这种特点使得它和状位的意义发生矛盾。因此性质形容词相对于状态形容词而言,作状语的情况要少得多。但是我们注意到不少性质形容词包括单音节性质形容词都可进入状位,不过,这些性质形容词一旦进入状位,就会受到状位的规约呈现出状位要求的语法意义:即进入状位以后该性质形容词必然具有[+伴随性],或表达动作发生时伴随状态,或表达因动作而产生的结果。但并不是任何性质形容词都能进入状语位置,"宝贵、昂贵、昂扬、安逸、荒凉"等只能表示事物本身固有的属性,而不能表示发生动作时的某种暂时状态。因而,这些词不能进入状语位置。

第四,形容词进入状位后如果要凸显其自主义,往往和发话人的主观意志驱动有关,需要考察形容词出现的具体语境。据我们观察,当作状语的形容词所联系的或者说所能够修饰的行为主体是有生命词(如果是无生命词,发话者大多也把它看作有生命词)时,该形容词所表现出的性状是施动者主观参与的结果,具有有一定的自主义。而另一部分语义上跟名词相联系的表示事物属性的形容词,它们所联系的名词或者它们可能修饰的其他名词都是一些无生命词,不能作为施动者出现。这些形容词所表现的性状虽然可能包含有发话者的主观评价,但对于它所联系的事物来说,却是一种该事物没有参与的客观呈现,不涉及行为主体的主观控制因而不具有自主义。比如"冰凉""黝黑""通红"所联系的可能是事物或人体的某一部位,"矮胖""白胖"指的也仅仅是人或物的某种形貌属性,这些形容词都不具有[+主观性],不具有自主义。

最后,形容词类自主状语的语义指向比较复杂,粗略地说可以将形容词状语的语义指向分为三种:指向谓语中心语;指向施事主语;指向与动作有关的人或事物。与此相应形容词自主义也会随语义指向的不同,有不同表现:首先,形容词的自主义可以直接通过动作行为体现:表现为与动作有关的时间、速度、力度、态度、声音等特征的性状从无到有或程度加重(减轻);其次,形容词的自主义可以由行为主体体现:表现为行为主体通过有意识的行为,让某人(也包括自己)处于某种状态、获得某种体验、发生某种变化;最后,形容词的自主义可以由动作所支配或涉及的人或事物来体现,表现为主体有意识地采取某种行为达成或改变受事或客体的某种性状。

可见，状位对形容词类自主状语有明显的规约作用，显著特点就是形容词自主义的显现必须以满足状位句法语义相适宜的语义特征为前提，形容词类自主状语具有［＋系动性］［＋伴随性］［＋主观性］的特征。当形容词从认知语义看指向动作行为时，它在状位上的出现是自由的；当形容词从认知语义看不指向动作行为，但被临时赋予了限制或描写动作的［＋系动性］语义特征也可以充当状语。从语义上看，能够表示暂时的状态意义或者动作结果状态意义的形容词可以进入状位，而在意义上只能表示性质或恒定状态的形容词不能进入状位，这是受状语［＋伴随性］语义特征的制约。为了突出形容词的可控性，形容词所联系的主语必须主观上具备控制形容词表示的性状的能力，具有［＋主观性］。不同语义指向的形容词类自主状语其自主义的具体表现有所不同。

三　名词类自主状语

名词是表示客观现实世界中的人、事物或观念名称的词。从认知的角度看，名词反映的是事物范畴，具有最强的事物性。赵元任认为："名词是个开放的类，词典里大部分是名词。名词不但是比任何别的词类多，并且比别的词类加在一块儿还多。"[①] 作为一个数量庞大的词类，名词在汉语中的使用频率自然也是十分高的，几乎能够出现在汉语句子中所有的句法位置上。当然，名词的词类性质决定了其主要句法功能是作主宾语用于指称。但在现代汉语中，部分名词也能作状语，对这一点，语法学界已基本达成共识。下面我们先考察现代汉语中哪些名词能作状语，再利用相关标准划定名词类自主状语的范围，并对其自主义特点作出分析。

语法学界普遍认可时间名词、处所名词、方位名词能作状语。对于非时地名词能否作状语，语言学界有不同的看法。我们认为非时地名词作状语是一种特殊现象，部分非时地名词作状语是由于作状语的介词结构省略介词造成的。这种现象现在有增加的趋势，这可能和语言的经济性有关。

据孙德金（1995）对国家汉办《HSK词汇等级大纲》中名词的考察，词表中3892个名词中，有60个可以作状语，占名词总数的1.5%。它们是：

　　暗中、暴力、背后、本能、表面、部分、侧面、低温、动态、反面、高度、高温、高压、根本、规模、和平、集体、集团、精神、

[①] 赵元任：《汉语口语语法》，商务印书馆1979年版，第233页。

局部、科技、口头、历史、逻辑、内部、气功、曲线、全部、全力、深情、盛情、荣誉、实话、实况、事实、手工、书面、顺序、团体、微观、武力、武装、现场、现金、现钱、协议、义务、阴谋、友情、原则、战术、战略、掌声、真心、整体、正面、政治、直线、志愿、重点

刘慧清（2005）对孙德金（1996）没有提到的作状语的名词作了补充，它们是：

本科、博士、厂价、成本、初中、大班、大处、大脚、大碗、大学、大专、大字、刀刃、低调、低价、低息、底线、地主、电话、电视、动力、恶意、飞机、福利、富农、感情、干部、高价、高薪、高中、公费、公款、工人、好心、黄牌、火线、货币、红牌、机器、激光、激情、基因、集体、集团、技术、键盘、街头、精品、科班、科学、客场、冷水、冷眼、廉价、良心、两地、另眼、煤气、明码、明文、母乳、牛奶、农民、拼音、千金、亲情、全部、全程、全国、全景、全体、全天、全屏、肉眼、深情、实地、手球、手术、硕士、燧石、特价、头球、团伙、网络、网上、微观、卫星、文化、小班、小本、小车、小处、小学、笑脸、协议、刑事、胸部、严刑、演员、药物、意图、意气、义气、邮局、语言、原地、真空、真情、整体、政治、知识、职务、志愿、中农、中学、中专、重金、重拳、主场、专车、专科、专业、成本价、全方位、小角度、温开水、运动员、跳楼价、出厂价、优惠价、教练员、好言好语、白纸黑字

此外，王小溪（2003）对北京大学计算机语言学所《汉语语法信息词典》中的名词进行了研究考察，词表中27399个名词中，有404个可以作状语，占名词总数的1.47%，可以直接作状语的有383个，占名词总数的1.4%。

我们首先参考孙德金（1995）、刘慧清（2005）、王小溪（2003）的研究，确定现代汉语中能够作状语的名词的范围，再用能否进入肯定祈使句作为形式标准来判定能作状语的名词哪些具有自主义，确定名词类自主状语的范围。（见附表2：常见可以充当自主状语的名词）

从认知语义看，名词反映人们对客观现实世界中的具体事物或抽象事物认知的成果。因此，当名词进入句子充当各种句法成分，其认知语义转

化为句法语义时，名词一般不能反映出人在执行行为过程中的主观能动性，其词义中也就很难发现自主义。马庆株认为"从语法与语用的关系上看，典型的谓词和典型的体词分别与陈述义和指称义相联系"①。名词作为典型的体词其本质特点之一是具有指称事物和人的语义特征，这也是名词作为名词而存在的理据所在。但是，名词进入句法结构后，可能会发生从指称义向陈述义的转化，从有指成分变为无指成分。陈平指出"如果表现对象是话语中的某个实体，该名词性成分就是有指成分，表现对象不是话语中的某个实体，而是抽象的属性，该名词性成分就是无指成分"②。张伯江、方梅也认为"当一个名词的表现对象是话语中的某个实体，说话人不仅看重该词的内涵，更看重其外延的时候，这个名词就是有指成分；如果说话人仅使用内涵义，而不顾及外延的时候，该名词就是无指成分。无指成分一般表示一种性质或一种身份"③。部分名词在进入状中结构后，受到状位的规约会凸显其内涵义。例如：

(23) 美国联邦航空局阿拉斯加办事处的斯托姆女士将此事电话通知她在当地的中国朋友。(《报刊精选》，1994年)

(24) 头顶楼板一通犹如案板剁馅的杂沓脚步响，可知那里一片大乱。(王朔《看上去很美》)

例(23)中的名词"电话"本来是离散的、占有三维空间的实体，在语言中一般使用其指称义，可以受数量词的修饰，如"一部电话"。但是在例(23)中，"电话"不再使用其外延义以区别于其他个体，而是凸显其词义中的内涵义。在状中结构中"电话"和中心语"通知"形成"动作—工具"的语义关系；例(24)中的名词"案板"同样是对具体可感的客观对象的概念化，一般用来指称特定的对象，可以受数量词的修饰，如"两个案板"。但是进入状中结构后，"案板"不再指称某个具体的对象而表明行为"剁馅"进行的处所，它和中心语"剁"形成"动作—处所"的语义关系。例(23)、(24)中作状语的名词"电话""案板"都没有确切地指向语境中的某个具体对象，是一个泛指的概念。它们在句中使用的不是外延义而是凸显内涵义，句法上的表现就是两句中的

---

① 马庆株：《汉语语义语法范畴问题》，北京语言文化大学出版社1998年版，第71页。
② 陈平：《释汉语中与名词性成分相关的四组概念》，《中国语文》1987年第2期。
③ 张伯江、方梅：《汉语功能语法研究》，江西教育出版社1996年版，第207页。

名词都不能受数量词修饰，不能说"*一部电话通知""*两个案板剁馅"。可见，"电话""案板"在入状位前是物质名词，具有该名词的词义所规定的那些本质特征，可以指称客观世界中具体可感的可触及的事物，可以受数量词修饰等。这时，它们是"有所指"的，具有明显的"事物性"，其典型特征是空间特征。但进入状位后，它们词义中潜存的内涵义被激活，只能泛指语境中任意的某一个或某些对象，很难将它们与确定的对象相联系，这时它们发生了功能的游移，空间性削弱不能和量词结合。

刘润清、刘正光（2004）指出从句法功能的角度看，名词不但可以充当主语、宾语和补语（表语），还可以充当定语和状语。但是，作状语不是名词的典型功能。实际上，名词作状语是非范畴化的结果。"名词非范畴化的过程实际就是名词丧失范畴属性特征的过程，体现在以下四个方面：丧失形态句法分布特征与指称意义，意义的抽象与泛化，丧失语篇地位，功能和范畴的转移。"① 根据我们收集的语料，易产生游移现象的名词是远离核心的边缘成员，大部分是抽象名词。原因在于有些抽象名词本身就带有明显的性质意义，它们并非是人们对有形实体认识的结果，而往往反映了人们关于抽象事物的概括，其内涵的实体意义和性质意义没有明确的界限。从表达的角度看，说话人常常不是着眼于一个抽象名词的全部含义，而是只取其某种性质义来使用的。如果名词的这种性质义被行为主体有意选择并用到具体事件中，这时名词可以表现出行为主体对动作相关特征的主动控制，名词状语就临时表现出自主义。例如：

（25）他又讲了孙膑马陵设伏，韩信背水为阵以及曹操三令求贤等事例，说明指导战争要懂的知识相当广博精深。（《报刊精选》，1994年）

（26）原来是李先生叫我，他告诉我，那广告决定让我拍了，让我明天去摄影棚。（卞庆奎《中国北漂艺人生存实录》）

（27）其实有些事情就是这样，商场如战场，只有智慧营销，才能掌握商机，出奇制胜。（《济南时报》，2010年）

（28）今年遭受的严重自然灾害，部分地区粮食减产，但内蒙古可以内部调整，在全区范围内调整，不用到省外购粮，这完全得益于农业基础的。（《报刊精选》，1994年）

（29）抓紧制定有关语言文字规范标准，建立有效协调的管理制

---

① 刘润清、刘正光：《名词非范畴化的特征》，《语言教学与研究》2004第3期，第2页。

度,特别是要抓紧做好键盘输入的规范化管理,逐步实现优化统一。(《人民日报》,1995年)

(30) 清华点了一桌好菜,派头地使唤服务生。(唐颖《糜烂》)

(31) 黄昏、散步柳荫下,鸟儿从天上飞过,传统地把这叫做诗意。(《报刊精选》,1994年)

(32) 2005年起,海南省旅游局将在对外促销活动中重点推介这十大名菜和十大旅游商品。(《新华社新闻稿》,2004年)

例(25)、(26)中的状语分别由处所名词"马陵"和时间名词"明天"充当,状语在句中表示行为主体有意选择的动作发生的地点和时间,具有自主性。例(27)—(32)状语由名词"智慧""内部""键盘""派头""传统""重点"充当,分别表示行为主体有意选择的动作的方式、范围、工具、情态、依据、程度等。这些特征都是行为主体在执行动作时主动选择的,并为此作出相应的努力。例(25)—(32)名词状语所在的句子都可以变换为肯定祈使句"请(让/一定要) + Ad + VP +(O){祈使}"。名词状语表明了行为主体对动作相关特征的控制,这些状位上的名词临时表现出自主义。

名词的本质特点是指称客观或主观的实体或各种抽象对象。我们在使用名词时一般注重其外延,这时名词表现出指称义可以指向客观世界中的具体对象,这是名词的本质特点之一。但是,进入状位后名词发生了非范畴化,凸显其内涵义。名词在状位上发生的核心意义的转移,使其词义中潜存的各种属性被激活,在这种情况下,如果行为主体有意识地选择名词的特定属性,作为其执行行为时的工具、方式、材料等,就可以表现出一定的自主义。

四 副词类自主状语

副词是现代汉语词类研究中引发争论和存在问题最多的类别之一。吕叔湘指出:"副词本身是个大杂烩。"① 由于副词在言语交际活动中使用频率较高,用法呈现丰富的多样性,语法意义不易把握,内部成员差异较大,所以虽然已有许多学者致力于对现代汉语副词进行多角度考察,并取得了很大成绩,但对于诸如副词的性质和范围、分类和归属、总体特征等一系列的基本问题,在语法学界至今仍难以达成共识。下面我们在借鉴前

---

① 吕叔湘:《汉语语法分析问题》,商务印书馆1979年版,第42页。

辈语言学家和时贤研究成果的基础上，对副词研究中的定义、分类，以及副词的语义和功能特征等问题进行初步的探讨，以确定副词类自主状语的范围及其自主义特点。

现代汉语副词研究之所以在许多基本问题上存在理论分歧，很大程度上是源于各家对副词的定义不同。概括来说代表性观点有：一是从意义角度来定义副词，以黎锦熙、王力等为代表；二从语法功能来定义副词，以丁声树、胡裕树、吕叔湘、朱德熙等为代表；三是兼顾意义和功能的多重标准，以杨伯峻、何乐士、陈望道等为代表。以意义标准定义副词不免带有主观性和随意性，不易客观反映副词的实际内涵和外延，无法有效地将副词同其他词类区分清楚。兼顾意义和功能的多重标准看似合理，但不同学者的理解和把握有所不同，由此便造成各家所划定的副词范围差别很大。从副词本身来看，较之表示具体事物或概念的名词和表示动作、行为、变化特征的动词、形容词，它缺少指称内容的"实体性"，而更多体现为对句法结构中"基干成分的限定和补足"，其特点更多地反映它在语法结构中的功能性。因而，从句法功能入手，才能切中副词的本体特征，从而得出副词的准确定义。因此，从副词的实际运用来看，我们更认同从语法功能角度来定义副词。现代汉语副词是"主要充当状语，一部分可以充当句首修饰语或补语，在特定条件下一部分还可以充当高层谓语或准定语的具有限制、描摹、评注、连接等功能的半开放类词"①。

我们主要参考张谊生（2000）、郭锐（2002）的研究，确定现代汉语中能够作状语的副词范围。副词的句法功能比较单一，主要句法功能是修饰谓词性词语作状语，但是在语义上副词内部却有较大的差异。副词的抽象意义不易概括。通常很多语法著作都是列举它的小类意义，认定它为限制和修饰动词、形容词，表示程度、范围、时间、方式、语气等意义的词，且大家一般都将表程度看作副词最典型的特征将其排在第一类。事实上动词和形容词相比，述谓性最强的是动词；而恰恰是典型的动作性动词最不宜受程度副词修饰。而表范围和语气的副词，往往兼有关联功能。只有表时间、频率、情态方式的副词数量是最大的，并且是最直接地与动作行为形成句法和语义的组合。所以在副词内部，典型的成员是这些具有描写性的副词。副词成员众多且内部差异非常大，至今关于副词内部分类仍是众说纷纭，莫衷一是。黄伯荣、廖序东的《现代汉语》分为六类：程度、范围、时间频率、肯定否定、情态方式、语气；胡裕树的《现代汉

---

① 张谊生：《现代汉语副词研究》，学林出版社2000年版，第10页。

语》分为六类：程度、情状、时间和频率、范围、否定；黎锦熙的《新著国语文法》分为六类：时间、地位、性态、数量、否定、疑问；吕叔湘的《现代汉语八百词》分为范围、语气、否定、时间、情态、程度、处所、疑问八类；朱德熙的《语法讲义》分为四类：范围、程度、时间、否定；王力的《中国现代语法》分为八类：程度、范围、时间、方式、可能性和必要性、否定、语气、关系；在各家分类尚没有达成一致的情况下，我们采取比较通行的分类方法，把副词分为范围、否定、时间、程度、情状、方式、语气七类。

语法学界对副词在词类系统中究竟归入实词还是虚词，大致有三种观点。一是从功能的角度出发，认为副词能充当句子成分，应归入实词。以马建忠、陈望道、胡裕树、黄伯荣、廖序东、邢公畹等为代表。二是以词类的开放与否为标准，认为副词可以列举，意义比较空灵，在句中具有定位、黏着的特点，句法功能只是修饰谓语作状语，属于封闭的词类，因此应归入虚词。以黎锦熙、朱德熙、吕叔湘、陆俭明、马真等为代表。三是认为副词介于虚实之间。以王力、郭绍虞等为代表。无论将副词归入实词、虚词或介乎虚实之间，都难免顾此失彼，相比而言我们比较赞同王力先生的观点。王力（1985）认为副词介乎虚实之间它们不算纯虚，因为它们还能表示程度、范围、时间等；它们也不算纯实，因为它们不单独地表示一种实物，一种实情，或一种实事。它们永远不能做句子的主要骨干，既不能做主语，又不能做谓词，可归属于"半实词"。王力先生对副词的这个定义，是从汉语发展史的角度，对副词的意义、性质的变化和发展的分析中提出来的。大量副词的意义，并不是一开始就是"虚"的，而是"实"的，由于历史的渐进，词的意义和性质，也在不断地发生变化，也在不断地向前发展，后来才渐渐"虚化"了，但它还保留了一部分"实"的成分。从语法化角度而言，正是由于这部分副词虚化得不彻底，正处于虚化过程中的中间状态，因而便呈现似实非实、似虚非虚的特征。既然如此，副词本身的虚实两面性，我们也就无须争论。如果我们能接受这些的话，问题也就明朗化了，无论虚化彻底与否，起码这种中间状态是彻底虚化的必经阶段，虚化已经开始一大截了，迟早有结束的一天。我们应承认这个现实，接受部分副词还保留部分词汇意义，处于实虚之间。

现代汉语部分副词具有较实在的意义，多表示情态、方式、状况等具体词汇意义。它典型地表现出作状语的功能，却又不像一般的副词语义那样虚化，而且数量众多，使用时新词频现。这类副词吕叔湘先生在《汉语语法分析问题》中已经提到了，此后，许多学者都注意到这类副词，并发现这类副词的词类地位、句法、语义特点均有特殊性，只是各家所拟定的名称不一。如陈一（1989）将其称为"动词前加词"，张谊生（2000）称为"描摹性副词"，李泉（2001）称为"实义副词"，史金生（2002）称为"情态副词"，张亚军（2002）称为"描状副词"。另外还有"方式词、唯状形容词"等名称。我们采用"实义副词"的说法，承认相当多的副词的还具有一定的实义，正是界定副词类自主状语的前提。

李泉（2001）总结了实义副词共七大类语义特征：（一）具有［＋强力］［－轻微］的语义特征，如"大力、倍加、尽情"等；（二）具有［－强力］［＋轻微］的语义特征，如"从轻、缓缓、稍加"等；（三）具有［＋刻意］［－随意］的语义特征，如"有意、成心、盛情"等；（四）具有［－刻意］［＋随意］的语义特征，如"随手、顺便"等；（五）具有［＋时频］［－顺序］的语义特征，如"终日、连年"等；（六）具有［＋顺序］［－时频］的语义特征，如"依次、逐月"等；（七）具有［＋方式/情状］［－顺序－时频］的语义特征，如"拦腰、振臂"等。他也指出，实义副词绝大多数是用来说明有生命的事物（主要是人）所发出的动作行为及其变化的，因此，除"冉冉"等个别外，绝大多数实义副词都具有［＋自主/＋可控］的语义。

为了准确判定实义副词的词义中是否蕴含有主体可控成分，我们采用林华勇（2005）的标准。林华勇（2005）认为副词有可控副词[①]和非可控副词之分。鉴别可控副词和非可控副词的标准是"副词＋自主动词"的格式，即看该副词能否修饰自主动词。能修饰自主动词的副词为可控副词，反之则为非可控副词。在可控副词之下还有企望副词与非企望副词的区别，其鉴别标准为能不能进入祈使句。我们认为能进入"Ad＋（来/去）＋V＋（O）＋（来/去）"格式并且可以构成祈使句的企望副词是自主义最强的副词，比如"干脆回家去！""马上来！"等。按照 Ad 能否独立构成祈使句"Ad（＋的/吧）＋﹛祈使﹜"，又可分为强企望义副词和弱企望义副词。

第一，强企望义副词。强企望义副词后面加上"的"或"吧"，或直接加上祈使语气就可以单独构成祈使句，表示拒绝、命令、催促或建议等。例如：

---

① 我们认为所谓的可控副词就是具有［＋自主］语义特征的副词。

(33) 别！ 马上！ 赶紧！ 继续！ 一块儿吧！ 就近吧！
就地吧！ 趁早吧！

"Ad（+的/吧）+｛祈使｝"句式隐含着自主动词，可以根据语境填补适当的自主动词。比如："别走""马上去"等。

由强企望义副词构成的祈使句通常出现在对话当中，Ad 是焦点。例如：

(34) a——我们什么时候出发？ ——您说我们到哪里吃饭呢？
    b——马上！   ——就近吧！

强企望义的副词数量不多，举例如下：

马上 赶快 继续 就近 照旧 一起 趁早 随意 照例
如期 慢慢 不必 不要 别   不

第二，弱企望义副词。部分可控副词企望义较弱，须后接自主动词才能构成祈使句，我们可以称之为弱企望义副词。举例如下：

干脆 尽管 必须 事先 同时 统统 一律 全都 无须
时刻 经常 从实 从头 乘机 反复 各自 好好 互相 无需
及时 快速 亲自 全速 顺便 偷偷 一边 专程 自行 暗中
重新 临时 随时 暂时 甭   再

还有一些可控副词虽不能进入祈使句，但是它们可以表现出行为主体的强意志性。所以，我们认为它们的词义也有明显的［+自主］特征，如"特意、决意、极力"等词。例如：

(35) 5 日上午，在市政府为他们举行的拖欠工资发还仪式上，有些民工们特意戴上了领带。(《新华社新闻稿》，2004 年)

(36) 既然美国决意发动战争，那么就会不遗余力地寻找一个发动战争的理由。(《新华社新闻稿》，2004 年)

(37) 汤姆·琼斯与庄园主女儿苏菲亚产生了爱情，布力非对此非常嫉妒，极力在舅父甄可敬面前中伤汤姆·琼斯。(《中国儿童百

科全书》，2015年）

按照上面的形式标准，我们确定了副词类自主状语的范围。（见附表4）。
副词类自主状语从语义看表示与行为动作密切相关的时间、方式、时机、意志、力度、情态、依据等语义范畴，其主要句法功能就是修饰谓语动词，表现出行为主体对动作的时间、力度、依据等特征的控制；也可表现出行为主体在执行行为时有意表现出的主观情态等。例如：

（38）由于这里是危险系数很高的现场作业区，工作人员不断催促记者赶紧离开。（《新华社新闻稿》，2004年）
（39）"你们政委来了啊。"我侧身挡住杜梅，跟那老头点头哈腰打招呼，顺势带着她走。（王朔《过把瘾就死》）
（40）蒙军知道金兵急于突围，就故意让出一条路。（《中国儿童百科全书》，2015年）
（41）盖茨在演讲中还表示，微软的智能手表产品即将上市，这是微软正在着力发展的个人数字便携设备计划的一部分。（《新华社新闻稿》，2004年）
（42）老师听了，不由得暗自称赞。（《中国儿童百科全书》，2015年）
（43）有一回我把儿子抱回来，循例让他叫"阿姨"时，儿子却拍着小手欢呼起来："嘿！有个叔叔！"（刘心武《画星和我》）

例（38）—（43）中的状语分别由副词"赶紧""顺势""故意""着力""暗自""循例"充当，它们在句中分别表示与动作相关的时间、时机、意志、力度、情态、依据等特征。例（38）—（43）中副词所在的句子都可以进入"请（让/一定要）＋Ad＋VP＋（O）｛祈使｝"格式中，它们表示的与动作相关的特征都可以通过行为主体主观意志的控制而得到实现，而且行为主体选择这些特征而不是与之相对的其他特征是有目的的，主观意图非常明确。比如例（38）"赶紧"表示与动作相关的时间要素，行为主体可以通过主动采取加快速度等手段来实现这一特征。通过上下文可以知道，行为主体选择"赶紧离开"而不是"慢慢离开"，是因为所处环境比较危险。为了自身安全考虑，行为主体主动地加快动作进程。例（39）中"顺势"突出了行为主体对客观条件的利用，表明主体对时机的掌握恰到好处，其主观能动性非常突出。例（40）"故意"表明主体明显的意志性。在此句中，行为主体"蒙军"的主观意图非常明确，通过虚假的行动来迷惑敌军达到战略目的，显示出行为主体极高的自主性。例（41）"着力"表明行为主体在执行行为时投入了极大的精力，这种主观努力的背后显然有非常明确的目的。例（42）"暗自"表明行为主体对自身行为的一种主观控制，选择"暗自称赞"而不是"当面称赞"是有意选择的结果。例（43）"循例"是行为主体可以选择的动作方式之一，主体也完全可以选择其他的方式（突破常规、不循旧例）等，行为主体选择"循例"而非其他方式本身就是其主观意志的表现。可见，例（38）—（43）中的副词状语都体现出行为主体的能动性：主体在执行行为的过程中有意识地选择特定的动作相关特征，并以此来影响或引导动作行为朝主体期望的方向发展，主观意图明确。

需要注意的是，由于副词这一词类本身固有的"半实半虚"和"个性大于共性"的个性，决定了"副词是介于虚实之间的最复杂的词类"，在分析副词自主义时需要具体问题具体分析。第一，自主义在不同副词中的表现不同：有的副词的自主义侧重表现为触发主体实施某动作、行为的意愿或目的，如"特地、成心"；有的副词的自主义侧重表现为实施动作、行为时采用的具体方式，如"亲自、分批"。第二，这两种表现有着密切的联系，意愿或目的要被人察觉，总需要借助实施动作的具体的方式，而方式的具体选择也必须以主体的意愿和目的为出发点。因而，副词类自主状语无法截然划分为意愿和方式两个大类。

五　介词短语类自主状语

介词附着在其他词语前面构成的短语就叫作介词短语。Hagège（2010）指出：介词是一种不可分解（unanalysable）或可分解（analysable）的语法词，它与某个项目（term）组成介词短语，并且标记这个项目与另一个语言单位的语法和语义关系。这个语言单位是介词短语的核心（head），通常是动词、形容词或名词，这个项目受介词的支配，被介词关联给核心，是核心的补足语。可见，介词短语的主要特征是：从内部结构看，介词与受支配项组成介词短语，介词短语内部非常紧密，介词和受支配项互为依存，彼此之间不容许插进别的词语，据此，可以把介词短语看作一种黏合式结构。从语义看，介词短语依附于核心，受支配项与核心的各种语义关系由介词标记。从外部功能看，介词短语究竟可以充当哪些句子成分，这是进入20世纪80年代之后，语法学界在介词问题上争论的一个重点。学者们围绕着介词短语是否只能充当附加成分、能否在句中作为主干出现以及介词短语是否能够胜任"全能结构"等一系列问题展开了讨论。虽然,目前学术界对介词短语的句法功能看法不尽相同,但介词短语能作状语是学者们的共识。介词结构常常跟谓词性词语配合起来组成状中短语,用于独立表达语义,因此介词短语跟谓词性词语有着比较紧密的语义联系。介词短语的意义不同,对后边的谓词性短语的选择和搭配也会有所不同;同样,谓词性短语的意义不同对介词短语的要求也会随之发生变化。介词短语和谓词性短语组合后的语义结构也具有多样性,这是一个客观存在的语言现象。

介词短语不是一般意义上的固定的结构,具有一定的松散性和临时性,结构和意义由介词主导。介词本身在单独使用时无法表述完整的语义,不能单独作句法成分,没有任何句法功能,只有当它介引其他成分组成介词短语后,才能和其支配项共同承担某种句法功能。因此,孤立地研究介词或其介引成分无法从本质上体现其在语言中的特殊地位,将介词短语作为一个整体来对待更能揭示其担任的主要语法功能,说明其句法语义属性。我们认为要分析介词短语的自主义也应该建立在充分了解介词短语特殊性的基础上。

介词短语的语义主要来自两个方面:一是内部组成成分包括介词和其受支配项的语义;二是整个介词结构与中心动词之间的语义关系。据我们分析,介词短语是否有自主义与其语义来源的特点有关:

首先,从介词的意义看,介词是汉语词类中一个重要的类别,虽然它的绝对数量不多,但在汉语语法体系中占有很重要的地位。介词具有自身独特的特点:语义上空灵,不表达实在意义,用法灵活,可以表示多种语法意义;句法上介词具有黏着性,不能单独使用,它在句子中介引某些跟谓语中心(动词包括形容词)相关的词语,如名词、代词、各类体词性词语、部分谓词或谓词性词语等,与所介引的词语一起构成介词短语后才能作句法成分。目前,学界对介词的词性虚实有多种看法,除占主流地位的虚词说外,还有前人主张的"副动词"("次动词")说和"半实半虚"说等。我们认为这一分歧的存在,原因之一在于介词内部成员由于语法化程度不一造成的不平衡现象。现代汉语介词就来源而言主要有三种情况:一是从古代汉语传承下来的传统介词;二是受外族语影响而产生的介词;三是在汉语发展过程中由动词语法化而来的介词。学术界公认汉语的介词一般是由动词语法化得到的,这可以从语言类型理论来解释。汉语属于SVO 型语言,构造出的连动句或兼语句的语序表现为"S + V1 + O1 + V2(O2)",其中"V1"很容易受语言结构系统的自我调节而发生语义降级,从而使从动词语法化为介词。刘丹青（2004）指出介词语法化的源头既有动词，也有名词乃至其他词类。其语法化的途径有两条。一是赋元动词的语法化，这是介词的重要来源之一。因为这种动词在句法和语义上的特点，决定了它本身就能赋予宾语以受事对象类题元以外的间接题元，而不需要另用赋予间接题元的虚词。二是"连动句的句法环境"，这是汉语前置词来历的主流。在连动句中的前动，经常获得某种题元，引起该结构的泛化，经过重新分析为前置词短语修饰后面的动词，从而泛化为该题元的标记。许多汉语学者的研究成果都证明汉语动词特别是连动结构中居于从属地位的谓语动词经过不同时期的发展，语法化成介词。但是，动词的介词化作为一种历时过程，不是一蹴而就的，而是要经历一个相当长的时间流程，过程中充满竞争，而且动词向介词的语法化还将在现代汉语中继续，这个过程是否最后完成往往很难明确断定。这就造成了现代汉语介词内部各个成员的语法化程度有较大差别，语义虚实程度是不一致的。正如张志公在其主编的《现代汉语》中指出的那样："介词有的已经很虚，动词意味已经很少（如'把、由'）；有的还保留着动词的一些性质（如'向、比'）；有的保留着相当多的动词性，以致还作为十足的动词使用（如'在、到'）。总之，介词和动词有瓜葛，颇有点藕断丝连的味道。"[①]

　　介词的语法化程度在词典释义中也有所反映：从总体上讲，汉语介词绝不会如"的、呀"之类的虚词只有语法意义而无词汇意义。事实上，很多介词仍有着相当的语义基础和不容忽略的语义表现，所以各类辞书对介词的解释仍然从词汇意义入手，而不是单纯介绍它们的语法意义。一般来说，语法化程度高的介词，与其直接来源的实词在意义和用法上已基本看不出联系，语义、语法、语用上都有各自的使用范围。在词典编纂中，一般会为介词和其源词分别设立词条。读音相同的，按照同音词处理，如"把"。"把"作为一个动词，其本义是"拿、握"，由于经常出现在连动句中，发生语义降级，逐渐语法化为表示处置义的介词"把"。在现代汉语中，从语义看介词"把"与动词"把"有较大区别，已看不出有什么联系，不易造成混淆；从语法功能看，动词"把"在句子中的功能是充当谓语，而介词"把"必须介引其他词语后，才能在句中充当状语；从语用看，在现代汉语中，"把"用作介词的频率要远远高于动词"把"，可见，介词"把"的用法占主流。另一方面，语法化程度低的介词与源词在意义和用法上还或多或少存在一些联系，语义、语法、语用上还存在

[①] 张志公：《现代汉语》，人民教育出版社1982年版，第213—214页。

交叉或界限不清的情况。针对这种情况，在词典编纂中将介词义和动词义作为多义词的不同义项分别列出。如"用""我们一家三口都在抗日，我用笔，儿子用枪。""用"在句中作动词；"我用笔写字。""用"在句中作介词，引进动作行为凭借的工具，保留的动词性还较强。

　　现代汉语介词语义的语法化程度，我们还可以通过比较古今介词内部成员数量的变化来得到一些启发。刘丹青（2003）通过比较冰岛语与大洋洲 kwamera 语前置词得出的结论是：介词的抽象度跟一种语言介词系统的丰约有关。也就是说某语言的介词的语法化程度（抽象度）越高，数量就越少；某语言的介词数量越少，语法化程度（抽象度）越高。据不同学者对汉语古今语料中介词数量的统计，我们可以观察到介词数量有明显的连续增加趋势。古汉语介词只有二十几个，而在现代汉语中介词成员大量增加，据统计大约有 100 个。据此推论，由于古代汉语介词相对较少，它的抽象度相对就高得多，可看作纯粹的介词。与之相比现代汉语介词比较丰富，内部成员之间的分工越来越细，功能上有交叉的分工越来越多，表义日趋丰富和细腻，而且在句中往往有后置词与之互补，这样现代汉语介词的语法化程度并不是很高，处于语法化过程的中间阶段。

　　阎仲笙（1992）根据介词在古汉语中直接用作动词，有 1/3 可以加"着、了"，可以构成正反选用格式，能够受副词或形容词的修饰限制，对主语有陈述功能等语言事实，全面论述了"介词在很大程度上保留着动词的性质"这一个性特征，并明确提出"介词是一种没有完全语法化的半实半虚词"。石毓智（1995）指出"在时间一维性的作用下，那些语义范畴与动作行为特征密切相关的动词，经常用作次要动词，长期使用的结果退化掉了与指示时间信息有关的动词句法特征，最后演变成了介词"①。我们认为，在现代汉语的词类划分体系中，由动词语法化而来的介词虽然失去了指示时间信息的句法特征，不能跟时体标记"了、着、过"搭配，也不能以重叠形式表示动量小或时量短，被划归为虚词。但是，大多数介词还处在由实词向虚词的语法化进程中，语法化程度较低。所以，介词有不同于其他类虚词的特点：即介词与作为其来源的动词之间有共同的语义属性，对动词的语义特征和句法功能有所继承。其表现就是，这些介词仍然保留了能用"不"或"没"否定和能加各种类型的宾语这两个属于动词的特征。

　　综上所述，现代汉语介词内部成员之间语法化程度不一，可以看作一

---

① 石毓智：《时间的一维性对介词衍生的影响》，《中国语文》1995 年第 1 期。

个原型范畴。这个原型范畴包括语法化程度处于两极的典型介词、非典型介词以及处于两极之间的其他介词。有的动词语法化程度比较彻底,已经完全失去动词性特征,具有黏着定位特征,没有时间性特征,在句法结构中是不自由的,只能跟补足语组成介词短语后整体地在句法结构中充当句法成分;如"从、自、自从、打从、和、同、与、于、以、把、将、关于、对于、因、被、本、本着、当着、一任、任凭、基于、鉴于"等基本上完全语法化,失去了作为动词的意义和功能,成为典型的介词。这些典型介词与典型动词之间的区分还是很明显的。还有一部分动词语法化程度较低,动词义滞留明显,一般留有源义特征,在现代汉语中可作动介两可分析,既有动词用法,又有介词用法,有时似乎难以从意义上明确说明差别之所在。如:"用、靠、沿(着)、通过、经过"等。这些介词在现代汉语中至今仍兼属动词,跟动词之间往往缺乏明确的边界,有一定程度的交叉或纠葛,是非典型介词。

  我们认为介词中的非典型介词其词汇意义尚未完全消失,有的非典型介词词义中保留了表现行为主体意志性、能动性的[+自主]特征,并进而表现在以介词为组成成分的介词短语中。比如:"趁"其介词义是"利用(时间、机会)",其词义中明显含有[+自主]的特征,表示行为主体在某个动作事件中,利用有利条件来达成自己的目标。"趁"介引支配项后形成的介词短语进入句子后,所表述的情景是在行为主体主观上所着意追求,并付诸实施的有意的、可控的目的性行为,具有[+自主]特征。

  厉振苍(1987)根据语法化程度的不平衡将128个介词分为两类:一类是完全语法化的,没有任何实词用法的介词。这类介词只占总数的四分之一或更少些。如:被、把、从、对于、关于、以、由于、自、自打、自从等。这类介词非常典型,它们在任何情况下都不能单独使用,都没有后带"着"、"了"的形式,都不能进入X不X的格式,等等。另外一类是尚未完全语法化,有实虚两种用法或多种用法的介词。如:按、比、除、趁、朝、向、对、归、给、经过、通过、叫、拿、用等。这类介词用法灵活,都兼有不同程度的动词性。

  陈昌来(2002)把前置词区分为失去动词特性的典型前置词和动介兼类的前置词,典型前置词包括:"从、自、自从、从打、打从、和、同、与、于、以、把、将、关于、对于、因、被、本、本着、当着、一任、任凭、基于、鉴于、管、即、较之、就、据、为、照、照着、作为、赶、起"等;动介兼类的前置词包括:"朝、向、经、归、顺着、在、到、至、往、奔、奔着、本着、比、给、替、跟、为、叫、教、当、当着、对、因为、由于、由、比较、望、冲、冲着、经过、通过、按、按着、按照、遵照、依照、根据、用、拿、任、趁、趁着、乘、绕、围绕、随、随着、顺、沿、沿着、除、除了、除去、除却、除掉、除开、离、距、论、挨、借、借着、冒、冒着、临"等。

参照厉振苍（1987）、陈昌来（2002）对介词的研究，我们确定了现代汉语中非典型介词的范围，再利用语义特征分析法，划定了现代汉语介词中词汇意义中有［+自主］特征的介词。

其次，介词短语是否具有自主义还与介词的受支配项的题元角色、介词短语与谓核之间形成的语义关系有关。

我们认为判断介词短语是否具有自主义，不仅要充分考虑介词的虚化程度，还需联系介词短语在句子的句法语义结构中的价值功能。就功能而言，介词短语中的介词虽然在句法结构中不具有实在的意义，但作为结构组合手段，介词通常以一种引介因素的身份，在表述谓核成分与所联系的题元角色之间的关系方面起标记作用，介词所介引的对象在句中充当何种题元角色会对介词短语自主义的具体表现有影响。

许多学者对介词短语所表述的题元角色进行了深入而细致的研究。如：李临定（2011）从句型的角度描述了介词短语在句子中表"对象""关涉""工具""范围""原因""目的""依据""凭借""方面""起点""终点""处所"的12种语义功能。鲁川和林杏光（1989）指出汉语的格的形式标志是介词和语序。格的分类也应该和介词的分类一致。他们分出了十八格：施事、系事、当事、受事、结果、对象、与事、伴随、关涉、工具、凭借、样式、依据、原因、目的、时间、处所、情况。金昌吉（1996）则将介词所标记的语义成分分为"主体格""客体格""邻体格""时地格""根由格""关涉格"六个范畴类别，并将其划分为不同的三个层级，分别描述了它们的语义功能。陈昌来（2002）将介词分为"主事介词和客事介词""与事介词""境事介词""凭事介词""因事介词""关事介词""比事介词"七大类和若干次类，同样对标记各种具体语义角色的介词作了细致的描述，并对各种语义角色的介词短语的语义功能作了一些阐释。

概括来说，介词所介引的题元角色主要是时间、地点、工具、依据、方法、范围、关涉对象、条件、比较对象、原因和目的等，少数情况下为了某种语用需要也可介引施事、受事等句法语义成分。这些成分从句法结构来看，主要是修饰和附加、补充成分，不是句子句法结构中的基干成分;从语义结构看,介词短语所表述的题元角色是由谓核动词赋值所得,这些题元角色按照与动词关系的远近可分为必有成分(谓词的语义特征所蕴含的固有的参与者或谓词所述事件中相对恒定的参与者)与可有成分(谓词所述行为事件非固有或非恒定的参与者)。属于可有成分而非必有成分。一般来说,与动词关系最为密切的必有成分(如"施事、受事"等)倾向于采用无标记的形式,在句法结构中靠语序得以实现;其他的与动词关系比较疏远的可有成分,由于动词对这些成分的控制力相对较弱,所以倾向于采用有标记的形式,它们在句法结构中的投射须用介词予以标记,明确这些成分跟句子核心动词的关系,使句子的句法语义结构更加周密、准确、细致、生动。

在现代汉语的格理论中,介词被看成是格的形态标记。介词的出现为我们识别介词短语中名词性成分的题元角色提供了很大的便利,因而在这一意义上我们可以说介词"兼有"了格标记的功能。但我们认为从语言类型学角度看,汉语介词不能看作完全无意义的高度形式化的标记符号。在语言类型划分中,当前汉语学界所界定的现代汉语介词是一种典型的前置词,刘丹青(2003)的研究表明:前、后置词存在着极大的不对称,后置词容易失去独立性而变成词缀,无介词语言中用来表示间接题元的格助词或格标记,其实正是弱化的后置词,从后置词到格标记是一种正常的语法化途径;而前置词由于在句法上和韵律上都有很强的独立性,所以很难语法化为格前缀。据此,我们认为汉语介词缺乏进一步语法化为完全无意义的格前缀的类型学可能性;更何况现代汉语中也存在相当数量的后置词(包括方位词"前、后、内、外"等,助词"的、似的"等),这就更使得介词的完全形式化在语言类型学上缺乏必要性。对于现代汉语介词,我们应该全面地考察,在承认它的语义标记作用的同时,也要考虑它的语法化程度问题。前文已经提到不同介词语法化路径不同,呈现出发展的历史层次性及更新特征;语法化程度高低不同呈现出斜坡特征。根据语义"滞留"原则,介词按照语法化程度高低或多或少保留有源动词的某些语义特征和语义内容;即介词与动词之间有共同的语义属性,词汇历史细节会在其语法分布中有限地反映出来。从词汇的语义选择和语义用法上讲,介词与动词存在相同的语义成分,在对应的句法结构中,往往解释为相同的意义。汉语动词表示某种动作行为,而受该动词影响而发生性质、状态变化的事物通常就是该动词所支配的宾语。既然语法化程度低的介词具有某些与源动词相同的语义属性,那么介词也能对其介引的词语产生一定的支配作用。依照Halliday的解释,"介词短语的称谓意指小句结构的扩展而非其他，其中过程或谓语功能由介词而非动词来行使"①。胡壮麟等认为："介词可以解释为次动词：从概念功能上讲，它是一个次过程；从人际意义上讲，它是一个次谓语成分。"② 现代汉语介词在语义上表现出某些近似于动词的谓语性特点，所以，这些介词可以支配其介引成员充当句子中某种语义角色，它所联结的不是其他语言中的介词所联结的 VP 和 NP，而是像一般及物动词一样，联结 S 和 NP，在句子（S + PP + VP）中构造出一个依附于主过程（SVP）的次过程（SPP）。也就是说，介词短语在结构上是不能独立的，在语义上是不完整的，必须依附于主过程（SVP）才能在句子中实现，明确其句法语义，表达一个与谓语动词相关的场景或过程。在现代汉语中介词短语在句法分布上有较明显的倾向性：大部分介词短语多出现在动词之前的位置，依附于后面的动词短语，从而帮助实现动作过程的完整性，使句子所表达的意思明确化。这就说明，介词短语与后面的动词短语可以看成是一个表示完整动作行为的整体，两者之间有着密切的语义联系，其中介词短语因为受到句法和语义的限制，一定要出现在动词短语的范畴之内，不能随便从这个整体中移出。这种句法行为正是现代汉语介词语法化程度不高以及介词短语句法语义特征的体现。

要想更好地把握介词短语的语义判定其自主义，必须考虑到介词与其支配项之间的语义关联，而不是把它们切割开来，把介词当作纯粹的语法标志，把介引成分看作独立的语义角色。事实上，一种介词短语之所以不同于别的介词短语，它一定存在着自身的一些本质特征：即作为"次要动词"的介词引介名词形成的介词短语，可以看作是通过一个行为引进相关支配对象，介词的受支配项在具体的句法结构中投射为谓核成分的某个题元角色，表述特定的语义内容。充当不同题元角色的介词的受支配项语义特征亦各不相同，而不同的语义特征则规定了它们各自的语法性质和抉择的对象，并且还对介词短语自主义的表现产生影响。根据现代配位理论所给出的句法成分和语义成分的连接规则，在语言结构中，与事、工具等外围格以及时间、处所等环境格与动词关系不紧密，一般在介词的引导下占据状语位置。根据介词所引介的对象与谓核成分之间的语义关系，可不同程度地激活介词短语蕴含的自主义。我们认为当介词所介引的题元角

---

① Halliday, M. A. K, *An Introduction to Functional Grammar*, London: Edward Arnold, 1994, p. 212.
② 胡壮麟等：《系统功能语言学概论》，北京大学出版社 2005 年版，第 248—250 页。

色和动词之间具有"动作——工具/材料/方式/依据/对象/处所/时间"的语义关系时,这些题元角色是伴随着行为主体有目的的积极动作出现的,它们是行为主体有意选择的,为行为主体的目的服务,是行为主体意志的延伸。显然,这些介词短语可以凸显自主义,表明行为主体对动作相关特征的主观控制。例如:

(44) 她站起来,从拖鞋伸出一只脚,用大脚拇指关了电视。(王朔《无人喝彩》)
(45) 我们的祖先早在五千年前就开始用大麻纤维织"葛布"了。(《中国儿童百科全书》,2015年)
(46) 我用折磨自己的方式来报复王立强。(余华《在细雨中呼喊》)
(47) 我只是凭着曲调、凭着旋律才模糊地揣摩到歌词的意义。(张贤亮《绿化树》)
(48) 新来的队员与秀秀一家吃第一顿饭。(礼平《小站黄昏》)
(49) 那是山上最高之处,他们就预备在此处过夜。(林语堂《京华烟云》)
(50) 信我的话,别等待明天,就在今天采摘生命的玫瑰吧。(《读书》,2001年)

例(44)—(50)中的状语分别由介词短语"用大脚拇指""用大麻纤维""用折磨自己的方式""凭着曲调""凭着旋律""与秀秀""在此处""在今天"充当。它们在句中分别表示动作的工具、材料、方式、依据、对象、处所、时间。例(44)—(50)中作自主状语的形容词,都可以进入"请(让/一定要)+Ad+VP+(O){祈使}"格式中,表现出行为主体对动作行为涉及的要素的主观控制。如例(44)就一般情况而言,人们会用手而不是脚去关电视,而此句中行为主体偏偏选择了用"大脚拇指"去关电视,这种非常规性更加凸显出行为主体在事件中的能动性。因此,介词短语在这里凸显出自主义,表明行为主体有意选择的工具。例(45)为了织布人们可以选择不同的材料,但是在此例中人们在众多材料中,选择了"用大麻纤维"来织布,体现出行为主体的主观意志和能动性。因而,表示材料的"用大麻纤维"具有自主义。例(46)就常理而言,人是不会自己折磨自己的,但此例中的行为主体为了实现"报复王立强"的目的,而选择了"用折磨自己的方式",突出了行为主体在这一事件中明确的主观意图,这种违反常理的方式显然体现出行为主体的自主性。例(47)行为主体"我"对歌词意义的揣摩,需要行为主体根据现有材料进行思考、推理,这一过程显然是在行为主体的主观控制之下的。因此"凭着曲调""凭着旋律"由主体对现有资源的合理利用体现出自主义。例(48)"与秀秀一家"表明了行为主体主动选择的共同完成活动的对象,主体在可供选择的对象范围内根据需要确定对象,是有明显的自主义的。例(49)"在此处"是行为主体根据具体情况,有意识地选择过夜的处所,在众多过夜休息的地方中,主体选择了"在此处"而不是别处,体现了主体对行为发生处所的主观控制。例(50)"在今天"而不要等待明天表明了行为主体选择的特定的时间,与语气副词"就"连用更加凸显出主观意志,因此介词结构在此例中具有自主义。例(44)—(50)虽然表现的是行为主体对动作相关的不同要素的选择,但它们都体现出行为主体在事件中的意志性和能动性,因此这些介词短语充当的状语都具有[+自主]语义特征。

综上所述:一个介词短语在具体的句法结构中必然表述一定的语义内容,投射为句中的具体的题元角色,不同的题元角色与相互匹配的谓核成分和其他相关的语义成分进行组配,生成合格的介词短语,并影响介词短语自主义的具体表现。在前人对介词短语研究的基础上,我们考察了由介词结构充当的状语,其中能进入肯定式祈使句"请(让/一定要) + Ad + VP + O {祈使}"的介词结构含有自主义。按照介词短语充当的题元角色可分为七类:①表示工具的介词结构②表示材料的介词结构③表示方式的介词结构④表示依据的介词结构⑤表示对象的介词结构⑥表示处所义的介词结构⑦表示时间的介词结构。

六 主谓短语类自主状语

能够作状语的主谓短语,按其语义是否具有强调意味可大致分为两种类型:第一种是一般主谓短语,从语义上说不具有强调意味;第二种是特殊主谓短语在语义上可以起到强调作用。这两种短语自主义的判定比较复杂,下面分别说明。

(一)一般状位主谓短语的自主性

一般状位主谓短语从构成上看,可分为两部分:充当主语的 N 和充当谓语的 VP,N 和 VP 组合起来构成状位主谓短语。按照状位主谓短语谓语的性质,可以将其分为三类:谓语由动词性词语充当的 NV 类,谓语由形容词性词语充当的 NA 类和谓语由名词性词语充当的 NN 类。举例如下：

①NV 类：头也不回地（走了）　　嗓子调得尖尖地（说）
②NA 类：腰板直直地（走了过来）　音量很大地（叫）
③NN 类：一脸死灰（地对我说）　　悲愤满面地（走过来）

从我们收集的语料来看，状位主谓短语的 N、VP 按其性质和语义特征的不同，可分为以下几种情况：

从 N 来看，状位主谓短语的 N 一般是双音节名词，根据语义特征可分为两类：[＋述人] 类和 [－述人] 类。述人类的名词按语义不同又可分为人体类、情绪态度类和物质类。从 VP 来看，状位主谓短语的 VP 按词性和 [±述人] 语义特征的不同，可分为动词性述人类、形容词性述人类、形容词性非述人类和名词性述人类。将上述内容整理后得到下表：

一般状位主谓短语的 N 的类型及常见词语：

N 的语义特征	N 的语义特征	常见的充当 N 的词语							
[＋述人]	[＋人体]	脸色	面目	泪眼	两眼	眼睛	眼里	眼神	目光	舌头
		嘴唇	声音	嗓音	口齿	手里	满腹	步伐	脚步	步履
		心口	浑身	一脸	动作					
	[＋情绪/态度]	笑容	表情	神色	神态	神情	派头	风度	精神	口气
		悲愤	情绪	感情	热情					
	[＋物质]	汗水	香气							
[－述人]		程度	观点	思路	衣衫	字迹	阵容			

一般状位主谓短语 VP 的类型及常见词语：

VP 词性	语义特征	常见的充当 VP 的词语								
动词性	[＋述人]	颤抖	发直	望着	对	堆	下	睁	冒	调	
形容词性	[＋述人]	苍白	通红	直直	端庄	肃穆	紧张	沮丧	冷漠	淡然	
		阴险	凶狠	和蔼	甜甜	响亮	清晰	干哑	无力	做作	
		匆匆	振奋	抖擞	轻柔	含混	模糊	伶俐	沉重	灵便	
		轻盈	蹒跚	夸张	缓和	复杂	高兴	十足	懊丧	狂躁	
		固执	狐疑	亢奋	促狭	汪汪	炯炯	热辣辣			
	[－述人]	鲜明	破烂	工整	整洁	强大	不同	不高	不清	不宁	
名词性	[＋述人]	死灰	悲愤	满腹	杀气						

从主谓短语自身的语义看，这些主谓短语的语义关系都不是"施

事——动作"的关系，无法表示行为主体有意识地发出动作，它们都不能进入肯定式祈使句"请（让/一定要）＋Ad＋VP＋O｛祈使｝"，因而它们都是非自主的。但是，当它们充当状语后，情况有所不同。NN 类主谓短语充当状语时仍然是非自主的。例如：

（51） a 一脸死灰地对我说
　　　　b 悲愤满面地走过来
　　　　c 牢骚满腹地看着

例（51）a 按常理来说人不能有意地使自己的面部呈现出一脸死灰的状态，这种状态往往是人在遭受到某种打击时，由于心理原因而自然呈现出的状态，因而，这种状态是不受人力控制的；例（51）b、例（51）c 中的"悲愤满面""牢骚满腹"也是非自主的，它们表示的也是由于某些客观原因造成的，不受人力控制的某种心理状态。这些 NN 类主谓短语，在状位上描述行为发生时的主体的表情、心理特征，是不受人力控制的，因而是非自主的。

NV 类、NA 类主谓短语在状位上可临时获得自主义，但需要具备一些条件。下面分别讨论：

1. NV 类状位主谓短语的自主性

NV 类状位主谓短语的自主性，首先受到其修饰的中心语性质的影响：NV 类状位主谓短语修饰的中心语，如果是非自主动词，那么 NV 类主谓状位主谓短语一定是非自主的。例如：

（52）丈夫仍然什么也不知道地熟睡着。（山村美纱《死者的琴声》）

（53）假使有钱，他便去押牌宝。一堆人蹲在地上，阿Q即汗流满面的夹在这中间桩家揭开盒子盖，也是汗流满面的唱。（鲁迅《阿Q正传》）

例（52）、（53）句子的谓语分别是"熟睡""夹"，它们都不能进入鉴别自主动词的典型格式"（来/去）＋V＋(O)＋（来/去）｛祈使｝，不能说"来/去＋熟睡/夹"，它们是非自主动词。从词义看，"熟睡""夹"表示的都是人力不可控制的生理现象或客观状态。"熟睡"是一种生理现象，人无法凭借主观意志实现；"夹"表示动作行为形成的状态，不能体现出人的意志性,是非自主的。由于 NV 类状位主谓短语修饰的中心语是非自主动词,因此整个句子表现为非可控事件。这时,状位上的主谓短语"什么也不知道""汗流满面"是非自主的。

从我们收集的语料看,可以受 NV 类主谓短语修饰的中心语多是动词,大致可分为说看、趋向、状态三类:

   a 说看类 唾沫四溅地吹嘘自己 面露痛楚地看着我
   b 趋向类 妻满脸是汗水地进来了 悲愤满面地回来了
   c 状态类 一脸无辜地站在那儿 门窗紧闭地关在房间里

另外,从我们收集的语料看,状位 NV 类主谓短语修饰的动词通常动作性较强,以具体可感的动作动词为主,它们通常表示人在日常生活中经常发出的动作或具有的状态,具有[+述人]的语义特征。NV 类状位主谓短语通常不修饰表示抽象、不可见的动作性较弱的动词,如表有无、判断、能愿、比拟和心理活动的动词。从性质上看,这些动词可以是自主动词,也可以是非自主动词。但自主动词多于非自主动词。

NV 类主谓短语要在状位上临时获得自主义的第一个前提条件是:

  ①NV 类状位主谓短语修饰的中心语是自主动词。记为:V 大[+自主]("V 大"表示 NV 类状位主谓短语修饰的中心语,下文同)

满足条件①的前提下,NV 类状位主谓短语自主性还要受到两个因素的影响:一是构成主谓短语的 N 和 V 的语义特征;二是 V 的性质。据我们考察,当 NV 类主谓短语修饰的中心语是自主动词,并且满足条件②③,这时主谓短语在状位可以临时获得自主义:

  ②句子主语 S 是表人的词语;NV 类状位主谓短语中的 N 是 S 所表示的人的身体器官或人体属性的一个侧面,即 S 具有[+人]、N 具有[+人体]的语义特征。
  ③NV 类状位主谓短语的 V 具备[+自主]语义特征。

我们把以上条件①②③码化为:

S［+人］+N［+人体］+V［+自主］+V大［+自主］+（O）

这类临时获得自主义的状位NV类主谓短语，从语义上说，可以表现出行为主体在行为过程中，有意地对与人有关的相关因素进行控制，含有"使/让……"的意义，可以显示出行为主体的自主性。其语义指向句子主语S，这时状位主谓短语一般可以与句子主语S连着说，整个句子可以变换成：S+（使/让自己）+NV，S+V大（+O）。例如：

（54）柳老板满脸堆笑地站起身。（罗会芸《险恶官场》）
→柳老板+（使/让自己）满脸堆笑，柳老板站起身。
（55）他像往常一样，轻轻带上门，头也不回地走了。（《报刊精选》，1994年）
→他+（使/让自己）不回头，他走了。
（56）春桃就把嗓子调得尖尖地喊，救命啊！（铁头制造《四百年前的爱情大奔跑》）
→春桃+（使/让自己）嗓子调得尖尖的，春桃喊。
（57）于是，道静就和陈大娘脸对脸躺在炕上说起来。（杨沫《青春之歌》）
→道静和陈大娘+（使/让）脸对着脸，道静就和陈大娘躺在炕上说起来。
（58）小龙女眉眼不抬地回答，"这是祖师婆婆传下的曲子，叫做《淇奥》。"（金庸《神雕侠侣》）
→小龙女（使/让自己）眉眼不抬，小龙女回答。

例（54）—（58）中，NV类状位主谓短语修饰的中心语分别是"站""走""喊""说""回答"，它们可以进入鉴别自主动词的典型格式"（来/去）+V+（O）+（来/去）｛祈使｝，可以说"（来/去）+站/走/喊/说/回答!"，它们是自主动词。从词义看，它们表示的都是可以凭借主观意志发出的动作，整个句子表现为可控事件，符合临时获得自主义的条件①。同时，这几例中NV类状位主谓短语的N是S表示的人的身体器官或人体属性的一个侧面，如例（54）—（58）中脸是刘老板的，头是他的，嗓子是春桃的，脸是道静和陈大娘的，眉眼是小龙女的，符合条件②。这几例中NV类状位主谓短语的V分别是"堆""回""调"

"对""抬"它们都是自主动词,具备[+自主]语义特征。符合以上条件③。根据我们的分析,例(54)—(58)中 NV 类状位主谓短语同时满足条件①②③,它们在状位上临时获得自主义,可以表现出行为主体对自身神情、姿态、声音等的主观控制。

其他常见的在状位可临时获得自主义的 NV 类主谓短语还有:

手把手地(教她某一个动作) 两眼圆睁地(望着) 脸对脸地(坐着)

以上条件①②③中,条件①是前提,如果 NV 类主谓短语修饰的中心语是非自主的,那么我们可以确定该 NV 类状位主谓短语是非自主的,上面已经做过分析不再赘述。

满足条件①的情况下,如果不能同时满足条件②③,则 NV 类状位主谓短语仍然是非自主的。例如:

(59)我腿脚无力地找来卫生纸。(刘志钊《物质生活》)
→*我让自己腿脚无力,我找来卫生纸。
(60)马利华见陈维高满脸放光地进来。(徐坤《一个老外在中国》)
→*陈维高让自己满脸放光,陈维高进来。
(61)我再次请他跟小王转达我的解释,他仍然听不见,情绪高涨地只顾发布命令,就是让全体撤退回去,并总结庆祝会。(陈源斌《你听我说》)
→*他让自己情绪高涨,他只顾发布命令。

例(59)—(61)中,NV 类状位主谓短语修饰的中心语分别是"找""进来""发布",它们可以进入鉴别自主动词的典型格式"(来/去)+V+(O)+(来/去)"{祈使},可以说"(来/去)+找/进来/发布!",它们是自主动词,满足条件①。同时,这几例中 NV 类状位主谓短语的 N,是句子主语 S 表示的人的人体或人体属性的一个侧面。如例(59)腿脚是我的,例(60)脸是陈维高的,例(61)情绪是他的,可见它们都满足条件②;但是这几例中 NV 类状位主谓短语的 V,分别是"无""放""高涨"它们都是非自主动词,不符合条件③。所以,这些 NV 类主谓短语在状位上仍然是非自主的,表示人力不可控制的生理状态或主观情绪。

2. NA 类状位主谓短语的自主性

NA 类状位主谓短语的自主性，首先受到其修饰的中心语性质的影响：NA 类状位主谓短语修饰的中心语，如果是非自主动词，那么 NA 类主谓状位主谓短语一定是非自主的。如：

（62）山顶海拔三千多米，初上来的人都程度不同地有些反应。（唐栋《红鞋》，《中篇小说选刊》，1991 年第 1 期）

（63）卢旺达总统哈比亚里马纳和布隆迪总统恩塔里亚米拉的座机在基加利机场原因不明地坠毁，二人同时遇难。（《人民日报》，1994 年）

例（62）、（63）中，NA 类状位主谓短语修饰的中心语是分别是"有""坠毁"，它们都不能进入鉴别自主动词的典型格式"（来／去）+ V +（O）+（来／去）"｛祈使｝，不能说"来／去 + 有／坠毁"，因而是非自主动词。从词义看，它们表示人力不可控制的情况。"有"表示在客观环境中出现的新情况，是人力不可控的；"坠毁"也是无法凭借主观意志实现或避免的情况。这两个例子中 NA 类状位主谓短语修饰的中心语是非自主动词，因此整个句子表现为非可控事件。这时，状位上的 NA 类主谓短语"程度不同""原因不明"是非自主的。

从我们收集的语料看，可以受 NA 类主谓短语修饰的中心语多是动词，大致可分为说看、趋向、状态三类：

a 说看类　声音异常阴郁而苍老地说　眼睛红红地看着我
b 趋向类　腰板直直地走了过来　　　心里乱麻麻地沿着土路走
c 状态类　六神不安地站在那儿　　　程度不同地存在

另外，由 NA 类主谓短语充当状语的句子，其基本句式语义是某人以某种情态进行某种动作行为，或某事物以某种状态存在或发生变化。状位 NA 类主谓短语的表义作用是对发出动作的人或事物，或动作变化本身，或动作变化涉及的客体进行描写。相应地，NA 类状位主谓短语修饰的中心语，多是表示人的肢体动作或感官行为的动词。从中心语性质看既有自主动词，如动作动词"走、坐、挤、写、说、看、望、盯、劝说、提出"等；也有非自主动词，如存现动词"存在、有、脱离"等。

NA 类状位主谓短语要在状位上临时获得自主义的第一个前提条件是：

①NA 类状位主谓短语修饰的中心语是自主动词。记为：V 大 [＋自主]（V 大表示 NA 类状位主谓短语修饰的中心语，下文同）

满足条件①的前提下，NA 类状位主谓短语自主性还要受到三个因素的影响：一是构成主谓短语的 N 和 A 的语义特征；二是 V 的性质；三是 NA 类状位主谓短语的语义指向。NA 类状位主谓短语的语义指向可分为两类：第一，指向主语；第二，指向宾语。这两种不同语义指向的 NA 类状位主谓短语临时获得自主义的条件不同，下面具体说明：

第一，当 NA 类状位主谓短语语义指向主语时，在满足条件①的前提下还需满足以下条件，NA 类状位主谓短语才能临时获得自主义。

②句子主语 S 是表人的词语；NA 类状位主谓短语中的 N 是 S 所表示的人的人体或人体属性的一个侧面，即 S 具有 [＋人]、N 具有 [＋人体] 的语义特征。

③NA 类状位主谓短语的 A 具备 [＋可控] 语义特征。

满足以上条件①②③的 NA 类主谓短语在状位上可以临时获得自主义，我们把以上条件码化为：

S [＋人] ＋N [＋人体] ＋A [＋可控] ＋V 大 [＋自主] ＋(O)

这类在状位上临时获得自主义的 NA 类主谓短语，从语义上说，可以表现出行为主体有意识地在事件进行过程中，对与人有关的因素进行主观控制，含有"使/让……"这样的意义，显示出行为主体的自主性。这类 NA 类主谓短语语义指向句子主语 S，这时状位主谓短语一般可以与句子主语连着说，整个句子可以变换成：S＋（使/让自己）＋NA, S＋V 大＋(O)。例如：

(64) 妇联主任似笑非笑地轻轻拍打一下赵巧英肩头，口气缓和地劝说道……（郑义《远村》）

→妇联主任（使/让自己）口气缓和，妇联主任劝说道……

(65) 小田手脚麻利地帮我做饭。(曹明霞《两极相通》)
→小田（使/让自己）手脚麻利，小田帮我做饭。

(66) 母亲穿着那双靴子，步态夸张地走出院子。(阿成《东北吉普赛》)
→母亲（使/让自己）步态夸张，母亲走出院子。

(67) 我警惕性很高地想，我遇到了一个"小姐"。(《每日新报》，2002年)
→我（让自己）警惕性很高，我想。

例(64)—(67)中，NA类状位主谓短语修饰的中心语分别是"劝说""做""走""想"，它们可以进入鉴别自主动词的典型格式"（来/去）+V+（O）+（来/去）"{祈使}，可以说"（来/去）+劝说/做/走/想!"，它们是自主动词。从词义看，它们表示的都是可以凭借主观意志发出的动作，整个句子表现为可控事件，符合临时获得自主义的条件①。同时，这几例中NA类状位主谓短语的N是S表示的人的身体器官或人体属性的一个侧面，如例(64)—(67)中"口气"是妇联主任的，"手脚"是小田的，"步态"是母亲的，"警惕性"是我的，符合条件②。这几例中NA类状位主谓短语的A分别是"缓和""麻利""夸张""高"，可以进入鉴别可控形容词的"A+(一)点儿"格式，因此它们都是可控形容词，符合以上条件③。根据我们的分析，例(64)—(67)中NA类状位主谓短语，同时满足条件①②③，它们在状位上临时获得自主义，可以表现出行为主体对自身主观态度、动作等的有意控制。

其他常见的在状位可临时获得自主义的NA类主谓短语还有：

声音夸张地咳嗽　　表情丰富地教唱　　腰板直直地走了过来
音量很大地叫　　　表情十分平淡地跟着往外走

以上条件①②③中，条件①是前提，如果受NA类主谓短语修饰的中心语是非自主的，那么我们可以确定该NA类主谓短语是非自主的，上面已经做过分析不再赘述。

满足条件①的情况下，如果不能同时满足条件②③，则NA类状位主谓短语仍然是非自主的。例如：

(68) 难耐地等了好一阵，郑璇才嗓音干哑地说："电灯线断了……"（叶辛《在醒来的土地上》）

→*郑璇（使）嗓音干哑，郑璇说："电灯线断了……"

(69) 我一扭头，发现"疯子"（我们称那女人为疯子）头发蓬乱地追了上来。（杨永康《一个头发乱蓬蓬的女人可以带给一个少年多少恐惧与寂寞》）

→*"疯子"让自己头发蓬乱，疯子追了上来。

(70) 他也就目光炯炯地嘴唇通红地坐在雪地里。（鲁迅《雪》）

→*他也就让自己目光炯炯、嘴唇通红，他坐在雪地里。

例（68）—（70）中，NA 类状位主谓短语修饰的中心语分别是"说""追""坐"，它们可以进入鉴别自主动词的典型格式"（来/去）+ V +（O）+（来/去）"{祈使}，可以说"（来/去）+说/追/坐!"，它们是自主动词表示主体有意识发出的动作，满足条件①。同时，这几例中 NA 类状位主谓短语的 N 是句子主语 S 表示的人的人体或人体属性的一个侧面，如例（68）嗓音是郑璇的，例（69）头发是"疯子"的，例（70）目光、嘴唇是他的，可见它们都满足条件②；但是这几例中状位 NA 类主谓短语中的 A "干哑""蓬乱""炯炯""通红"，不能进入鉴别可控形容词的典型格式"A +（一）点儿"，它们是非可控形容词不符合条件③。所以，这些 NA 类状位主谓短语仍然是非自主的，表示人力不可控制的生理状态或外在情态。

有时，NA 类状位主谓短语的 N 不表示句子 S 所指的人的身体器官或人体属性，具有[-述人]语义特征，不满足条件②。这时 NA 类状位主谓短语是非自主的。例如：

(71) 乃喜迅疾地偷望了一眼轰响不已的天空，手撑着地爬起来，走夜路的人那样一路歪斜地走回屋里去了。（石舒清《正晌午》）

→*乃喜让自己一路歪斜，乃喜走回屋里去了。

例（71）中，受 NA 类状位主谓短语修饰的中心语"走"，可以进入鉴别自主动词的典型格式"（来/去）+V +（O）+（来/去）"{祈使}，可以说"（来/去）+走!"，它是自主动词表示主体有意识发出的动作，满足条件①。但是，此例中 NA 类主谓短语的 N "一路"既不是句子主语身体的一部分，也不是句子主语所具有的某种属性，不满足条件②。例

(65)"一路歪斜地走"不是主体有意识控制下具有的动作情状,而是主体走路时呈现的客观状态,是非自主的。

第二,当 NA 类状位主谓短语语义指向宾语 O 时,在满足条件①的前提下,只需满足条件②A 是可控形容词,NA 类状位主谓短语就能临时获得自主义。我们把以上条件码化为:

S［+人］+N［-人体］+A［+可控］+V大［+自主］+（O）

这类临时获得自主义的状位 NA 类主谓短语,从语义上说,可以表现出行为主体在动作发生前已经对宾语的属性有预期,并按照这个预期采用相应的方法达成预期性状。这类 NA 类主谓短语语义指向宾语 O,这时状位主谓短语一般可以与句子主语连着说,整个句子可以变换为:S 以 NA 的方式 V,V 得 A（O 是 NA 的）。例如:

(72) 他有洋洋万言的十一条之多的合理化建议。起码自认为是合理化建议。字迹工整地写了十几页,就揣在他衣兜里。(梁晓声《激杀》)

→他以字迹工整的方式写,写得字迹工整。

(73) 她全身漂漂亮亮地打扮起来。(转引自郑贵友《现代汉语状位形容词的"系"研究》)

→她以全身漂漂亮亮的方式打扮,打扮得漂漂亮亮的。

例(72)、(73)中,NA 类状位主谓短语修饰的中心语分别是"写""打扮",它们可以进入鉴别自主动词的典型格式"(来/去)+V+（O）+（来/去)"｛祈使｝,可以说"（来/去）+写/打扮!",它们表示主体有意识发出的动作是自主动词,满足条件①。同时,这些 NA 类状位主谓短语中的 A 分别是"工整""漂亮",可以进入鉴别可控形容词的典型格式"A 点儿",它们是可控形容词符合条件②。从表义看这些状位 NA 类主谓短语,突出行为主体在事件发生前,已对宾语将达成的性状有明确的意图,并以宾语预期性状作为其实施行为的标准,选择适合的方式来实现自己的主观预期,显示出主体极强的自主性。例如(72)行为主体"他"在写建议之前,已经对要写的建议的外观有主观预期即"字迹工整",并以此为标准选择适合的方式(比如,写得慢一些,用心写等)来达成这一目标。例（73）"漂漂亮亮"也是如此，行为主体"她"在打扮自己之前，已经对自己打扮后要达到效果有充分的考虑，并为此选择合适的方式（比如，选择好看的衣服，适当化妆等），事件的全过程都受行为主体的主观意志控制。可见上述 NA 类主谓短语在状位上临时获得了自主义。

（二）特殊的状位主谓短语

与一般的状位主谓短语不同，某些主谓短语从语义表达上看有强调意味，我们将其单列出来称为特殊的状位主谓短语。从形式上看，这些主谓短语都具有某种词汇标记，其词义中蕴含有主体可控成分，它们作状语时这种主体可控成分得到凸显，其句法表现就是：可以进入肯定祈使句"请（让/一定要）＋Ad＋V＋O｛祈使｝"。这些特殊的状位主谓短语按其构成特点，可以分为三种情况。下面分别讨论：

第一，用全量否定表示极大量的主谓短语有强调意味，词汇标记手段是否定词"不"，这种特殊的状位主谓短语可以凸显行为主体在执行行为时的自主性。例如：

(74) 几个大臣见他神情有变，都挺直了身子，一眼不眨地盯视着乾隆。（二月河《乾隆皇帝·风满龙楼》）

(75) 至于信的内容，我给他们背了一遍，是一字不差地背了一遍。（李佩甫《会跑的树》）

(76) 姚沁薇住院的二十多天里，方宏一天不落地来探望，服侍姚沁薇的那份细心，别人想也想不到。（张伟群，张逸《方宏坠楼自杀之谜》）

(77) 我一刻不离地照顾着父母，还惦念着高凡。（戴厚英《流泪的淮河》）

(78) 他默默地站着，一声不响地掐灭了手电筒的光。（黄蓓佳《目光一样透明》）

(79) 他只有一言不发地期待着省委书记还说什么。（梁晓声《民选》）

例（74）—（79）中特殊主谓短语分别是"一眼不眨""一字不差""一天不落""一刻不离""一声不响""一言不发"，其形式都为"一……不"这种否定结构。这类主谓短语通过对最小量的否定来否定全体，通过否定全体达到强调的目的。整个结构表示没有任何例外情况，换句话说即事件完全在行为主体的掌控中。因而，这类主谓结构所指的行为主体,对行为拥有完全的控制力。这类特殊主谓短语在句中凸显出其语义中的自主义。

第二,反常规表达的主谓短语凸显行为主体的自主性。这类特殊主谓短语常常使用"……都/也……"的形式,可以看作紧缩复句"连……都/也"的省略形式。从语义看,这类主谓短语通常表现出行为主体执行行为时的"反常性",主体在事件中表现出鲜明的意志性和能动性。例如:

(80)大舅车都不下地打招呼。(《报刊精选》,1994年)
(81)钱鹤鸣感到纳闷,他直截了当地问张培英时,正在埋头填表的张培英头也不抬地说:"是不是让风刮走了?"(闫星华《寻找金穗》)

按照一般的社会交际规则,碰到熟人要打招呼时,礼貌的做法是当面近距离地说话。但是,在例(80)中"大舅"却"车都不下地打招呼",这是一种违背常规的做法。在这种反常行为的背后可以推知行为主体是有其特殊的考虑的,是主体根据当时的客观环境做出的选择,体现出行为主体在事件中高度的自主性。例(81)同样如此,按常规有人招呼是要回礼的,不会连头也不抬,这种与众不同的表现使得行为主体的主观意志得到更充分的体现。

第三,由同形数量短语分别作主谓短语的主语和宾语。这一类特殊主谓短语的主语和宾语由同形数量短语充当,通常数词是"一"。可表示为"(一量)+V+(一量)"。从语义看,这类主谓短语可表明行为主体执行动作的特定方式(按次序或者重复进行),主体在事件中表现出自主性。例如:

(82)他一杯接一杯地饮。12杯后,他脸红了。(刘亚洲《恩来》)
(83)我演出,他就坐在台下一场接一场地看。(王朔《浮出海面》)
(84)戴愉一根接着一根地吸着香烟,不时仰起头来倾听着道静的诉说。(杨沫《青春之歌》)
(85)十数个人,在一边看台的最高处,亮出圆号、大号、小号和几面鼓,一曲接一曲地奏了起来,乐曲响遍全场。(《新华社新闻

稿》，2004年）

例（82）—（85）中出现的主宾同形的主谓短语，通过在主语和谓语位置上相同词语形式的重复使用，使得该主谓短语成为一种有标记的结构。其语义中含有［＋逐一］［＋重复］［＋可控］的语义特征。充当状语时这类主谓短语语义中蕴含的主体可控成分得到凸显，表现出行为主体在执行行为时选择的特殊方式：按照顺序或持续反复进行同一行为。上述例子中的"一杯接一杯""一场接一场""一根接着一根""一曲接一曲"分别表明主体重复进行"饮（酒）""看""吸（烟）""奏（乐）"这些行为。这些重复执行行为的过程是需要主体有意识地加以控制的。因此，在上述行为中，主体都表现出较强的自主性。还要说明的一点是，这种主宾同形结构蕴含的主体可控成分的激活，还须满足句子主语是人而非事物这个条件。如果句子主语是无生命物，这时主宾同形主谓短语没有自主性。例如：

（86）装载停当的罗斯托夫家的四辆马车停在大门口，运送受伤官兵的大车一辆接一辆地驶出了院子。（列夫·托尔斯泰《战争与和平》）

（87）不管哪种原因，反正这些地盘一个接一个地开始上马了。（《报刊精选》，1994年）

七 "一＋量"重叠式类自主状语

"一＋量"重叠式短语是指由数词"一"和量词或名词组合成的短语。这类短语包括"一量一量""一量量""一量名一量名""一A一B"四种形式，语义中含有［＋顺序］或［＋重复］语义特征。当它们出现在状语位置修饰中心语时，可以表示某一动作行为按顺序发生或频繁的重复，凸显出主体的自主性。可以进入肯定祈使句"请（让/一定要）＋Ad＋VP＋O｛祈使｝"。

（88）周炳一个人在家，睡觉睡不着，又找不到事儿干，就又把六、七年来的往事翻出来，一桩一桩地去回忆。（欧阳山《三家巷》）

（89）她笑盈盈地把酒烫热，然后把事先做好的小菜，诸如五香花生米、盐渍黄豆、辣椒雪里蕻、酸菜心一样样地摆到客人面前。（迟子建《岸上的美奴》）

（90）她说拍电影能磨炼人，一场戏一场戏的拍，都要从平时从不考虑的角度去思考人生。（顾伟《官司后的韦唯》）

（91）冯小刚一笔一画认真签名时，她又说："冯先生，今天您真是把我感动了，好久没听过这么好的大道理了。"（王朔《你不是一个俗人》）

例（88）—（91）状语分别由"一桩一桩""一样样""一场戏一场戏""一笔一画"充当，表明主体执行行为的特定方式，显示出主体对行为过程的有意控制。例（88）"回忆"是表示人的心理活动的动词，一般情况下，人的心理活动是人的主观意志无法控制的，但是，在此例中"一桩一桩"充当状语，可以表明行为主体在"回忆"时有意按照"一桩一桩"依次进行的方式来进行，显示出行为主体自觉地对心理活动加以控制的自主性；例（89）中由"一量量"式充当状语，"一样样"表明主体在"摆菜"过程中按次序摆放，突出行为主体对动作先后次序的有意控制；例（90）"一场戏一场戏"表现出行为主体反复执行同一行为，在这个重复进行的行为过程中需要主体能动性的发挥；例（91）"一笔一画"表示行为主体签名的具体方式。例（88）—（91）出现的"一+量"重叠式短语，虽然具体形式有细微差别，但都是行为主体有意选择的特定行为方式，表现出行为主体在活动中的自主性。

我们认为"一+量"重叠式短语语义中含有主体可控成分，这与其特殊的词汇形式以及由此带来的语法意义有关。从内部构成成分看，"一+量"重叠式都包括数词和量词。数词是计数单位，量词是计量单位。现代汉语中，一般以数词和量词组合成的数量短语来计量事物的单位量。对"一+量"重叠式进行的研究主要有：宋玉柱（1981a）（1981b）、戴浩一（1990）（1991）、邵敬敏（1993）、华玉明（1994）、石毓智（2000）、张敏（1997）、侯友兰（1998b）、郭继懋（1999）、李宇明（1996）（2000）、孙力平、刘挺（2002）等。虽然学者们对"一+量"重叠式的具体分类名称不尽相同，但是各家都公认"一+量"重叠式可以表示"（数量）多"的语法意义。李宇明把词语重叠看作是表达量范畴的诸多语言手段之一。"所有的词语重叠都与量的变化有直接或间接的关系。因此可以说，词语重叠是一种表达量变化的语法手段，'调量'是词语重叠的最基本的语法意义。"[①] 就数量词语的重叠来说，通过重叠这种

[①] 李宇明：《论词语重叠的意义》，《世界汉语教学》1996年第1期。

语法手段的使用，实现了"多量"（数量增加）这一核心语法意义。在石毓智看来"重叠式只有一个，其功用是使基式定量化"①。所谓定量化是指"词语通过某种语法手段赋予其概念以数量特征"②。石毓智将 AA 式视为量词重叠的唯一形式，这与我们界定的"一+量"重叠式颇有不同。"根据 Moravcsik（1978）的总结，各种语言的重叠式经常负载的最为显著的意义是'量的增加（increased quantity）'。"③ 从认知上说，重叠式表多量体现了"数量象似性"，即语言结构单位与概念结构单位之间在数量上是对应的，在概念上信息量越大、地位越重要、预测难度越高的信息，其语言表达式就更长、更复杂。"一+量"重叠式所指称的事物具有"多量性"，在现实世界中该事物的数量不止一个，甚至多到难以数清的程度，为了突出事物数量的多，便使用重叠的方法来表示。形式的复杂化与意义的复杂化是相关联的，重叠形式在量上包含了基础形式所不具备或不够凸显的语义内涵。我们认为"一+量"重叠式可看作是一种特殊的数量重叠式，其基本语法意义表示"量的增加"。单就重叠式与其所指称的事物关系来说，重叠后指称的事物数量比重叠之前指称的事物数量要多。"一+量"重叠式的基本语义体现的是"多量性"。数量的多寡在一定程度上受主观意志的控制，人可以主动采取某种行为，使事物的数量向多或少两个相反的维度变化，从而体现出行为主体对事物数量的能动控制。因此我们认为"一+量"重叠式语义中有主体可控成分。不过，"一+量"重叠式的［+自主］语义特征的凸显是有条件的，状位可以激活"一+量"重叠式语义中的自主义。

状位的特征之一是［+伴随性］，处于状位的词语所表示的各种与动作相关的特征，都是伴随着行为的进行而得以体现的。状位具有的［+伴随性］特征，为主体对状位词语所表示性质状态加以主动控制提供了基础。行为主体可随着动作的进行，根据实际情况和主观意图来选择适合的行为方式，通过有意识地控制与动作相关的特征来实现自己的目的。我们认为状位的［+伴随性］特征，满足了行为主体发挥主观能动性的前提条件——潜在的可变性。这种可变性当然包括主体通过实施某种行为，使得事物的数量发生改变。我们认为这就是状位"一+量"重叠式凸显自主义的基础。

---

① 石毓智：《语法的认知语义基础》，江西教育出版社 2000 年版，第 101 页。
② 同上。
③ 张敏：《从类型学和认知语法的角度看汉语重叠现象》，《国外语言学》1997 年第 2 期。

八 其他短语、固定短语构成的自主状语

某些语义中蕴含[＋自主]特征的联合短语、偏正短语、动宾短语、固定短语作状语时，可以表现出行为主体对动作相关特征的主动控制，它们所在的句子可变换为肯定式祈使句"请（让／一定要）＋Ad＋VP＋O{祈使}"。因而，我们认为这些短语是自主状语。

（92）他绘声绘色地讲了一个小故事。（薛建华《荣老板与中共领袖握手》）
（93）一位扎着两条长辫子的圆脸庞姑娘，蹑手蹑脚地迈出深宅，疾步奔向北方。（《报刊精选》，1994年）
（94）薛义杰和小明珠轻手轻脚地将他抬到窗口。（《报刊精选》，1994年）
（95）第二个月的三成就没有付足，其余的款子整整拖欠了一年，经债权人再三再四地登门坐索，才陆陆续续地零零碎碎地付清。（周而复《上海的早晨》）

例（92）—（95）都是联合短语，形式上都是ABAB式，语义和结构上的中心是A。按照A的性质，上述联合短语可分为动词性、形容词性、副词性三类。例（92）、（93）中的"绘""蹑"是动词性的，"绘"是描绘之意，"蹑"是放轻之意，都是自主动词。由它们构成的联合短语"绘声绘色""蹑手蹑脚"词义中也含有主体可控成分，具有自主义。例（94）"轻手轻脚"中心词是"轻"，这是一个可控形容词，以它为中心构成的"轻手轻脚"也是可控的。例（95）中心词"再"是副词性的，表示重复是主体可控的，以"再"为中心构成的"再三再四"，表示主体主动重复同一动作，显示出自主义。例（92）—（95）就语义而言都具有主体可控成分，它们进入状位后表现出主体对动作行为相关特征的主动控制，凸显出自主义。

（96）他平实静默地看取生活。（王必胜《刘恒印象》）
（97）姐姐给老七缝衣服时，细细地、密密地缝了好久好久。（张平《姐姐》）

例（96）、（97）中的状语"平实静默"和"细细地、密密地"都是

形容词性联合短语。从构成看，例（96）"平实""静默"是可控形容词，二者组合成联合短语后仍然显示出可控性。当联合短语"平实静默"进入状位后，表示主体在执行行为时有意让自己处于某种状态，显示出自主性。例（97）形容词重叠式"细细地""密密地"都表示主体可控性状，它们组合成的联合短语"细细地、密密地"也是可控的。该联合短语进入状位后，表示主体在行为开始前，已经将宾语（衣服）将达成的性状设定为"细细的"和"密密的"，并通过动作"缝"来实现主观预期，在事件中显示出主体自主性。

（98）奶奶以为既做了书生郎，就该是这等模样，便叫男人一边歇了，自己放开手脚地收拾。（侯贺林《三蔫爷》）

（99）我们都坚信是当地老乡变着法儿地报丢鸡、丢狗之仇。（邹静之《一个偏方》）

例（98）、（99）中的状语由动宾短语"放开手脚""变着法儿"充当。从其构成看"放""变"都是自主动词，组合成动宾短语也是自主性的。动宾短语在进入状位后都表示主体采用的动作方式，显示出自主性。

（100）那老同学微微撒娇地扯扯他的袖管。（王安忆《小鲍庄》）

（101）三毛非常冷静地给洛宾写信。（李桦《三毛与王洛宾的忘年情》）

例（100）中的状语"微微撒娇"是由动词和程度副词组合成的偏正短语。其中，"撒娇"是自主动词表明主体有意识地发出的动作。当"撒娇"和程度副词"微微"组合后，程度量有所减轻，但仍然是主体可以主观控制的行为，因此"微微撒娇"其语义中具有主观可控成分。例（101）中的状语"非常冷静"由形容词"冷静"和程度副词"非常"组合而成，其中"冷静"是可控形容词，它和"非常"组合后虽然性状的程度量增加，但其性状仍然具有可控性，行为主体可以有意识地显现或改变该性状。这两例中的状语，语义中都含有主体可控成分。当它们进入状位后这种可控成分得到了凸显。

（102）我来到厨房，没活找活地做着什么。（肖华《我和张艺谋的友谊与爱情》）

（103）"还不错嘛！"毛泽东又笑了，颔首赞许地说。（宗道一《一代伟人的语言桥梁》）

例（102）、（103）中的状语"没活找活""颔首赞许"是连谓短语，就其语义而言都具有主体可控成分。进入状位后二者表示执行动作时主体呈现的情态，具有主观可控性。

（104）西洋人什么事都讲究按部就班的慢慢来。（庐隐《吹牛的妙用》）

（105）我们不妨就公开指名道姓地说。（王朔《你不是一个俗人》）

（106）一经介绍，必定郑重其事的为结婚而结婚。（老舍《婆婆话》）

例（104）—（106）中出现的状语都是固定短语。从构成上看，"按部就班""指名道姓"是动词性的，"郑重其事"是形容词性的，它们的词汇意义中含有主体可控成分，进入状位后表示主体执行行为时主动选择的方式，凸显出自主性。

综上所述，可充当自主状语的短语按其中心语性质可分为三类：以动词为中心的；以形容词为中心的；以副词为中心的。它们的自主义与短语的中心词性质保持一致。当状位短语的中心词是自主动词和可控形容词时，该状位短语的语义中含有主体可控成分，一般情况下，当这些短语进入状位后可以凸显出自主义。

第三节　状语自主义的连续统

马庆株（1988）指出动词的自主和非自主并非截然对立，一个动词可以有多个义项，包含多种语义特征，比如：自主义、持续义、完成义、动作义、状态义、感受义、致使义等等。自主义和这些语义特征之间有的是并存关系，有的是排斥关系。它们的相互影响使某些自主动词的自主义在一定条件下产生不确定性，有时动词的自主义会因为其他语义特征而隐没，有时又会因为所在结构或其他原因而凸显出来。马庆株对此进行了说明，在具体运用过程中，动词自主义与非自主义可以相互转化，即所谓的

"自主——非自主"连续统。状语的自主义与非自主义受到多种因素的影响,也表现为一个"自主——非自主"的连续统。影响状语自主义的因素大致有两方面:一是状语自身自主义的特点,二是状语所在的句法环境。

一 状语自主义的特点

体现在概念意义中的语义特征有不同表现形式:"有的是表层的——有明确标示的语义特征。……有的是深层的——凭经验、认识或对客观事物的了解才能分析出来的语义特征。"① 自主状语概念意义中的 [+自主] 语义特征表现为表层(显性)和深层(稳定)的两种。表层的或者说显性的自主义特征多是比较稳定的,而深层的或者说隐性的自主义特征则往往容易受到语境影响而改变。当我们分析状语提取 [+自主] 语义特征时,不同的状语表现出不同的情形:

(一) 不同状语自主义的显著度

当我们从静态的角度分析状语提取 [+自主] 语义特征时,不同的状语表现出不同的情形,有的状语语义中蕴含有明确的主体可控成分,我们可以容易地提取其 [+自主] 语义特征;还有的状语表达不受人力控制的情况,我们可以容易地提取 [-自主] 语义特征,将它们排除在自主状语之外。除这两种情况外,还有的状语的自主义是在结构中或受其他因素影响而被临时赋予的。举例如下:

第一,自主状语概念意义中的 [+自主] 语义特征是表层的或者说显性的,即状语概念意义直接体现出很明确的自主义,这种情况我们可以明确地判断它是自主状语。例如:

(107) 他拼命地划水,尽量不让自己下沉,竭尽全力地往岸边靠。(《报刊精选》,1994年)

(108) 男人都奋不顾身地争当坏分子,可坏出好来,也算本事不是。(《央视国际》,2005年)

(109) 这时候,我带来的那点钱已经所剩无几了,我知道我必须赶快去挣点钱了,否则就得饿肚子。(卞庆奎《中国北漂艺人生存实录》)

---

① 卢福波:《谈汉语动词的相关性及其对句法结构的制约作用》,《世界汉语教学》1994年第1期。

例 (107) 中的状语"拼命""尽量""竭尽全力",例 (108) 中的状语"奋不顾身",例 (109) 中的"赶快"就语义来看,自主义是很明显的,这使得它们的 [+自主] 语义特征很难被取消,其句法表现就是:它们通常不会与表示行为主体无意识行为的词语组合。例如,一般不会说:

(110) *一不小心/没留神(拼命/尽量/竭尽全力/奋不顾身/赶快)

某些情态副词从其词汇构成看有显示其自主性的标记,如"亲"类情态副词:"亲手、亲眼、亲口、亲身、亲耳"。这些副词其中一个构词语素"手、眼、口、身、耳"关涉人体器官,从语义看强调某人身体力行地去做某事,显然是含有自主义的。还有一些"亲"类情态副词,从构词看包含表示某事物的语素,如"亲笔"中的"笔"。在"亲笔"中"笔"作为客观现实世界中的客体,被某人用来书写具有了工具的性质,凸显出行为主体利用工具完成任务的自主义。可见"亲"类情态副词表明行为主体主动去做或利用某种工具去做某事,自主性非常明显,这类副词通常只能和自主动词组合而不能和非自主动词组合,例如:

(111) 亲自出马　亲自调查　亲自来　　亲自谈　亲自下厨　亲自参观
　　*亲自死　*亲自病　*亲自醉　*亲自睡　*亲自忘　*亲自没有

其他表示社会活动的交往方式、处理方式和姿态、意志愿望的情态副词也多是有明显自主义的。如"携手、只身、秉公、大力、当众、暗自、拼命、专门、凝神、誓死、逐步、特意、故意、暗中、亲自、权且、独自、暗自、轮番、依次、循序、相继、鱼贯、轮流、交叉、交替、次第"等。它们都可以较容易地提取出 [+自主] 语义特征。

第二,自主状语概念意义中的 [+自主] 语义特征需要有一定的条件才被激活。大多数表示人的气质、涵养、品行、心态、行为、表现等的述人形容词,它们表示的性状是相对稳定的。但是在进入状语位置后这些形容词受到状位的规约,可表明行为主体有意识地调动自身具有的固定属性来执行行为的主观意图,显示出主体的自主性。例如:

(112) 酒足饭饱之后，趁着天色已晚，客多人忙，顾登祥大方地掏出一张百元大钞塞给老板娘。(《报刊精选》，1994 年)

(113) 1915 年 11 月，他利用关于他与小凤仙的风流韵事的传闻，机智地躲过袁世凯派出的密探，逃出北京。(《中国儿童百科全书》，2015 年)

例（112）、(113) 中的形容词状语"大方""机智"就词义来看都是表示人的某种属性的，一般情况下这些属性是稳定的、不变的，我们不会意识到它们的自主义。但是进入状语位置后，这些词语中潜存的自主义被激活，表明主体有意识地利用自身具有的"大方""机智"的属性来达到自己的目的，显示出自主义。常见的这类形容词还有"安稳、本分、沉稳、沉着、诚恳、诚实、慈祥、聪明、从容、大方、机智、严肃、勇敢、愉快、镇静、郑重、主动、自爱"等。

第三，自主状语的自主义是临时获得的。例如：

一般来说，名词性词语具有事物性，指称客观现实世界中的客体对象不具有自主义。但是当它们进入"用/依照/朝/……"介词结构，表示动作的工具、材料、方法、方向时，会被临时赋予主体可控成分，显示出自主义。例如：

(114) 官兵晚餐后自发组织起来加班。没有灯，他们发动一辆车，用车灯照着工地。(《新华社新闻稿》，2004 年)

(115) 梅加瓦蒂要求全国各移民局和负责移民的机构要依照法律办事。(《新华社新闻稿》，2004 年)

(116) 第二天，一个 50 岁上下的男人朝我的车走来。(卞庆奎《中国北漂艺人生存实录》)

例（114）—（116）中的状语分别是"用车灯""依照法律""朝我的车"，其中的名词性词语"车灯""法律""我的车"本身是不具有自主义的，但是在介词结构中，它们和动作形成"动作——工具""动作——依据""动作——方向"的关系，在结构中被赋予了临时的自主义。

有时，名词还可以直接在动词前作状语，表示行为主体对动作的材料、工具等的主观控制。例如：

(117) 不着香花璎珞，不香油涂身。(明旸《佛法概要》)

(118) 犯罪分子强行将她们手推或脚踢落海，造成 6 名女子溺水而死。(《新华社新闻稿》，2004 年)

例（117）的状语"香油"，例（118）中的状语"手""脚"，作为名词它们都指称客观具体对象。但在状语位置上，它们表示与动作相关的特征：材料、工具。显示出主体在事件中，有意地选择"香油""手""脚"作为行动的要素之一，显示出自主义。

第四，有的状语的概念意义中包含的"非自主性"是很明显的，这时［－自主］语义特征比较容易提取和确定，可以将它们排除在自主状语之外。例如：

(119) 那一天晚上，他与一伙男孩子结伴玩耍后路过舞厅，看到春风得意的父亲正健步走下台阶，父亲身边天真烂漫地走着一个身穿白色连衣裙的姑娘，他意外地认出，这个美丽的姑娘竟是米娜。他一时有些傻了，目瞪口呆地看着米娜钻进了父亲的黑色伏尔加。(柯云路《芙蓉国》)

(120) 突然沃森特听到有人讲："沃森特先生，快来呀！我需要你！"原来贝尔在操作时，不小心把硫酸溅到脚上，由于疼痛，他情不自禁地对着话筒喊，这竟成了人类用电话机传送的第一句话。(《中国儿童百科全书》，2015 年)

(121) 他连续调试机器 30 多小时，后来就糊里糊涂地睡着了。(《报刊精选》，1994 年)

例（119）中的"意外""目瞪口呆"，例（120）中的"不小心""情不自禁"，例（121）中的"糊里糊涂"，从语义看表示的是不受人力控制的客观情况或无意识的状态，都含有明显的［－自主］特征。因此，它们一般不出现在可控事件中。我们一般不会说：

(122) *设法/故意地（意外/目瞪口呆/不小心/情不自禁/糊里糊涂）

通常情况下不受人主观控制的词还有："饿、慌、僵、渴、困、闷、痒、胀、吃亏、丢脸、尴尬、孤僻"；含有"不"的形容词通常也是非自主的，如"不安、不便、不错、不公、不和、不赖、不力、不满、不妥、不幸、不周"等。这些词语充当状语时具有非自主义。

（二）状语自主义的动态变化

从动态的角度看，词语的自主意义是不稳定的，同一词语处于不同的语言环境中其自主义会发生变化。

第一，原本自主义不明显的可以通过添加语境激活其语义中残存的自主特征。

朱景松（2002）指出某些形容词表示消极的结果，按常理人们不会促成消极情状的出现。可是在特定场合，说话人可以主动地表现出某种消极状态来达到某种特定目的。例如：

（123）索性啰嗦点，……反正我的才气也是有目共睹，不必在这一段落炫耀。（《王朔文集》）

（124）我还能再笨点儿吗？（新浪博客《小牛的纯绿世界》）

例（123）、（124）中的"啰嗦""笨"就常理而言是人们主观上不希望发生的状况或性质。但是这两句都显示出行为主体出于特定的目的，而主动地让"啰嗦""笨"这种消极的结果出现，显示出行为主体明显的主观意图和对事件的控制能力。而在句中出现的"啰嗦""笨"就显示为人力可控的性状，显示出自主义。

第二，原本自主义比较明显的在一定条件下自主义隐没。

（125）雪地上的战士，一大早就开始，拍我在火车顶上站岗，鼓风机不停地吹，这样拍了将近十遍。（卞庆奎《中国北漂艺人生存实录》）

例（125）状语"不停地"表示动作进行的时间是连续、不间断的，表现出动作的具体情态具有可控性。句中谓语中心语"吹"表示"风、气流的流动"，这是人力无法控制的自然现象，是非自主动词。同时，句子主语由非生命施事"鼓风机"充当。整个句子是明显的非可控事件。因此，在例（125）句中状语"不停地"受到谓语和施事的影响自主义隐没。

通过比较状语自主义在词汇层面和句法层面的表现，可以看出不同状语的自主义有区别。有的状语的自主义明显而稳定，提取这些状语自主义相对比较容易，还有一些状语它们有一定的自主义，但是自主义并不属于其语义的核心部分。一般情况下，我们对这些词语的自主义并不是特别注意，这些状语自主义要得到凸显必须有适当的语境。同时，状语自主义还要受到所处的句法环境影响，进入句子后状语的自主义可能会因别的词而加强或削弱。

二　影响自主状语自主义的因素

理想的情况下，判定自主状语的依据是其语义中含有自主义，而非自主状语不含有自主义。但是，通过我们上面的分析可以看出，状语的自主义与非自主义很难截然分开。这与充当状语的词语自身自主义的特点有关系；另外，状语作为句子成分其自主义还要受到句法位置、与之共现的词语、语用因素等多方面影响。

（一）状位对状语自主义的影响

前文我们划定了能作自主状语的语言成分，按照词性的不同主要有：动词、名词、形容词、副词、介词短语、"一+量"重叠式、主谓短语、动词性短语、形容词性短语。它们在进入状位后都要受到状位的规约作用，状语位置对不同词语自主义有显著的影响。从静态词汇层面看，自主义最强的是动词，其次是形容词，名词基本没有自主义。但是在进入状位后，充当状语的动词、形容词、名词受到状位意义的规约发生了不同程度的变化。就词类和句法位置的关系来看，每个词类都有激活其最大实现价值的典型句法位置，在典型句法位置上凸显的是该词类最本质、最核心的意义，而在非典型位置上可能激活其非本质的内涵意义、联想意义等。对于动词而言，动词的典型句法位置是谓语位置。状位动词凸显的是其蕴含在词义中的方式、状态义。因此，动词充当的自主状语表示的是行为主体对动作的方式、状态的主观控制而非对动作本身的控制。形容词最主要的语义特征是程度义而非自主义，要凸显形容词词义中的自主义需要借助一定的词汇标记或句法形式。形容词在进入状语位置后，其词义中潜存的自主义可被激活，表现为行为主体在执行行为的过程中，有意识地显现或改变形容词所表示的性质或状态。名词的核心意义是指称义，表示的是客观现实中的对象一般不具有自主义，其典型句法位置是主语或宾语位置。部分名词可以进入状位，因为偏离了主语和宾语位置，其原有的典型的句法表现形式就衰减或消失了，发生非范畴化，名词本来具有的核心意义——指称义被抑制，而词义中潜存的内涵义、性质义被凸显，这种变化使得行为主体可以有意识地选择突出名词的某种属性，并将其运用到行为过程中。这些名词在状位上因核心意义的转化而临时获得自主义。不同词类有各自最为本质的语义特征，这些特征通常在典型句法位置上得到最大的实现值；当词语出现在非典型位置时，其原有的核心语义特征会受到抑制而凸显其潜存的非核心语义。这时，如果这个词语的非核心语义中有主体可控成分，就可以在状位上被激活而临时获得自主。副词和介词都是从实词虚化而来的，有部分副词和介词由于虚化程度不高，它们的词义中还有残留的自主义，当它们进入状语位置后其潜存的自主义被激活。含有强调义的主谓短语和"一＋量词"重叠式，从形式上看都有一些词汇标记如"不""都/也"或者使用"重叠"的语法手段，通过这些词汇手段的使用，使其语义中蕴含一些自主义，它们进入状语位置后自主义得到凸显。不含有强调义的普通主谓短语要结合具体的句法条件看是否有自主义。对于其他短语自主义的判定主要看中心词的性质，如果该短语的中心词是自主动词或可控形容词，则其语义中含有的自主义在进入状位后可得到凸显。

（二）共现词对状语自主义的影响

就语义特征而言，一个词可能会由若干个语义特征构成。但在没有进入句法结构之前，这些还只能够看作"潜在的语义特征"，只有等到它跟其他词语组合后成特定结构后，才能显现出价值，也只有在这时词的某个"潜在的语义特征"才得以在组合中凸显。词在不同的组合中显示的语义特征不尽相同，并不是所有潜在的语义特征都要在一个格式中表现出来。哪个特征能够得到显现，取决于与之组合的词语和语言环境。我们认为状语的［＋自主］特征是否得到凸显受到与之共现的词语的影响：

第一，谓词性质。

自主状语自身［＋自主］特征的隐现、强弱与谓语性质密切相关。当状语和自主动词组合时，可以凸显其语义中的自主义；与非自主动词组合时，语义中蕴含的自主义往往隐没。例如：

（126）a NBA 季后赛还没开始，我已经通过我生意中的熟人找了几个纽约和洛杉矶的律师，谈姚明转会的事。(姚明《我的世界我的梦》)

b 艾滋病毒通过使用毒品的女性性工作者传给嫖客。(《新华社新闻稿》，2004 年)

（127）a 国际奥委会全球合作伙伴和雅典奥运会的赞助商们，充分地利用雅典奥运会的品牌价值，结合自己企业及品牌特点来进行推广。(《新华社新闻稿》，2004 年)

b 同内容相适应的形式能够充分地表现内容。(《中国儿童百科全书》，2015 年)

例（126）a、（126）b中的状语都是由介词"通过"和名词性词语组合形成的，但是在例（126）a中与状语"通过我生意中的熟人"组合的是自主动词"找"，表现出行为主体为了执行动作"找"，而有意识地选择实施动作的途径，显示出行为主体在事件中的自主性；例（126）b中的状语"通过使用毒品的女性性工作者"和非自主动词"传"组合，表示的是不受人力控制的情况。其中，介词短语表示的显然不是"艾滋病毒"有意选择的传染途径不具有自主义。例（127）a、（127）b中的状语都是形容词"充分"，在例（127）a中与状语"充分"组合的是自主动词"利用"，表现出行为主体为了实现主观意图，而积极调动相关资源使其达到更为充分的程度，凸显出主体的自主性。例（127）b中与状语"充分"组合的是非自主动词"表现"，整个句子表明一种客观状态而不是行为主体主动造成的结果。在这个句子中出现的状语"充分"是非自主的。

另外，当谓语是由动词和补语或宾语组合形成的复杂短语时，动词本身的自主性会受到补语、宾语的影响，在复杂谓语中发生自主和非自主的转化现象。当谓语整体是自主性的，状语显示自主义；如果谓语整体显示出非自主性，则状语的自主义也会隐没。

（128）a 这个人在老木屋里坐木了。（张炜《古船》）

b 小天良在一条又深又窄的山沟里踩着一个骷髅头。（矫健《天良》）

c 他有了钱，坐上了汽车，并且在南长街买了一处宅子。（老舍《四世同堂》）

例（128）出现的状语都是由介词"在"和名词性词语构成的。但是，在以上例句中与状语搭配的谓词性质并不相同。例（128）a"坐木了"是动补结构，自主动词"坐"受其补语"木"的影响，在动补结构中自主义隐去，整个述补结构是非自主性的。与之组合的状语"在老木屋里"自主义也发生了弱化。我们可以推测，"这个人""在老木屋里""坐"可能是自主选择的，但是"在老木屋里坐木"则必定是在行为主体意料之外的。例（128）b"踩"是一个自主动词，但是由于受到宾语"骷髅头"的影响，整个动宾结构"踩着一个骷髅头"是非自主性的。因为按常理来说，"踩着骷髅头"肯定是出乎人意料之外的情况，而且是不符合人的主观意愿的，所以整个动宾结构表示的是一种不符合主观愿望的意外发生的情况。与之组合的状语"在一条又深又窄的山沟里"只表明事件发生的处所，至于主体"小天良"是否是自己选择到"一条又深又窄的山沟里"去的，我们无法绝对肯定。因此，句中主体的主观意志比较模糊，状语自主义不明显。例（128）c中状语"在南长街"由于和自主动词"买"组合，激活了其语义中潜存的自主义。我们可以肯定行为主体在购买"宅子"之前，对"宅子"所处位置是经过充分考虑的，凸显出主体自主性。

第二，施事特征。

自主状语一般出现在以人作为施事的句子中，施事生命度将影响状语自主义的凸显。例如：

（129）几幢老式洋楼以不同的风格，记载着不同年代的历史，不同的人生景观。（阿城《灯会》）

（130）《华氏9.11》以写实手法，把大量电视新闻镜头和实地采访相结合。（《新华社新闻稿》，2004年）

（131）羊群缓缓地往前推移，远看，像一片云彩在坡上流动。（汪曾祺《羊舍一夕》）

（132）鸡有时又抬起头来把一个小脑袋很有节奏地转来转去。（汪曾祺《鸡毛》）

例（129）—（132）中"以不同的风格""以写实手法""缓缓地""往前""很有节奏"等状语，其语义中都有［+自主］特征。与它们组合的谓词"记载""结合""推移""转来转去"都是自主性的。但是在上述例句中与状语共现的施事，或者是不具有生命度的无生物，如"洋楼""《华氏9.11》"，或者是生命度等级较低的动物，如"羊群""鸡"。受到施事生命度的影响，例（129）—（132）中状语的［+自主］特征无法得到凸显，状语原本含有的自主义都隐没了。

第三，其他共现词语。

有时虽然状语概念意义有明显的［+自主］特征，但是受到与其共现的其他词语的影响而发生自主义弱化或隐没的情况。

（133）陈果像喝醉了一样连跑带跳地冲了下来。（王蒙《夜的眼》）

（134）直到被有力的胳膊拖着向村里走时，她才推辞说："不，

不！我们还有事哪！"(《报刊精选》,1994年)
（135）这群一无所知的孩子以兴致勃勃的歌声搔扰着他。(余华《命中注定》)

例（133）中状语"连跑带跳"单独看是具有自主义的。但是，受到与它共现的另一状语"像喝醉了一样"（暗含着行为主体意识不清晰）的影响，"连跑带跳"的自主义发生了弱化。例（134）"向村里走"单独看是具有自主义的，说明行为主体自主选择的动作方向。但是，受到与其共现的状中偏正结构"被有力的胳膊拖着"（暗含行为主体是受到外界强迫而非出于自我意志）的影响，其自主义发生了弱化。例（135）"以兴致勃勃的歌声"单独看是具有自主义的，说明行为主体自主选择的行为的凭借。但是，受到与其共现的句子主语的定语"一无所知"（暗含行为主体不是有意识的）的影响，其自主义发生了弱化。

（三）语用因素对状语自主义的影响

语言符号的模糊反映的不是纯客体的模糊，而是掺入了主观世界的模糊。就语义而言，人的主观意识的参与就表现在语义的规定上。自主义本来就是一种认知语义，主观性很强。这种特点使得状语的自主义受到语用因素的影响而发生变化。

第一，受到祈使句式影响。

祈使句可主观赋予主体一定的控制力，使祈使句中的事件主体对事件具有主动权和可控性。因此，非自主动词在祈使句这种特殊的语境中，可转化为受到事件主体意志控制的动作或行为，临时具有自主义。非自主动词的这种转化可促成状语自主性的凸显。

（136）大家都说"真凉快真凉快，快下场雨吧，要不麦子该旱死了"。(王朔《一点正经没有》)
（137）倘若无意中竟已撞上了，那就即刻跌下来吧。(鲁迅《朝花夕拾——二十四孝图》)
（138）别再回想那些可怕的场景吧，我暂且把这一事件忘记吧。(《报刊精选》,1994年)

例（136）—（138）中的动词"下""跌""忘记"都是非自主动词，表示的动作是主体不能有意支配的。但是这些人力不可控的动作，在祈使句中却暂时显示出可控性，主要有两点原因。首先，当人们希望改变人力不能控制的自然现象时，会祈求上天的帮助。因为，在人看来上天是万物的主宰，具有超越一切的力量。因此，对自然界中人力不可逆转的现象，人们认为可以通过祈求上天而促使情况转为有利于自身的情况。比如例（136）"下雨"表示的动作行为是人所不能控制的。但是，当"下雨"用于祈使句时，表明的是人祈求不可控的自然现象发生转变的主观愿望，是人把符合自身利益的思想愿望赋之于自然界的体现。其次，当人们希望改变客观上不受人力控制的状况时，也可以在祈使句中实现。例（137）、（138）"跌下来""忘记"表示的都是人力难以控制的情况，并不是想跌下来就可以跌下来，想不跌下来就可以不跌下来的；也不是想忘记就能忘记，想不忘记就能不忘记的。但是在祈使句例（137）中，说话人赋予了听话人（或自己）一定的主动权，是说话人让"听话人"去"跌下来"，也就是说话人认为听话人在"跌下来"这个动作上是具有主动权的，是可控的；同样，例（138）也是说话人对自身愿望的表达，以祈使句的形式赋予说话人在一定程度上控制"忘记"这个动作的能力。可见在祈使句中，人可以被临时赋予改变自然的或本来不可控的现象的能力。因而，出现在祈使句例（136）—（138）中的状语"快""即刻""暂且"，都突出了说话人对与动作发生相关的时间要素加以控制的主观愿望，体现出自主性。

第二，修辞影响。

有时当状语和中心语在语义上互相抵捂时，状语会发生语义变异，而临时获得自主义。例如：

（139）也许，这不是什么诗之吟唱，诗人们呀，都把春天疯狂地颂扬。（徐敬亚《早春之歌》）

（140）有时我会冷漠地怀念，一张粉白的脸，一双明亮到冰凉的眼睛……（楚人《半夜时分》）

例（139）中"颂扬"是"歌颂赞扬"的意思，"疯狂"则是"猖狂"的意思，用"疯狂"修饰"颂扬"语义相悖，这里的"疯狂"语义发生了变化，有"热烈"的意思，凸显出诗人在颂扬春天时有意加深程度。例（140）中"怀念"是因有深厚的感情而思念，"冷漠"则是对人或事物冷淡、不关心的意思，语义上也有矛盾，这里的"冷漠"语义发生了变化，有"冷静"等意思在内，凸显出行为主体有意对自己的心理状态进行控制而临时具有自主义。

通过以上分析可以看出，状语自主义的隐现受到多种因素的影响。我们要强调的是就若干具体状语而言，自主状语与非自主状语没有截然的界限，从典型的具有自主意义的状语到绝无自主意义的状语，其自主义的有无、强弱、显隐呈现为连续状态。自主状语在一定条件下可能隐没［＋自主］特征，成为非自主状语；而非自主状语在一定条件下，也可能被赋予［＋自主］特征而成为自主状语。认知语言学中的范畴理论认为，任何一个语法范畴都是由具备程度不等的相似性成分组成的。同一范畴内部的不同成员其地位是不平等的：有的成员包含此范畴的所有特征，具有原型性，是范畴中的典型成员；有的则只包含部分特征，是范畴中的非典型成员；还有的成员虽然也归属此范畴，却仅具备范畴所要求的少量特征，可称为边缘成员。同一范畴内，同一家族不同成员的属性，以环环相扣的方式，通过相似性联系而成为一类。从典型成员到非典型成员再到边缘成员，形成一个具有连续性的序列。同时，相关的语法范畴之间虽然都有自己的典型现象，但是也很难划出一条明确的界限，从某个范畴的典型现象到另一个范畴的典型现象之间，存在着边界模糊的中间现象。这些中间现象，有的带有较多的甲范畴的语法特征，有的带有较多的乙范畴的语法特征，从而在两范畴的典型现象之间形成一个既连绵不断又有等级差别的过渡带。从某个范畴的典型现象经过由若干等级的中间现象到另一个范畴的典型现象，也形成某个范畴特征逐渐减弱、另一个范畴的特征渐次增强的连续性序列。自主状语也可看作这样一个原型范畴，按照自主义高低强弱，可大致分为从绝无自主义的典型非自主状语到具有非常强的自主义的典型自主状语，还有介于二者之间的非典型非自主状语和非典型自主状语。可图式为：

弱　无自主性　　自主性弱　　　自主性较强　　　自主性强　　强
$\longrightarrow$

典型非自主状语　　非典型非自主状语　　非典型自主状语　　典型自主状语

从词汇层面来看，有些状语自主义明显而有的状语自主义不太明显，有的基本没有自主义。自主义强弱的不同会影响到这些状语组合能力：自主义越是明显的状语，越倾向于只和自主性的谓词组合而排斥非自主性的谓词。而一旦它和自主动词或其他自主性的谓词组合后，其自主义就会得到凸显；本身自主义不明显的自主状语，其自主义的显现对语境的依赖程度更高。通常需要在特殊条件下才能激活语义中残留的自主义。还有的状语基本没有自主义，这时无论它处于怎样的环境都呈现为非自主的。由于状语自主义呈现出的连续统特点，我们在判定状语自主义时还必须综合考虑与该状语共现的其他词语的特点。句子是一个由各成分相互关联、协调构成的整体，各成分之间总是处于一种直接或间接的联系、制约之中，因而，其中某个成分的变动或多或少都要受到其他成分的牵制、影响，需要其他成分的协调。我们认为词语自身蕴含的主体可控成分是该词语成为自主状语的语义基础。而该词语蕴含的自主义是否得到凸显还要受到外部条件的影响，既有句法因素也有语义因素和其他因素。总之，状语自主义是动态变化的。谓词的重要性在于它的语义性质为状语自主性在句中得到凸显提供了可能性，而其他句子成分所起的作用则是在有关可能性中进行选择，具体确定状语的自主性。

三 小结

本章首先对我们的研究对象作了界定，确定了判定自主状语的语义和形式标准，并在此基础上全面考察了现代汉语中的状语成分，将其中符合我们标准的自主状语确定下来。最后，我们分析了状语自主义的连续统现象，由于自主和非自主没有绝对清晰的界限，因此，我们划定的自主状语范围是相对的，状语自主义的隐现受到内部条件和外部条件的影响。

第四章 自主状语的语义指向分析

本章运用语义指向分析法，考察自主状语与句中其他句法成分之间的句法语义关系。自主状语与其他句法成分之间的联系关系可分为两个方面：句法联系和语义指向。自主状语与其他句法成分形成的句法语义关系大致有两种情况。第一语义同指：自主状语在句法平面上与谓语动词具有直接成分关系，在语义平面上与谓语形成直接的语义联系对谓词进行修饰限制。这时自主状语语义指向谓词，形成的是句法与语义一致的状中结构。第二语义异指：自主状语在句法平面上与谓语具有直接成分关系，但在语义平面上自主状语与谓语没有直接的语义联系，而与句子中其他的非直接成分发生语义联系。这时自主状语语义指向句中充当主语或宾语的名词性成分，自主状语与谓词形成的是句法与语义相悖的状中结构。按照自主状语语义指向的不同，可将自主状语分为三类：①语义指向谓语的自主状语②语义指向主语的自主状语③语义指向宾语的自主状语。[①] 其中语义指向谓语的自主状语是语义同指，语义指向主语和宾语的自主状语是语义异指。

---

① 在对语义指向的理解上，由于人们所处的外部环境和认知能力的不同，致使各自建立的"认知环境"会有或多或少的差异，从而导致人们对语义指向成分的推理不完全相同。因此语义指向的理解通常只能是一种接近话语意图的概率推理。同时，由于认知角度和客观对象本身的多变性，语义指向是非常复杂的，可能出现兼指的现象。我们对自主状语语义指向的分析，主要是为了说明自主状语可表明在行为进行过程中，主体对动作行为以及相关参与要素的主观控制，所以我们的分类比较简单，没有特别说明兼指、多指的情况。同时，由于语义指向的分类主观性较强，所以其他学者对本文自主状语语义指向的归类，可能会有不同的看法。我们对自主状语语义指向的分类是从宏观的层面来进行的，至于对自主状语内部差异的微观探讨有待于今后进一步研究。

第一节　自主状语语义指向的分类

句子是一个有组织的整体，而句子的构成成分不只是表面所看到的词，更重要的是词和词之间的关系。这些关系层层递进，在关系的顶端结成一个支配所有成分的中心结，这个"中心结"在绝大多数情况下都是动词。根据"动词中心说"的观点，句法结构一般由动词、行动元和状态元构成。其中，动词表示情节过程；行动元表示参与情节的人和事物，它通常由名词性词语充当；状态元表示情节过程发生的方式、状态、时间、地点等情景，通常由副词性词语充当。动词是全句的支配成分，行动元和状态元则是动词的直接从属成分。因此，一个句子当中，动词不仅能支配名词性成分，还能支配动词性成分、形容词性成分、介词结构和小句（或从句）。与句法结构平面相联系，动词往往充当谓语，行动元往往充当主语、宾语（包括介词宾语），状态元往往充当状语、补语。句子成分之间的关系构成了句子的框架，所谓句子的结构就是这种由各种联系构成的层次体系。很明显，各个构成成分之间具有支配和从属关系，这种联系是语义上的联系，它可以表现为一定的结构关系，但绝不受结构关系的局限。因此，句法上没有直接联系的成分在语义上却可以有直接的紧密的联系，这就是语义指向产生的基础。

一　语义指向研究及相关理论

根据现有文献来看，语义指向分析至少可以追溯到20世纪60年代文炼《论语法学中"形式和意义相结合"的原则》一文。该文指出了汉语的句子在形式和意义上的不一致性，并进行了具体分析。此后，吕叔湘（1979）分析了形容词状语、定语和副词状语的语义指向，为语法研究提供了新的研究思路。20世纪80年代以后，沈开木《表示"异中有同"的"也"字独用的探索》一文中，开始出现"指向"这一提法。刘宁生在《句首介词结构"在……"的语义指向》标题中首次完整的使用了"语义指向"。此后，运用语义指向进行语法分析的研究就多了起来，重要的有陆俭明（1997）、张力军（1990）、王红旗（1997）等。综合前人的研究，语义指向的主要理论观点有如下一些：

第一，项和指。

周国光（2006）认为在句法结构中，句法成分之间有一定方向性和一定目标的语义联系叫作语义指向。成分的语义联系的方向称为"指",成分的语义所指向的目标叫作"项"。

第二,同指和异指;前指和后指;内指和外指。

"指"有同指、异指之分。同指是指句法上具有直接成分关系,语义上又发生直接联系的状况。例如:"小李紧紧地拉着我的手。"句法上状语"紧紧"对谓语动词"拉"进行描写或限制,语义上状语"紧紧"又指向谓语动词"拉",与谓语动词"拉"形成直接的语义联系。异指是指句法上具有直接成分关系,而语义上直接成分之间不发生联系,只与非直接成分发生直接关系的状况。例如,"他一脸茫然地望着我"。在句法平面,状语"一脸茫然"修饰谓语动词"望",但在语义平面,状语"一脸茫然"并不与谓语动词发生直接的关系,而是与结构中的名词性成分"他"发生联系,语义指向名词性成分"他"。异指按照方向的不同可以分为前指和后指。前指即某成分语义指向它前面的成分。例如"大李可怜兮兮地讲着自己的遭遇",状语"可怜兮兮",在语义上只指向前面的主语"大李"。后指即某成分语义指向它后面的成分。例如,"李刚清清凉凉地喝了杯矿泉水"。状语"清清凉凉"在语义上只指向后面的宾语"矿泉水"。

另外,根据指向成分和被指向成分是否同时在句子中出现,前指和后指的内部又可以分为内指和外指。内指是指一个语义指向结构体的指向成分和被指向成分同时存在于一个句子中。例如,"李刚清清凉凉地喝了杯矿泉水"。指向成分"清清凉凉"和被指向成分"矿泉水"同时存在于一个句子中。外指是指在一定的语境中,被指向成分也有可能不在句中出现。例如,"罢工代表被客客气气地请进办公室"。(陆俭明例)状语"客客气气"所指向的人,在特定语境中被省略。但是根据上下文,我们可以明确地推知"客客气气"所描述的对象是确实存在的。句法结构上的"被"为听话人提供了一个认知标记,使得听话人感知到有一个外部的实体存在,如果听话人觉得有必要,会问"被谁客客气气地请进办公室了",话语发出者一定能回答出那个人。外指现象从一个侧面证明了句法结构的经济性原则和汉语句法结构的灵活性。限于篇幅与本人的精力,暂且不对外指自主状语进行深入研究,这是本研究的一个遗憾。

二 自主状语语义指向的分类

从语义结构层面来说,在一个句子中,自主状语与其他句法成分之间的联系是复杂的。既有直接的语义联系,也有间接的语义联系。例如:

（1）a 他站在我的面前三四米的地方，听了足足半个小时，然后便慢慢地向我走来。（卞庆奎《中国北漂艺人生存实录》）

b 老奶奶满怀信心地说："只要不停地磨下去，总有一天能磨成针。"（《中国儿童百科全书》，2015 年）

例（1）a 中的"慢慢"描写的是"他""走"的状态，与"他"和"走"都有语义关系。但是"慢慢"在语义上直接联系的成分是"走"而不是"他"。因为，"慢慢"可与"走"构成"慢慢地走""慢慢走""走得慢慢的"等结构，而不能与"他"构成合法的结构，不能说"慢慢的他"，所以"慢慢地"和"他"只具有间接的语义联系。例（1）b 句中的状语"满怀信心"和"老奶奶"有直接的语义联系，"满怀信心"是对"老奶奶"心理状态的描写。我们可以说"满怀信心的老奶奶""老奶奶满怀信心"。"满怀信心"与谓词中心语"说"在语义上没有直接的联系，不能说"说得满怀信心"。不过，状语位置强制性赋予了"满怀信心"修饰、限制中心语"说"的语法意义。所以，该状语可以看作是在执行行为的过程中，伴随动作的主体心理状态。从状位对词语的规约作用着眼，所有的状语都要在某种程度上和谓词中心语发生语义上的修饰关系。

自主状语和其他句法成分之间的语义关系虽然复杂，但通过运用狭义的语义指向分析方法，我们可以大致地给自主状语进行下位分类。我们认为状语的自主性集中表现在主体执行行为的过程中，从哪些方面对动作行为进行主动控制以及怎样控制等方面。任何一个行为都包含众多要素：行为发出者、行为参与者、行为接受者、行为凭借、行为方式、行为时间、行为处所、行为材料、行为原因、行为结果等等。这些要素之间的相互关系以及它们与行为之间的关系，是我们理解行为的前提之一。自主状语出现的典型环境就是与动词组合成的状中结构，因此我们结合动词义位的典型框架来说明自主状语如何体现自主性及其语义指向的分类。

动词义位刻画的是典型的事件图式，该图式大致对应于韩礼德在对及物性（transitivity）进行分析的过程中所切分出的三个部分，即①动作本身，②动作参与角色，③与动作相关的情境。三者分别形成行为图式、角色图式和场景图式三个子图式。通过三个子图式的整合形成人类认知经验中具有普遍性的程式化图式。如下图所示：

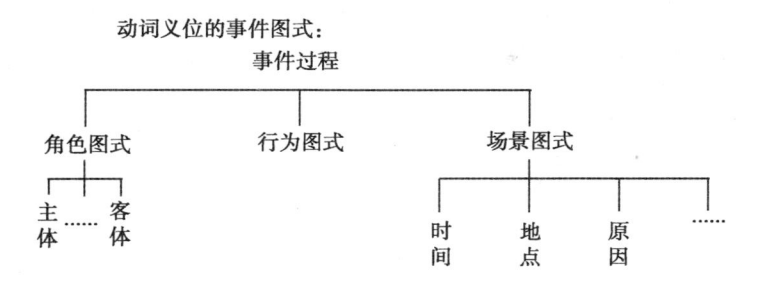

```
动词义位的事件图式:
              事件过程
    ┌───────────┼───────────┐
  角色图式      行为图式      场景图式
  ┌─┴─┐                  ┌───┼───┬────┐
  主   客                 时   地   原   ……
  体   体                 间   点   因
```

从上图可以看出，动词义位的扩展型意义分析式，表现为一个微型叙事语篇，并呈现出层级性。其中，"行为"图式居于核心地位，属于第一层级。在对人类的行为进行认知的过程中，处于注意焦点的通常是"某人或某物（主体）对某人或某物（客体）做了什么（行为）"这一纲要式场景。因此，角色图式中的主、客体等事件参与角色（行为发出者、行为参与者、行为接受者、行为结果）在语义解释和句法表达层面通常都被前景化，处于第二层级。处于第三层级的是"行为凭借、行为方式、行为时间、行为处所、行为材料、行为原因"等，通常情况下它们表现为事件图式的背景。行为图式、角色图式和场景图式在投射到句法结构时有不同的表现：行为图式对事件具有质的规定性，在句法结构中必然出现；角色图式尤其是客体角色，通常也应予以凸显。行为图式和受其支配的角色图式投射到句法结构中，就构成了基干的动核结构，能构成意义自足的最小主谓句，即核心句。相对而言，场景图式不具有普遍性，不是述谓结构的必有成分。场景图式投射到句法结构中，就成为扩展的动核结构中的状元。虽然状元不是动核联系的必有的语义成分，但状元（时间、处所、原因、工具、方式等语义成分）的出现，可以使动核结构表义更丰富、细腻、完整。尤其是施事自主性可以通过修饰谓词的状语，得到更为充分的表现。比如说"吃"这个简单的词，语言表达中它的意义可能是无限的。"吃"可以单独以祈使句的形式出现"吃！"，这时表现出说话人对听话人提出的强制性要求，并且说话人肯定听话人有能力完成"吃"的动作，即听话人对动作"吃"是完全可以控制的。我们也可以说"用筷子吃""在食堂吃""晚上吃""不得不吃"等，这几个短语中使用了不同的状语，可以表现出施事在进行同一活动时自主性的不同：在"用筷子吃"中，状语"用筷子"表明施事不仅能有意识地发出动作，还能为这个动作的顺利实施选择恰当的工具，施事的自主性非常明显；"在食堂吃""晚上吃"则体现出施事对行为发生的客观环境（处所、时间）的选择，也是其自主性的一种体现；在"不得不吃"中，施事虽然发出了

"吃"这一动作,但却是不情愿的,因而其自主性降低。可见,状语不仅是场景图式的一种主要句法表现形式,而且在表现施事的自主性上也有极为重要的作用。

结合动词义位的三种图式,我们把自主状语分为语义指向谓语的,语义指向主语的和语义指向宾语的。其中自主状语指向谓语时可以凸显出动词的行为图式,表明行为主体"怎么做",自主状语指向主语和宾语时可以凸显出动词的角色图式,表明行为主体对事件参与者及受影响对象的主观控制。

第一,自主状语语义指向谓语。

动作本身有属性,正如事物有属性一样。这里,我们可以借用 Langacker 认知域(cognitive domain)的概念。Langacker(1991)认为我们对每个事物的认知是以认知域为基体的。比如,认知"圆"以二维空间为基体,而认知"弧"则以"圆"为基体,认知"黄色"要参照颜色域,认知"五点钟"要参照时间域。一个苹果,我们可以通过空间、颜色、触觉、味觉等不同认知域来认识。一个动作,我们同样可以通过时空特征、力度特征、速度特征、频率特征等来描述。由于缺乏严格意义的形态标志和形态变化,汉语句法中繁富精细的述谓性意义,很多时候要靠各式各样的状语来丰足体现。指向谓语的自主状语可以凸显出与动作相关的各种特征,使整个动作事件的背景更具体、清晰,有利于提高动作事件的精密度和区分度。

第二,自主状语语义指向主语。

自主状语语义指向主语时,可凸显出伴随行为进行的过程中,行为主体对自身心理、情绪、表情等主观情态的主动控制。对行为的认识除了从动作的组成要素入手外,还可以结合行为主体的特征。自主状语所联系的行为主体特征非常突出:该主体必定具有鲜明的意志性和能动性。在一个意志活动中,为了实现预定目标,行为主体不仅要积极地对动作相关特征进行有效控制,同时还需要在行为过程中时刻对自身的心理、情绪、态度等进行调整以更好地达成主观意图。指向主语的状语可以使行为主体对自身的主观控制,在动作事件中表现得更为充分,使我们对事件可控性的认识更加清晰。

第三,自主状语语义指向宾语。

自主状语语义指向宾语,可凸显出施事在动作行为发生前,已经对客体将要达成的性状有明确的主观意图,并以此为标准选择适合的方式、材料等,从而实现对动作、行为、变化的主观控制,达成预期目标。通过语义指向宾语的自主状语，我们可以对行为主体的自主性有更为深刻的认识，这类自主状语所在的句子行为主体以高度的自主性控制着事件的全过程，在行为开始之前已经设定了明确的目标，并为此调动主客观条件，充分发挥主观能动性以顺利实现自己的意图。

自主状语的不同语义指向，使状语与其中心语形成两种不同的状中结构：当自主状语语义指向谓语时，自主状语不仅在句法上而且在语义上都与谓语有直接联系，这时自主状语与中心语形成的是句法与语义一致的状中结构；当自主状语语义指向主语或宾语时，自主状语在句法平面上与谓词具有直接成分关系，但在语义平面上状语语义指向句中充当主语或宾语的名词性成分，而与谓词没有直接联系。这时，自主状语与中心语形成的是句法与语义相悖的状中结构。我们认为这种现象反映了语言中形式和意义之间普遍存在的两种关系：一是形式与意义一一对应的一致关系；二是形式与意义不完全对应的扭曲关系。这是语言表达中讲求明确的语义规则和讲求经济的语用规则两股势力共同作用的结果。在语句形成的过程中，句法形式只能在认知语义中把那些与自己结构意义一致的部分选择出来加以实现。语法意义有不同的层面，它既可以来自词类，也可以来自某种句法位置，这种意义可以随句法位置而变化。我们认为就句法位置意义而言，状位的典型意义是对动作行为的限制或描写。当认知语义是限制或描写动作行为的语言成分充当自主状语时，自主状语语义指向谓语，二者形成的是句法与语义一致的状中结构；某些在认知语义上限制或描写事物的语言成分，由于某些语用动机的影响进入状语位置时，虽然状位强制性地把"限制或描写动作"的结构意义赋予该成分，但由于该成分本身的认知语义中还含有事物性，所以该状位成分语义指向主语或宾语，表达在动作某一阶段，行为主体或受动者伴随动作而呈现或达成的状态。

三　自主状语语义指向的判定标准

我们采用形式和意义结合的标准来判定自主状语的语义指向。从意义上看，自主状语本身具有的语义特征要和其语义指向对象匹配；从形式上看，不同语义指向的自主状语可以作不同的转换。

第一，语义特征匹配。

刘大为认为："事物和行为本来就是一个统一的整体，只是由于人的不同认知需要和不同的观察角度才被分解为两个范畴。行为事实上只能是事物在参与行为，事物也永远是行为着的事物。如果在事物和行为的一定关系中进行观察，所获得的状态就可能既有事物性又有行为性。"① 我们认为当状位词语表现出事物性时，它表现的是相对静止、能在一定时限内保持不变的事物的属性，这样就形成了只有事物而排斥行为性的状态范畴，这时状语语义和充当主语或宾语的名词性成分在语义上匹配，语义指向主语或宾语；当状位词语表现出行为性时，它表现的是随行为的进行而发生动态变化的临时性属性，这样就形成了伴随行为而排斥事物性的状态范畴，这时状语语义和充当谓词性成分在语义上匹配，语义指向谓语。

我们判断两个句法成分之间是否存在语义指向关系，要看两个成分之间在语义特征上是否有共同之处。具有事物性的状语和名词性成分在语义上互相匹配，这时，状语语义指向主语或宾语。例如：

(2) a 不但要发钱还要请所有的"状元"吃饭。居然有这么好的事情？我乐呵呵地就去了。(任羽中、张锐《完美大学必修课》)

b 必须将自己的姓名、性别、年龄、出生地整整齐齐地打印成表格。(《MBA 宝典》，2000 年)

例(2) a 状语"乐呵呵"是表示人的情绪的，语义中具有事物性，它和句中的充当主语的"我"互相匹配，二者都具有 [+述人] 的特征。另外"乐呵呵"可以看作高层谓语是对主语的陈述。可以转换为"我乐呵呵"，构成一个相对完整的表述，呈现为自足的语义单位。例(2) b 状语"整整齐齐"是表示事物的外在形态的，它在语义上具有事物性，与句中的名词性成分"表格"匹配，语义指向宾语"表格"。

具有行为性的状语和谓词中心语在语义上互相匹配，这时，状语语义指向谓语。例如：

(3) a 徽宗惊恐万状，急忙派亲信童贯率 15 万禁军南下镇压起义军。宋军迅速包围了杭州，方腊亲自指挥抵抗。(《中国儿童百科全书》，2015 年)

b 他把大山猛地一推，轰的一声，山崩地裂，海水滔滔涌了进来，出现了一条宽大的河。(《中国儿童百科全书》，2015 年)

例(3)a、(3)b 中的状语"迅速""猛"都是表示动作行为相关特征

---

① 刘大为：《语义蕴含与修饰成分的移动》，《世界汉语教学》1992 年第 1 期。

的形容词，它们可以修饰动词表示动作的速度或力度，这时它们具有行为性和句中的谓语动词匹配，语义分别指向谓词"包围"和"推"。

第二，转换情况。

语义指向谓语的状语多能转换成补语形式；语义指向主语的自主状语多能与主语构成陈述关系，有时也转换为主语的定语；语义指向宾语的自主状语多能位移到宾语前充当宾语的定语，或者与宾语构成陈述关系。据此我们设定了三个转换形式来判定自主状语的语义指向：

（一）一般情况下，若自主状语能够位移到谓词中心语的后边作补语，可变换为"动词＋得＋状语（的）"的形式，而且句义没有明显差别，我们就认为自主状语指向谓词中心语。例如：

（4）那些会滑雪的小伙子飞快地从沙山顶上飘然而下，赢得阵阵掌声。（《新华社新闻稿》，2004年）

→小伙子下得飞快。

（5）清晨，当别人肩上搭着毛巾、揉着惺忪的眼睛，慢吞吞地走向洗漱间时，他已经从户外捧回一张水粉尚未干透的彩色写生画。（《报刊精选》，1994年）

→别人走得慢吞吞的。

（6）用手指轻轻地一按便是一个小坑。（《报刊精选》，1994年）

→用手指按得轻轻的。

例（4）—（6）依次存在以下转换形式："下得飞快""走得慢吞吞""按得轻轻的"，说明状语和谓语之间有直接的语义联系。

（二）一般情况下，若自主状语可看作是对主语的陈述，能变换为"主——状"的主谓形式，且意义基本不变，我们就认为自主状语与主语之间存在语义指向的关系。例如：

（7）老黑表现出了一种"美国精神"，他很绅士地请琴子到中国餐馆美吃了一顿，并送了贵重的礼品。（黄桂元《"黑"在洛杉矶》）

→他很绅士。

（8）我们将高尚地拯救，或卑劣地丧失地球上最后的、完美的希望。（《读书》）

→我们高尚。

（9）南希诚实地回答。（王朔《谁比谁傻多少》）

→南希诚实。

例（7）—（9）依次存在以下转换形式："他——很绅士""我们——高尚""南希——诚实"；例（9）状语还可位移到主语之前与之形成定中关系，如"诚实的南希"。

（三）一般情况下，若自主状语能位移到宾语前作定语，可转换为"状语+的+宾语"或"宾+是+状（的）"的形式，且句义基本不变，我们就认为自主状语与宾语之间存在语义指向的关系。例如：

（10）丫丫是个嘴快手快的姑娘，说话的功夫，就已经香喷喷热腾腾地做好了饭菜，整整齐齐地摆了一桌子。（胡寅《市长开车》）
→热腾腾的饭菜（饭菜是热腾腾的）

（11）在工棚的后面，民工们高高地筑了一道墙，看样子是为了防止后面山上的土石随意滚到工棚里的。（王荷清《和顺堂》）
→高高的墙（墙是高高的）

（12）两个人总是合不来，课上课下都不说话，共用的课桌中间笔直笔直地画着一道"三八线"，算是"楚河汉界"，双方都不能越境。（金波《中外儿童故事》）
→笔直笔直的"三八线"（"三八线"是笔直笔直的）

例（10）—（12）依次存在以下转换形式："热腾腾的饭菜"（饭菜是热腾腾的）"高高的墙"（墙是高高的）"笔直笔直的'三八线'（'三八线'是笔直笔直的）"。

第二节　指向谓语的自主状语

指向谓语的自主状语（下文简称指谓自主状语），在句法平面上与谓词具有直接成分关系且与谓词有直接的语义联系，这时自主状语与谓词形成的是句法与语义一致的状中结构。本节首先确立指谓自主状语的判定标准，进而考察可以充当指谓自主状语的语言成分，根据状语与谓词中心语之间的关系对其进行分类，并着重分析了状位成分语义指向谓语的原因及自主性的体现。

一 指谓自主状语语义指向判定标准

指谓自主状语语义指向谓语，体现了汉语句法结构和语义结构的一致性，说明了状语和谓词中心语的匹配能力最强、匹配的可能性最大。指谓自主状语可从不同的角度修饰、限制中心语。一般情况下，指谓自主状语在语义上都是对谓语状态的描写，而状态补语也是对谓语的描写。所以，通过句式变换，指谓自主状语句可变换成带"得"的状态补语句，用疑问句"主语+怎样+谓词？"的形式提问时，可用"动词+得+状语"的状态补语形式回答。例如：

（13）a 在她意料之中，我紧紧地抱住她，我们一起倒在床上。（卞庆奎《中国北漂艺人生存实录》）
→b 我（把她）抱得紧紧的。
（14）a 道静直直地站在桌子跟前，把脸侧向旁边。（杨沫《青春之歌》）
→b 道静在桌子跟前站得直直的……

例（13）a、（14）a 中的状语"紧紧""直直"都可以位移到谓词后作补语，变换成例（13）b、（14）b 中带"得"的状态补语句，且句义没有明显差别，可见状语与谓词之间存在语义指向关系，这些指向谓语的自主状语具有[+述行]的语义特征，与谓词中心语在语义上互相匹配。

指谓自主状语强调行为主体对谓语所表动作行为各个侧面特征的主动控制，体现出鲜明的自主性。从认知的角度看，动作行为各侧面特征的体现是以动作行为的执行为前提的，然而由于已经认识到动作行为的这些内在特征，因此在执行动作行为之前，人们往往会有意识地对这些特征进行控制，在句法层面上就体现为指谓自主状语这种表达行为主体能动性成分的使用。指谓自主状语可以进入肯定祈使句"请+Ad+VP+（O）"。例如：

（15）a 于是我就动了歹念，趁没人下了手，把一叠二十多个饭盒的肉都用手拣了吃了。（王朔《人莫予毒》）（状语说明工具）
→b ……请用手（把一叠二十多个饭盒的肉）拣了吃了。
（16）a 假如一个人用脚尖踩着窝儿，就能一步一步地走到井底。（茅盾《第比利斯的地下印刷所》）（状语说明方式）

→b……请一步一步地走到井底。

(17) a 为了规范市场价格行为，辽宁省从今年初开始普遍推行明码标价制。(《人民日报》，1995年)（状语说明时间）

→b……请从今年初开始普遍推行明码标价制。

(18) a 年过花甲的老人们在树下乘凉、打牌、赏花、观鸟。(《汴梁晚报》，2003年)（状语说明处所）

→b……请在树下乘凉、打牌、赏花、观鸟。

(19) a 小女人呻唤一声："哎哟太重了！"黑娃就更轻一点扣击。(陈忠实《白鹿原》)（状语说明力度）

→b……请更轻一点扣击。

(20) a 她懒洋洋起身下楼，又飞跑着上楼，……（漆园子《一路狂奔》)（状语说明速度）

→b……请飞跑着上楼，……

(21) a 中国政府决定再次实施引黄济津应急调水工程，保证天津人民生活和生产用水。(《新华社新闻稿》，2004年)（状语说明频率）

→b……请再次实施引黄济津应急调水工程。

(22) a 她迎着一股寒气，向前扑去。(冯德英《苦菜花》)（状语说明方向）

→b……请向前扑去，……

(23) a 他的哑巴老婆看了一眼，紧紧地抱了怀中的孩子扭过头去，弯下腰呕吐了一地。(葛水平《喊山》)（状语说明程度）

→b……请紧紧地抱怀中的孩子……

例（15）—（23）中的指谓自主状语依次表现出行为主体对动作行为某一方面（如工具、方式、时间、处所、力度、速度、频率、方向、程度等等）的有意控制，这些状语所在的句子均可变换为肯定祈使句。因此，我们认为指谓自主状语均具有［＋述行］［＋自主］的特征。

二 指向谓语的自主状语的类型

据我们考察，充当指谓自主状语的语言成分，从性质上可分为自主副词类、形容词类、动词类、名词类、介词短语类、动宾短语类、"一＋量"重叠式类、"A＋N"结构类。它们从不同的角度修饰、限制谓词中心语，显示出行为主体对动作相关特征的主观控制，下面分别说明：

（一）自主副词类指谓自主状语

前文提到现代汉语中某些副词语义中有主体可控成分，它们通常是词汇意义尚未虚化的副词。林华勇（2005）把这类副词叫作可控副词，唐瑛（2001）则把这类副词叫作自主副词，我们这里采用唐瑛的名称。我们认为自主副词概念意义中具有［＋自主］特征，当它们作状语时一般与自主动词组合，语义指向谓语中心语，表现出行为主体对动作行为相关特征的控制能力。

学界对自主副词的分类主要有两种标准。一种是按副词的结构方式来分类。如王政红（1989）是在词根复合词的范围内分类的，他将这类副词（在王文中称为情态副词）复合词分为三类：偏正式、动宾式、联合式；陈一（1989）还分出了一类"动补式"。另一种则按副词的意义进行分类。如张谊生（2000）以意义标准为主，以构词形式、形成来源等为辅助标准，将情态副词分成表方式、状态、情态、比况四个小类。在各家分类尚没有达成一致的情况下，再考虑到我们的研究对象在整个副词系统里，意义相对来说要"实"一些，其表义功能重在补充完善相关行为内涵的形象性，语义功用突出。因此，我们先按语义特征的不同对自主副词进行分类，再分别考察不同类别自主副词的语义指向情况，下面具体说明：

第一，方式类自主副词。

方式类自主副词作状语表明行为主体做事时采用的方法和形式，含有［＋方式］［＋自主］的语义特征，语义指向谓词中心语。例如：

（24）这些家具都是我亲自去买的，走了很多地方的。（卞庆奎《中国北漂艺人生存实录》）

（25）上一次我已经把她得罪了，当面指责她不该接来朱海鹏的老妈去她家里住，她还发了脾气呢！（柳建伟《突出重围》）

（26）杨军把三个投降的敌人交给一个战士带下去以后，独自地默默地坐在山洞外边的黑暗里。（吴强《红日》）

（27）他公然反驳市长的观点。（《读书》，2002年）

（28）咱们别互相吓唬，好不好？（王朔《编辑部的故事》）

（29）一看见担架，顾南丹先哭了起来。她率先冲出人群，扑到担架上，叫卫国呀卫国。（东西《不要问我》）

（30）从本月底起至3月下旬，将驻伊陆上自卫队440人分批派往目的地。（《新华社新闻稿》，2004年）

例（24）—（30）中出现的副词都具有自主义，它们表明了行为主体有意选择的执行行为的方式。例（24）"亲自"表明行为主体直接做不假手他人，后句补充的"走了很多地方"显示出主体行为的持续性，突出了主体在事件中的主动性。例（25）指责别人有很多可能的选择，此例中主体选择"当面"这种直接、面对面的方式，区别于在背后指责，显示出主体对行为方式的主动控制。例（26）"独自"表明主体单独处于某地，这一状态是主体有意选择的，在事件中主体完全可以和别人一起离开而不是单独留下。例（27）"公然"表现出主体有意选择在公开场合反驳市长的观点，这是极具挑衅性的行为，显示出主体在事件中无所畏惧的态度，体现出主体极强的意志性。例（28）"互相"表明两个人彼此之间的交互关系，在此例中出现了否定副词"别"意味着"吓唬"这一动作是主体可以主动结束的，显示出主体在这一事件中的自主性。例（29）"率先"表明主体反应敏捷，行动迅速，在一群人中最先对事件作出反应，凸显出主体的灵活性和应变性。例（30）"分批"表明行为主体在派遣军队时采取分开批次而不是集中的、一次性的方式，显示出行为主体对方式选择的有意性。例（24）—（30）中的副词都凸显出行为主体对执行行为的方式的主观控制。在面对不同事件时为了达成目标，行为主体根据自身条件和外界环境作出判断，选择了副词所表示的行为方式。

第二，时间类自主副词。

时间类自主副词作状语，偏重强调行为主体对行为状态重复出现的频率、持续的时间、起止时间等的能动控制，含有［＋时间］［＋自主］的语义特征，语义指向谓词中心语。例如：

（31）道静自从五一以后就没有再见过卢嘉川；白莉萍又去了上海；虽然许宁偶尔来看看她，但是他总是慌慌张张地匆匆走掉。（杨沫《青春之歌》）

（32）马青还跳，确实跳不动才停下来万念俱灰地闭着眼喘气，腮上挂着泪——不时瞟我一下。（王朔《一点正经没有》）

（33）你要走，我就一直跪下去，你说不走，我立马起来。（《报刊精选》，1994年）

（34）他被工人强行从井下搀扶上来，此时他已在冷水中连续工作了个13个小时。（《报刊精选》，1994年）

（35）他很重视吃饭，再不愉快的时候吃的东西一端上来立刻全身心投入，浑然忘我。（王朔《看上去很美》）

(36) 李炳淑连忙站起来鞠躬:"谢谢主席,谢谢曾书记!"(南地《李炳淑为毛主席清唱娃娃调》)

(37) 依照法律程序,地区检察分院抽调精兵强将组成专案组,决心从速侦破此案。(《报刊精选》,1994年)

(38) 驻石家庄铁路分局军代处请示上级后,马上组织千余名军人火速赶到现场进行清理。(《人民日报》,1993年)

(39) 上街您看见红灯就往前走,见着绿灯就赶紧停下来。(王朔《一点正经没有》)

(40) 我暂时放弃了到地铁口唱歌。(卞庆奎《中国北漂艺人生存实录》)

例(31)、(32)"偶尔""不时"表明动作发生的频率,行为主体有意控制动作的间隔时间,这些动作间隔多长时间再次出现是主体有意为之而不是客观呈现的。例(33)、(34)"一直""连续"表明动作行为的持续时间,在这两句中行为的持续都是主体意志控制的结果。例(35)—(39)中的副词"立刻""连忙""从速""火速""赶紧",都表明行为主体加快行为进程的意图,为此主体必定会调动自身力量及掌握的资源来缩短时间尽快达成目的。例(40)"暂时"暗含有主体虽然目前终止了"到地铁口唱歌"的行为,但是很可能会在未来重新开始。可见这一行为不论是结束还是开始都在主体的控制之下。例(31)—(40)中的副词都凸显出行为主体对行为时间要素的主观控制。在面对不同事件时,行为主体根据自身条件和外界环境作出判断,选择了副词所表示的与动作相关的时间特征。

第三,意志类自主副词。

意志类自主副词作状语,偏重强调行为主体强烈的主观意志。这类副词基本上都是描写动作进行过程中,行为主体表现出的意愿、态度,是人们内在心理状态的一种表现,含有[+意志][+自主]的语义特征,语义指向谓词中心语。例如:

(41) 患难与共近30年的妻子,坚持要她长期留在自己身边。而卢慕贞却故意地躲开他。(唐仕进《孙中山的原配卢慕贞》)

(42) 我看这稿特意借了手绢,没想到看了一半倒给我看乐了。(王朔《修改后发表》)

(43) 为了加强艺术感染力,还有意把情节倒置过来。(《中国儿

童百科全书》，2015 年）

（44）为配合展览，专门请来国内以及德国的埃及学专家在北京大学、国家博物馆举办演讲会。(《新华社新闻稿》，2004 年）

（45）六月下旬，作协总务科代我买了去黑龙江哈尔滨的火车软席卧铺票，并且特地选派一位转业军人陪我同去。（丁玲《风雪人间》）

例（41）—（45）中副词"故意""特意""有意""专门""特地"，表明行为主体在执行行为时有明显的主观意图，表现出主体强烈的意志性。行为主体的强意志性，使得整个事件体现出主体行为的针对性和专门性，具有极强的自主义。

第四，力度类自主副词。

力度类自主副词作状语，强调行为主体执行行为时投入的力量、精力等，有时也可表现出行为主体明显的心理状态。含有［＋力度］［＋自主］的语义特征，语义指向谓词中心语。例如：

（46）望着眼前这位已露银丝，戴一副眼镜的中年教师，王洛宾竭力搜寻着当年那位天真活泼的小囚友的影子。(《报刊精选》，1994年）

（47）怕吵醒这些在树林中睡觉的人，我尽量让自己的脚步轻一些。（卞庆奎《中国北漂艺人生存实录》）

（48）走到她的屋里，她一边给祥子数钱，一边低声的说："精神着点！讨老头子的喜欢！咱们的事有盼望！"（老舍《骆驼祥子》）

（49）"你干吗去了？"我厉声质问她。（王朔《过把瘾就死》）

（50）他们一齐猛打，前面的敌人倒下，后面的又涌上来了。（冯德英《苦菜花》）

（51）她绷紧眼皮，拼命地想往更远的地方看，但是她的目光像一支飞箭的末尾，被一排瓦檐挡住了去路，再也无法翻越那道屋梁。（东西《目光愈拉愈长》）

（52）瑞宣只在屋门内向他们微微一点头。（老舍《四世同堂》）

例（46）—（52）中的副词"竭力""尽量""低声""厉声""猛""拼命""微微"，表明行为主体在事件中投入了或大或小的力量。这种力度、强度的把握是主体在执行行为时，根据不同情况对自身力量做出恰当调节的结果，显示出主体的自主性。力度类自主副词多是表示与相关行为有关的人体器官的活动。从构词特点看，这些副词其中一个语素，是表示大小、高低、长短、快慢等具有量度变化特征的形容词性语素。力度类副词的状态性特征，主要就是通过这些形容词性语素体现出来的。常见的力度类自主副词还有"大力、全力、高声、低声、厉声、齐声、悄声、阔步、大步、平步、寸步、正步、同步、纵步"等。

第五，时机类自主副词。

时机类自主副词作状语，偏重强调行为主体的快速反应能力，表明主体利用外界条件或客观环境而使自己执行行为时更便捷，更省力。含有[＋时机][＋自主]的语义特征，语义指向谓词中心语。例如：

（53）这黑衣人替他出了主意：用眉间尺的头，假意向楚王求赏，趁机杀掉楚王。（《中国儿童百科全书》，2015年）

（54）每次会见，他都即席发表讲话，介绍中国目前的发展状况，展望明天。（《新华社新闻稿》，2004年）

（55）市民王先生一家专门赶到添马舰广场观看激光烟花汇演，顺便带着孩子在"环球嘉年华"玩游戏。（《新华社新闻稿》，2004年）

（56）机组人员当即采取紧急措施，将飞机就近降落在爱尔兰西部的香农机场。（《新华社新闻稿》，2004年）

例（53）—（56）"趁机""即席""顺便""就近"等副词都表明行为主体在执行行为时，对特定的客观条件有清晰的判断，并主动利用外界各相关条件来达成自己的意图。如例（53）"趁机"表明主体对机会的利用，而且通过上下文我们可以知道这个机会也是主体主动创造的，在这一系列行动中凸显出行为主体的能动性。例（54）、（55）"即席""顺便"都表明了主体依据环境来执行相关行为，以更省力、便捷的方式完成行动的主动性。例（56）表明主体在处置紧急事件时，根据实际情况做出的迅速反应，这一过程显示出主体对客观环境的充分利用。例（53）—（56）中的副词都表明了主体对时机把握的精准，主体在主观意图的驱动下，为迅速而省力的达成目标，有意识地利用主客观条件达成目标，突出了行动的现场性，时效性，具有明显的自主义。

第六，依据类自主副词。

依据类自主副词作状语，偏重强调行为主体主动按照相关标准来执行动作行为，显示出行为主体对动作规律或相关规定的掌控。含有［＋依据］［＋自主］的语义特征，语义指向谓词中心语。例如：

  （57）人民法院，依法保障农村税费改革，这件事的本身就是最大的新闻！（陈桂棣、春桃《中国农民调查》）
  （58）有些部落只按期收割野生黍类。（《中国儿童百科全书》，2015 年）
  （59）人们定期在这里举行祭祀（一般是丰收之后），报答土地生养万物之功。（阴法鲁、许树安《中国古代文化史》）
  （60）报道说，卡斯特罗当天照例身穿军装，发表讲话时情绪高昂、精神饱满。（《新华社新闻稿》，2004 年）

  例（57）—（60）副词"依法""按期""定期""照例"，均表明行为主体是以某一客观依据为指导来执行动作行为的。这种客观依据或者是社会普遍认可的法律、规则、条例等具有普遍约束力的依据，如例（57）"依法"；或者是按照当地风俗被人们普遍遵循的依据，如例（58）、（59）中的"按期、定期"；或者是行为主体自身的行为习惯，如例（60）"照例"。无论行为主体选择哪种依据，都表明了主体执行动作时的自主性，强调了动作的规律性和常规性。从构词特点看，依据类自主副词的前一语素通常是"按""如""照"它们都含有"根据、遵照"的意义。常见的依据类自主副词还有"按时、按理、按例、如期、如实、照旧、照直"等。

  综上所述，指谓自主副词按照语义特征的不同可分为六类：方式类、时间类、意志类、力度类、时机类、依据类。虽然不同小类的自主副词表示的具体语义有所不同，但是，它们都具有［＋述行］［＋自主］的特征。

  ［＋述行］：自主副词在句中都与动作行为的相关特征发生联系，说明动作的方式、时间、力度等，表现出行为性。自主副词与谓词中心语在语义上互相匹配，这是它们语义指向谓语的基础。

  ［＋自主］：自主副词所描述的动作特征是主体可以通过主观控制达成的。

  （二）形容词类指谓自主状语

  张力军（1990）、董金环（1991）、张爱民（1996）、侯友兰（1998a）、郑贵友（2000）、张国宪（2005）等对形容词作状语的语义指向进行了细致描写，同时还从主谓之间的施受关系、动词对形容词状语的影响以及形容词自身的特点等方面，对形容词作状语的语义指向产生机制作了解释。我们认为形容词作状语的语义指向与形容词自身的语义特征有密切关系，就形容词类指谓自主状语而言，这类状语与它修饰的谓词中心语既有现实的句法关系，又有直接的语义联系，这要求充当指谓自主状语的形容词在深层结构中与谓词中心语有强制性的同现关系，即形容词在状位上应具有［＋述行］这个语义特征。从形容词类指谓自主状语的语义特征入手，借用张国宪（2005）对形容词的分类成果，根据本文具体情况略作改动，我们对收集的有关语料进行了分析，发现形容词类指谓自主状语主要用来描写谓词的程度、范围、情状、速度、方式、时间、频度等，表明行为主体对谓语上述相关特征的能动控制。按照形容词性质的不同分析如下：

第一，性质形容词。

性质形容词作指谓自主状语时，在句法层面上充当谓语的修饰成分，在语义层面上描写动作、变化的方式、状况等，句法关系和语义关系一致。例如：

（61）12月11日凌晨3时，广州起义爆发。起义军迅速攻占邮政局、电话局、火车站、各区警署以及国民党的党政机关。(《中国儿童百科全书》，2015年)

（62）今天，虽然数学家还不能合理地解释悖论，但正是在这种解释的努力中，数学家作出了一系列的发现。(《中国儿童百科全书》，2015年)

（63）双方在亲切友好的气氛中就共同关心的问题深入地交换了意见。(《新华社新闻稿》，2004年)

（64）李高夫妇生活非常有规律，每天早睡早起，并抽出几小时读书看报。(《新华社新闻稿》，2004年)

（65）随着大选进入冲刺阶段，布什更为频繁地造访宾州，仅21日和22日就两次光顾。(《新华社新闻稿》，2004年)

例（61）形容词"迅速"表明主体在执行动作"攻占"时有意加快动作速度具有自主性。例（62）形容词"合理"表明主体实施"解释"这一行为时有意采取的合乎情理的方式。例（63）形容词"深入"表明主体执行"交换意见"这一行为时期望达到的程度，并以此为标准控制动作。例（64）中的形容词"早"表明行为主体对动作相关时间的主观控制，让动作发生的时间起点提早。例（65）形容词"频繁"表明行为主体执行"造访"这一动作行为时，出于特定考量，有意缩短间隔时间使动作频率加快。例（61）—（65）中的形容词状语都指向句子谓语，分别表明行为主体对谓词的速度、方式、程度、时间、频率等相关特征的能动控制，表现出主体明显的自主性。上述形容词都是可控形容词，它们可进入"（把＋NP）＋V得＋A（点儿）"格式，形容词所表示的性质状态是行为主体可通过动作行为实现的，动作和性质状态之间具有主观致使关系。其语义特征可描写为：[＋述行].[＋可控]。

第二，状态形容词。

状态形容词是在性质形容词的基础上，通过各种形式手段构成的。其基本语义来源于基式，但形式上的变化也会带来一些相应的变化，包括形容词表达的性状的量度及语法功能上的变化。所以状态形容词的语法位置和意义，还受到这些形式手段的制约。从我们收集的语料来看，可以充当指谓自主状语的形容词，主要是形容词的完全重叠式 AA 式、AABB 式及由形容词与"点儿"组合形成的"A点儿"。

AA 式形容词重叠式作指谓自主状语，一般都表示动作的情态，形式上一般要带"地"但也可以不带。例如：

(66) 效武一把捂住素云的嘴，将她紧紧搂在怀里。（《人民日报》，1995 年）

(67) 卓玛举起手中的牧鞭，轻轻打在王洛宾的身上。（李桦《音乐之星》）

(68) 这位"天之骄子"重重地点了点头。（《报刊精选》，1994 年）

(69) 邓不利多从窗前转过身，近近地看着哈利，银边的眼镜之后，透露出一丝不易察觉的担忧。（J. K. 罗琳《哈利波特》）

(70) 他才慢慢抽回了手，慢慢地坐起身子。（肖华《我和张艺谋的友谊与爱情》）

例（66）—（70）中都是 AA 重叠式形容词作状语。其中，例（66）—（68）中的"紧紧""轻轻""重重"，都表现出主体执行行为时对力度大小的主观控制。例（66）效武"紧紧"地搂着素云，表明主体使用的力度大，使得两者之间几乎没有空隙；例（67）卓玛打王洛宾时有意减轻力度，使"打"这一动作造成的是"轻轻"的状态；例（68）主体在点头时非常用力，给人"重重"的主观印象。例（69）"近近"表明主体在发出动作"看"时与客体之间的距离非常接近。通过上下文可知，这个距离并不是客观形成的，而是行为主体在"看"这一动作发生前，通过"从窗前转过身"来实现的。状语表明行为主体在事件中，主动缩短与对象之间的空间距离，显示出主体的自主性。例（70）"慢慢"表明行为主体执行行为时有意放慢速度，使得"抽回了手""坐起身子"的时间过程延长，动作呈现出缓慢的状态。上述形容词所表示的性质状态，都是行为主体通过发出目的性明确的动作得以呈现的，显示出主体的自主性。

AABB式形容词重叠式作指谓自主状语，同样表示在主体有意识地执行行为后，动作特征呈现出的性质的状态，一般要带"地"。例如：

（71）她要一个人留在山上，将帐篷烧得暖暖的，痛痛快快地洗一个澡。(梁晓声《今夜有暴风雪》)

（72）旅游整体状况不错，再接下来的几天，各部门还要共同努力，让市民安安稳稳地度过春节。(《新华社新闻稿》，2004年）

（73）他不慌不忙、郑重其事、彻彻底底地检查这些东西。(达希尔·哈梅特《马尔它黑鹰》)

（74）他把调查到的"四二"事件的真相，详详细细地作了汇报。(陈桂棣、春桃《中国农民调查》)

例（71）—（74）都是AABB式重叠式作状语。其中，例（71）、（72）中的"痛痛快快""安安稳稳"都是主体期望通过实施一定的行为后实现的性状，为此行为主体需要发挥主观能动性。如例（71）主体通过将帐篷烧得暖暖的来实现"洗得痛痛快快"这一主观意图；例（72）各部门需要通过一起努力来实现让市民"过得安安稳稳"的目标。例（73）、（74）主体在实施行为时，有意采取相应的措施使动作取得的结果达到较高的程度。事件中主体的意志是要"检查得彻彻底底""汇报得详详细细"，这一意志贯穿行动的始终，并促使主体采取相应的手段以达成主观预期，显示出主体明显的自主性。上述形容词所表示的性质状态，都是行为主体通过采取一定的行为而使得动作表现或达成的特定状态，显示出主体的自主性。

由形容词加量词"点儿"构成的"A点儿"，可以表现出主体对形容词"量度"的有意识的调控，常作指谓自主状语。例如：

(75) 奶奶你吃完了早点睡别等我们，我们今晚要在东屋里帮着搬东西。"（陆文夫《人之窝》）

(76) 阿妹跺脚了："快点走呀，许大哥在等你们哩！"（陆文夫《人之窝》）

例(75)、(76)中的"早点""快点"都表明主体通过调控动作相关的性状量，以达到自己主观预期的动态过程，凸显出主体自主性。如例(75)表明主体想使"睡"这一动作发生的时间向前推移。句子的预设是行为主体原来对动作"睡"发生的时间有打算，但是由于客观条件发生了变化，而需要对这个预定时间作出调整，要比原来的时间"早点"。状语"早点"突出动作发生时间的调整，体现出行为主体的自主性。例(76)"快点"表明行为主体对动作速度的主观调整。其预设是行为主体原来的速度不够快，现在根据需要进行调整，要比原来的速度"快点"。例(75)、(76)中的主体都根据客观情况，对动作的相关特征作出主动调整，显示出行为主体极强的应变能力和控制能力。

上述充当指谓自主状语的状态形容词，AA式形容词重叠式、AABB式形容词重叠式都是可控形容词。它们可进入"（把＋NP）＋V得＋A（点儿）"格式；形容词与"点儿"的组合格式本身就是鉴别可控形容词的典型格式，因此"A点儿"也具有可控性。这些状态形容词所表示的性质状态，是行为主体可通过动作行为实现的，动作和性质状态之间具有主观致使关系。其语义特征可描写为：[＋述行][＋可控]。

通过以上分析，我们认为形容词类指谓自主状语，都具有两个特征[＋述行][＋可控]。

[＋述行]：形容词类指谓自主状语直接描写动作的力度、速度、时间等特征，表现出行为性。形容词与谓词中心语在语义上互相匹配，这是形容词类指谓自主状语语义指向谓语的基础。

[＋可控]：行为主体对形容词所表示的性质状态具有控制力，主体能够通过采取某种行为来显现或改变形容词所表示的性质或状态。

（三）动词类指谓自主状语

动词的主要语法功能是作谓语，除能愿动词常作动词、形容词及相应词组的修饰语外，还有少数动词可以作状语。前文已经谈到，现代汉语中有部分状位动词词义中含有主体可控成分。通过考察，我们发现这类动词作状语时，可表明主体对动作的方式、状态、过程、时间、速度、力度等方面的主观控制，语义指向谓词中心语，我们称之为动词类指谓自主状语。按照这类状语与动词之间的语义关系，可分为如下几类：

第一，方式类。

表动作方式的状位动词，都可以进入"（请）+以/用/通过……的方式/方法/手段+V"这类表述框架，表示行为主体执行行为时使用的方式、方法。这类动词主要有"逼、抢、借、围、挤争、开会、登记、旅行、联合"等。

（77）我为抢拍照片猛然迈到紧贴他后背的位置。（《新华社新闻稿》，2004年）

（78）少剑波仰看着垛的高高的被服堆和粮食堆道："是的！太可惜了！不过为了长远的胜利，目前必须这样做。"（曲波《林海雪原》）

（79）天到正午，他俩为了让马歇歇，下了马，松了一松马肚带，步行前进。（曲波《林海雪原》）

（80）他们每顿饭轮流拿自己的小锅，在屋外那个共用的小火炉上煮饭……（漆园子《一路狂奔》）

（81）在这种大背景下，戴维·施鲁德仍然于一九九〇年上半年，将中美合资的"得瑞兰"医药总公司推出前台，而且加速运转业务机器。（莫怀戚《陪都就事》）

例（77）—（81）中的动词在状位上凸显的是其词义中蕴含的方式义，表示行为主体在事件中主动采用的方式。其中例（77）、（78）是单音节动词作状语，例（79）—（81）是双音节动词作状语。例（77）"抢"本来的动词义是"抢先，争先"，作状语时凸显的是词义中蕴含的方式义"用……抢的方式"，行为主体为赶在一定时间内实现某种目标，而采取相应的方式以加快动作行为进程，显示出行为主体对动作过程的控制，体现出自主性。例（78）"仰"其本来的动词义是"脸向上"，作状语表明行为主体在发出"看"这一动作行为时，选择"脸向上"而不是"脸向下"的方式，体现出主体对动作方式的控制有自主性。例（79）"步行"动词义是"用自己的双腿走路"，作状语时凸显的是词义中蕴含的方式义"用……步行的方式"，行为主体在"前进"时采取步行而非坐车、骑马等行走方式，显示出主体对动作的主观控制体现出自主性。例

(80)"轮流"动词义是"依照次序,一个接替一个",作状语时凸显的是词义中蕴含的方式义"按顺序",行为主体在做饭时采取一个接一个、按顺序的方式而非无序的或同时进行的方式,显示出主体对动作方式的主观控制体现出自主性。例(81)"加速"动词义是"加快速度",作状语时凸显的是词义中蕴含的方式义"用加快速度的方式",行为主体在"运转业务机器"时采用加快而非减慢或维持原来速度的方式,显示出主体对动作的主观控制体现出自主性。一般说来,能表方式的动词有较强的动作性,但大多不具有持续性,不能加"着"表示动作的持续进行。但"笑、坐、仰、摊"等这几个动词较为特殊,能在其后加上"着",这是因为它们除了能表示方式外,还能表示状态。

第二,状态类。

某些动词作状语时可以表示某一动作进行时伴随的状况或情态,可以进入"(请) +在……状态或情况下+V"这一表述框架。这类动词充当状语时表示的状态又可以分成静态的状态和动态的状态两种。

A. 静态的状态:这类状态从状位动词发生后就一直持续着,且这种状态的持续不需要状位动词所表示的动作反复进行。这类动词主要有:"陪、活、贴、跪、摊、坐、仰、分开、公开、安心、放心、放手、分散、并排、并肩、隔离、隐蔽、凝神、凝眸、定睛、监督"等。例如:

(82)母亲也说了,你就放心走吧。(张世君《红房子》)

(83)小和尚们分散坐在佛爷面前的竹席上,开始念经文了。(程潇《"乱走"的昌平》)

(84)孝忠在左,剑波在右,在公路两侧麦田边上并排前进。(曲波《林海雪原》)

(85)他运用自己马戏团演员那一套轻巧灵活的故技,在车厢下面隐蔽前进。(凡尔纳《八十天环游地球》)

例(82)—(85)中的充当状语的动词,凸显的是其词义中蕴含的状态义,表现出行为主体在事件中呈现出的相对稳定的状态。例(82)动词"放心"表示"不担心"之义,在状位上凸显的是其词义中蕴含的状态义,表示行为主体加强对自身心理状态的控制体现出自主性。例(83)"分散"在句中表示"不集中"的意思,表明行为主体在发出动作"坐"后,主体位置呈现出的空间状态。例(84)"并排"表示"不分前后地排列在一条线上",是对行为主体前进时呈现出的动作情态的表述,显示出行为主体在前进时，有意识地对自身位置的调整。例（85）"隐蔽"在状位上表示行为主体在执行"前进"这一行为时，出于一定的目的不想被人发现踪迹，而有意识地使自己处于出"不易被人发现"的状态，显示出自主性。

B. 动态的状态：指状位动词表示的动作需要多次反复进行，才能形成和维持的状态。这一类动词主要有"笑、赶、挣扎"等。例如：

（86）今晚喜逢佳节，李瑞环同志笑看她们交谈。（《人民日报》，1993年）

（87）她把孩子哄睡着了，就伏在饭桌上赶写她的那部国家社会科学基金项目《小说模式研究》的书稿。（张世君《红房子》）

（88）哪知此刻刘勋苍早已用左臂紧紧挽着白茹的右臂，冒着"怪物"挣扎前进。（曲波《林海雪原》）

例（86）—（88）中的状位动词在状位上凸显的是其词义中蕴含的状态义，表示行为主体在事件中呈现出的随着动作而改变的动态状态。例（86）动词"笑"，表示行为主体在执行"看"时加强对自身外在表情的控制，用微笑的表情来看，显示出行为主体对自身状态的主观控制。例（87）"赶"动词义是"加快行动，使不耽误时间"，在状位则凸显出状态义，表示行为主体在写书时的状态是非常匆忙分秒必争的，状语"赶"的使用在读者面前呈现出行为主体为达成目标而加速行动的动态状态，显示出自主性。例（88）"挣扎"动词义是"用力支撑"，在状位上则凸显出状态义，表现出行为主体在前进时为了克服外在环境的阻力而拼尽全力的动态状态，行为主体在事件中充分调动自身力量以克服不利条件，显示出很强的自主性。

第三，过程类。

这类动词状语和中心语之间的关系是：谓词中心语表示的动作，在状语所表示的动作过程后进行。状位动词提示过程义，可以用"经过……的过程"这一框架表述。常见的动词有"补、改、换、转、翻、加、添、修"等。例如：

（89）在外界对吴先生已经作出高度评价后，学校不得已给吴先生补开了追悼会。（张世君《红房子》）

（90）每到春节的时候，我都打点行装北上延安，再换乘长途汽

车直奔安塞县真武洞乡。(程潇《"乱走"的昌平》)

(91) 署名"长江一号"的网友，循着相同的管道转寄了解毒程式。(Seba《晚娘病毒》)

例 (89) — (91) 中的状位动词凸显的是词义中蕴含的过程义，表明行为主体执行谓词中心语所表示的动作前，经过的或长或短的时间段。例 (89) "补"动词义是"补充、补足、填补"，在状位则凸显出过程义，表示行为主体本来没有给吴先生开追悼会，但是迫于外界压力不得不经过"补……"这一过程，完成开追悼会这一行为，显示出行为主体为挽回影响，而主动采取措施弥补缺憾的自主性。例 (90) "换"动词义是"变换、更换"，在状位则凸显出过程义，表示行为主体在乘车这一事件中，为了前往目的地先后乘坐了不同的车辆，经历了换车前进的过程。行为主体在事件中主动变换交通工具的过程显示出自主性。例 (91) "转"动词义是"把一方的物品、信件、意见等传到另一方"，在状位凸显出过程义表示行为主体为完成"寄"这一动作，而利用不同的渠道以达成目标的过程，显示出自主性。

第四，时间类。

某些动词蕴含有与动作相关的时间要素，这些动词作状语时可以表明动作进行的时间早晚、速度快慢等。主要有"提前、抢先"等。例如：

(92) 等正式招工无望，琴提前办了退休手续，把儿子从农村"顶替"回来上班了。(张世君《红房子》)

(93) 说着船已拢了岸，翠翠抢先帮祖父搬东西。(沈从文《边城》)

例 (92)、(93) 中的动词在状位上凸显的是词义中蕴含的时间义，表示行为主体执行动作行为的相关时间。例 (92) "提前"动词义是"把预定的事件向前移"，在状位则凸显出时间义，表示行为主体主动把退休时间提早到规定时间之前，主体在事件中显示出自主性。例 (93) "抢先"动词义是"赶在别人前头、争先"，在状位凸显出时间义，行为主体在搬行李这一事件中，抓紧机会先于旁人作出反应，表现出很强的主动性。

第五，速度、力度类。

表示动作的速度、力度时，动词一般不采用字面义，而常常采用引申义或比喻义。如"飞、拼命、使劲、埋头、闷头"等。例如：

（94）她懒洋洋起身下楼，又飞跑着上楼。（漆园子《一路狂奔》）
（95）一个人拿着铜钗拼命地敲，另几个人使劲地吹着哨子。（万润龙《崔健是个谜》）
（96）她拼命挣扎，没命地喊叫。（莫怀戚《透支时代》）
（97）灯光下，她在埋头写作，与那些经典大师对话，倾述自己的心扉。（张世君《红房子》）

例（94）—（97）中的动词在状位上凸显词义中蕴含的动作的相关特征，表明行为主体的动作速度或施力强度。例（94）"飞"动词义是"在空中活动"，在状位则凸显出动作的速度特征，"飞"并不是指"飞行"这个动作，而是形容主体在奔跑时的速度之快像飞一样，主体在事件中显示出自主性。例（95）—（97）表明了行为主体在事件中投入的物理力或精神力的强度。其中，例（95）中的"拼命""使劲"，例（96）中的"拼命""没命"，都表现出行为主体不顾一切尽最大的力量来做某事，主体在事件中投入了巨大的努力，表现出鲜明的主观意志。例（97）"埋头"动词义指"专心，下功夫"等，在状位凸显出主体付出的精神力强度高，表现出行为主体在事件中为了达成目标精神高度集中，显示出自主性。

综上所述，我们认为动词类指谓自主状语都具有两个特征：[＋述行] [＋自主]。

[＋述行]：孙德金（1997）、高增霞（2004）都注意到能作状语的动词，词义大多蕴含着动作进行的方式、状态等信息量。进入状位后动词中所存储的表动作行为进行的方式、状态义被重新激活。其结果是动词不再表示一个具体的行为事件，而表示动作行为进行的方式、状态等。不仅如此，还有一些动词蕴含有与动作相关的过程、时间、力度、速度等特征，这些动词也可以进入状位。以上动词进入状位后都表现出行为性，与谓词中心语在语义上互相匹配，这是动词类指谓自主状语语义指向谓语的基础。

[＋自主]：当动词处于状语位置时，凸显的是词义蕴含的与动作相关的特征。状位动词自主性表现在：突出主体对该动词蕴含的方式、状态等具有控制力，能够通过采取某种行为来实现对动作相关特征的能动

控制。

(四) 名词类指谓自主状语

前文已经谈到现代汉语中有部分名词可以充当自主状语,前人对这类名词状语进行的分类,主要是按照名词状语与谓语中心语之间的关系。王珏(2001)将名词状语与谓语中心语之间的语义关系归纳为五种:方式、范围、工具、依据和其他关系。李梅(2001)也将名词与谓语中心语之间的语义关系归纳为五种:包括目的、原因及情状等。我们结合前人时贤的研究,按照状位名词与动词之间的语义关系,把名词类指谓自主状语分为以下几种类型:

第一,时间、处所类。

现代汉语中有一部分表示时间、处所的普通名词可以在句中作动词状语,表示动作发生的时间、处所。名词具有空间性,动词具有时间性,这是人类语言的共性。但是,有少部分名词也具有时间性。例如:

(98) 李其炎浑厚有力的声音在会议室回荡:西北三环要赶紧上马,争取年底开工。(《报刊精选》,1994年)

(99) 忘不了生日许愿时你说,除了让我快乐别无所求。(《青年报》,2002年)

(100) 法瑞斯亲自到纽约进行实地考察,最后发现想把这座大桥上的电缆毁掉是"不可能完成的任务"。(《报刊精选》,1994年)

(101) 亚洲电视台不仅现场直播"北舞"全套节目,还专访了团长黄振炎。(《报刊精选》,1994年)

例(98)、(99)中的"年底""生日"不是明显的时间词,但其词义中包含有时间性,在句中可表示行为主体有意选择的动作发生的时间,可以进入"请+在……(上/中/的时候)+V"这类表述框架。例(98)"年底"是行为主体有意选择的开工时间,与表示主体意志的"争取"共现,其自主性更加明显。例(99)"生日"是行为主体"你"选择的说话的特定时间,这个时间有特殊的意义,可见主体对动作时间的有意控制。例(100)、(101)中的名词"实地""现场"都是行为主体有意选择的动作发生的处所,可以进入"请+在/从……(的地方)+V"这类表述框架。例(100)"实地"说明了行为主体主动选择的执行动作"考察"的处所,这种选择是有很强的目的性的,我们可以推测主体是为了收集第一手资料而到实地考察,突出了事件中主体身体力行的特点。"实地"与"亲自"共现更加强了主体在这一事件中的主动性。例（101）"现场"说明了动作行为"直播"发生的处所，可以推想主体在这一事件中是为了加强播出的现场性、时效性而有意选择了这一处所。其他可作状语的时间、处所类名词，还有"背后、口头、屋里、网上、嘴里、庭外、路边、侧门、客场"等。

第二，方式、方法类。

部分名词进入状位后可以表示动作的方式、方法。例如：

（102）当地医院诊断手术切除了杨锋坏死的小肠。（《新华社新闻稿》，2004年）

（103）安徽2名民警协助考生作弊被行政处理。（《腾讯新闻》，2009年）

例（102）、（103）中的名词状语都表示行为主体有意选择的动作方式，可以进入"请+以/用/通过……（的方式/形式/手段/方法）+V"这类表述框架。例（102）"手术"是行为主体选择的动作"切除"的方式，这种方式区别于其他非手术手段，比如吃药、激光治疗等，这一方式的选择体现了主体的自主性。例（103）行为主体以"行政"的方式来处理相关责任人，这种方式区别于按法律或其他手段来处理，显示出主体在这一事件中对方式的主动控制，显示出自主性。其他可表示动作方式的名词，还有"暗号、暗语、半价、悲声、薄利、草书、差额、厂价、单程、单身、等额、低价、低息、毒刑、短信、专题"等。

第三，范围、角度类。

部分名词进入状位后可表动作涉及的范围或角度。例如：

（104）五位计算机界的院士共同呼吁，国家有关部门应尽快对信息安全问题进行整体部署。（《光明日报》，2004年）

（105）只不过这个大人很聪明，没有直接说明，而是在生活中侧面地渗透着，影响着。（《报刊精选》，1994年）

例（104）、（105）中的名词状语，都表示行为主体有意选择的与动作相关的范围或特殊的角度。可以进入"请+从/在……（上/方面）+V"这类表述框架。例（104）"整体"是行为主体选择的动作"部署"的范围，区别于其他范围如局部部署等，如何选定这一动作涉及的范围体现了主体的自主性。例（105）表明行为主体有意选择从"侧面"的角度来渗透影响别人，以区别于从正面直接说明，显示出主体在这一事件中对动作角度的有意识地控制，显示出自主性。其他可表示动作范围、角度的名词还有"暗地里、背地、全程、部分、局部、全部、背后、表面、道义、反面、精神、幕后、内部、内线、全线、外线、原则、总体、智力、纵深"等。

第四，工具类。

部分名词进入状位后可表示主体选择的执行行为的工具。例如：

（106）在一位当地收藏家处见到这只珍品，当即表示愿意高价收购，但被对方拒绝。（《新华社新闻稿》，2004年）

（107）一位匿名人士电话通知西班牙《加拉报》将会有爆炸发生。（《新华社新闻稿》，2004年）

（108）你知道石头能织布吗？石棉布就是用石棉这种石头织成的。它不怕火烧，也不怕酸碱的腐蚀，还能隔音、绝缘。（《中国儿童百科全书》，2015年）

例（106）—（108）都表示行为主体在执行行为时使用的工具，可以进入"请+用……V"这类表述框架，表示行为主体执行行为时所使用的实体工具。其中例（106）、（107）表示行为的可选工具，例（108）表示行为的固定工具。例（106）"高价"是行为主体选择的执行动作"收购"的工具，在事件中主体有意通过使用大量钱财来达到自己的目的，这一行为凸显出主体有明确的意图并为此选择相应的工具，体现了主体的自主性。例（107）表明行为主体有意选择以"电话"作为通知《加拉报》的工具，以区别于采用别的工具。例（106）、（107）中的"高价""电话"对于执行收购、通知这些行为而言是可选工具，不是动作行为一定要使用的，行为主体也可选择其他的工具代替它们。例如，"通知"不一定都要用"电话"，也可以利用"书信""电报""短信"等其他工具。行为主体在执行某种行为时，如果有多种工具可供选择，这时主体对某种工具的使用，通常是主体在比较了各种工具后做出的最优选择，显示出较强的自主性。例（108）"火"是行为主体选择的执行动作"烧"的工具，但从语义看，"烧"的词义中本就蕴含"使用火"这样的意义。因此，在执行行为"烧"时只能使用"火"作为工具，行为主体没有别的选择。可见，"火"在此例中是固定工具而非可选工具。常见的可作状语表示动作工具的名词还有"笔、鞭、袋、罐、炮、盆、绳、坛、暗器、菜刀、钢笔、钢琴、激光、机枪、键盘、电话、电视"等。

第五，材料类。

部分名词进入状位后可以表主体使用的材料，这一类名词状语往往和"制作"类动词组合，表示行为主体制作某物时有意选择的材料。例如：

（109）她们一贯主张母乳喂养。(《新浪新闻》，2001年)

（110）面膜美容是现代风行的美容护肤法之一，愈来愈受到人们的青睐。(《新浪新闻》，2001年)

例（109）、（110）都表示行为主体在执行行为时使用的材料。表材料的名词状语，可进入"请＋用……（做材料）＋V＋（O）"这类表述框架中。例（109）"母乳"是行为主体选择的动作"喂养"的材料，在事件中主体选择以母乳而不是以奶粉来喂养显然是有明显的意图的（为了孩子的健康），主体在事件中体现出较强的自主性。例（110）在众多可供选择的材料中，行为主体有意地选择以"面膜"作为美容的材料而非使用其他美容方法，显然是经过比较而做出的最好的选择，凸显出主体鲜明的自主性。另外，"水泥、羊毛、棉布、棉花、药皂、珍珠、毛竹、萝卜、青椒、土豆、黄酒、米醋、香油"等名词作状语时，也可以表示这种语义关系。

第六，状态类。

某些名词作状语可表示行为主体有意选择在某特定的状态条件下进行活动。例如：

（111）研究表明H5N1病毒在100摄氏度立即死亡。因此要采取高温消毒等措施，彻底消灭鸡粪中的H5N1病毒。(《新华社新闻稿》，2004年)

（112）胚胎移植技术又有了很大发展。像超数排卵、人工受精、胚胎超低温冷冻保存等等，都是围绕提高效率、增加繁殖系数方向迈出的重要新步伐。(《中国儿童百科全书》，2015年)

例（111）、（112）都表示行为主体选择的执行动作时的有关状态条件。这类表示状态关系的状位名词，可以进入"请＋在……状态下＋V"这一表述框架。例（111）"高温"是行为主体在执行"消毒"这一动作时的状态条件。我们可以推知为了达到"高温"这一状态,行为主体必定进行了一系列前期准备工作,比如采取煮沸等手段来达成高温状态。另外,事件中主体的目的性也很明确就是为了消毒,可见状位名词在这里体现出较强的自主性。例(112)"超低温"是行为主体选择的保存胚胎的状态条件,我们可以推知行为主体是为了保证胚胎的生命活力,而选择了这一状态条件。为此主体必定会采取相应的措施,比如采用先进的科学技术等。例(111)、(112)中的状语凸显出行为主体较强的自主性。可以表示动作状态的名词状语,还有"高压、低压、真空、常温"等。

第七,依据类。

某些名词作状语表示行为主体执行行为时的凭据或原因。这类名词前一般可以添加"依据、按照、按"等词语。例如:

(113)行管人员还要懂技术、会管理,政策水平高,这样才能根据国家的方针政策,科学管理通信市场。(《报刊精选》,1994年)

(114)人们传统认为该书系所罗门王所作。(读书人365《圣经故事》)

例(113)、(114)都表示行为主体主动选择的动作凭借的依据。这类表示依据关系的名词,可以进入"请+按/凭/因为……+V"这一表述框架中。例(113)"科学"是主体执行"管理通信市场"这一行为时所遵循的依据。主体在执行行为时,主动运用科学规律来指导自己的行为以便获得更好的效果。例(114)"传统"是事件中主体所持看法的凭据,行为主体选择什么作为自己看法的依据有自身的考虑,显示出主体在事件中的自主性。

综上所述,状位名词语义指向谓语时,名词直接限制描写谓词中心语,表示与动作行为相关的时间、处所、方式、方法、范围、角度、工具、材料、状态、依据等特征。名词作状语的原因前文已经谈到,即部分名词在状位上核心语义由指称义向性质义转化,名词在功能上发生了转移。这种转变使得名词临时体现出行为性与谓词中心语匹配,这是名词类指谓状语语义指向谓语的基础。我们把这一特征归纳为[+述行]。同时,名词状语所表示的与动作相关的特征,是通过行为主体的主动控制而得以实现的,这个过程显示出行为主体极强的自主性,这一特征可归纳为[+自主]。

(五) 介词短语类指谓自主状语

介词短语在现代汉语中经常作状语，且语义均指向谓词中心语。我们认为含有自主义的介词短语，按照所表语义的不同可以分为以下几类：

第一，表示动作工具的介词结构。

可以引介名词表示动作工具的介词主要有"用""以""拿"等，这类介词结构作状语主要表示动作所使用的工具。按工具的性质可分为：

A. 介词引介人体器官名词表示动作工具，具有［＋人体］［＋可触及］特征。例如：

(115) 我一过去就预备好了，先用左腿金鸡独立的站着，为的是站乏了好换腿。(老舍《取钱》)

(116) 用眼睛相瞪，用鼻子相哼，用嘴相斥——几乎都要到了用嘴相咬的地步。(靳以《窗》)

例(115)介词"用"引介人体名词"左腿"，例(116)介词"用"引介人体名词"眼睛""鼻子""嘴"，它们形成的介词短语分别表示动作"站"以及"瞪""哼""斥"的工具。这些状语表示的都是人体工具，往往蕴含在它们所修饰的动词语义结构中，是一种必选工具。

B. 介词引介具体事物名词表示动作工具，具有［＋实体］［＋可触及］的特征。例如：

(117) 我用细绳头缚住粗绳头，用牙咬住。(杨绛《干校六记》)

(118) 船前一人用一根长长的竹竿探测湖底。(余华《一个地主的死》)

例(117)、(118)中介词"用"分别引介具体名词"细绳头"和"一根长长的竹竿"，表示动作的工具，突出主体利用适合的工具来实施行为的自主性。

C. 介词引介抽象事物名词表示动作工具，具有［－实体］［－可触及］的特征。这类状语所修饰的谓词中心语，大多是表示人体心理、精神意念等方面的非实体行为。例如：

(119) 我那时的心情是不能用文字表达的。(巴金《做大哥的人》)

(120) 他的儿媳立刻以响亮的哭声表达对婆婆的声援。（余华《一个地主的死》）

例（119）、（120）中介词"用""以"分别引介抽象名词"文字"和"哭声"，表示动作的工具。这种工具与人体器官和具体事物相比更为抽象，而且这些工具往往是人所创造的或独有的，因而也显示出较强的自主义。

第二，表示动作材料的介词结构。

材料是行为主体发出动作行为所使用、耗费、花费的原材料、物资。例如：

(121) 人们用棉花籽、花生、大豆榨出油来点灯。（冯德英《苦菜花》）

(122) 他们用羊毛编织出各种地毯、帐幕及褡裢等用品，十分美观。（《中国儿童百科全书》，2015年）

例（121）介词"用"引介名词"棉花籽、花生、大豆"作为实现行为"榨出油"的材料，例（122）介词"用"引介"羊毛"作为行为"编织"的材料。和动作的工具相比，材料为行为主体完成某动作行为提供必需的物质保证或前提，在动作行为的过程中或者在动词语义结构中，其性质、状态或外形、数量、所属、功能等发生变化并最终以某种状态融入成果中，变成成果或者成为成果的一部分。因而具有［＋可变性］特征。

第三，表方式义的介词结构。

表方式的介词主要有"凭、照、论、凭着、据、根据、依据、按、按照、通过"等。

(123) 诗人凭着这两翼在生活的国土，也在艺术的园地上飞翔。（曾卓《诗人的两翼》）

(124) 我确实想用这种方式，拉住他们的车队。（余秋雨《道士塔》）

(125) 中国一向以审慎负责的态度对待导弹及其相关技术的出口。（《中国政府白皮书》，2003年）

(126) 我已经习惯按"安全"而"规范"的方式说话、办事、

与人交往。(刘心武《我爱每一片绿叶》)

例(123)—(126)中的介词短语都表明动作行为的方式,行为主体有意选择了介词短语所表达的方式来执行行为,因而动作行为不是任意的,而是依照状语所指的方式来进行的。例(123)是由介词和名词性词语构成的"介词+NP"结构,"诗人""飞翔"是"凭着这两翼"来进行的;例(124)—(126)形成"介词+NP……+(的)方式/方法/姿势/态度"结构,这是方式义最明显的表达结构之一。"……的方式"直接指明、强调介词结构的方式义。例(124)—(126)中"用这种方式""以审慎负责的态度""按安全而规范的方式"都说明了行为主体在发出动作时有意选择的方式,显示出明显的自主义。

第四,表依据义的介词结构。

引介名词表示动作依据的介词主要有"按、照、按照、根据、依照、依据、遵照"等。例如:

(127) 根据雨鞋的声响,他准确地判断出他们走去的方向。(余华《世事如烟》)

(128) 依据法律认定被告人无罪的,应当作无罪释放。(《中华人民共和国刑事诉讼法》)

(129) 专家指出,中国金融市场全面开放以后,中国金融机构必须要遵照世界标准开展业务。(《新华社新闻稿》,2004年)

例(127)—(129)中的介词短语都表明动作行为的依据,行为主体依照或凭借状语所指的事物来发出动作行为,因而动作行为不是任意的。例(127)"根据雨鞋的声响"是行为主体作出判断时凭借的依据;例(128)"依据法律"是行为主体认定无罪时的依据;例(129)介词短语"遵照世界标准"是行为主体开展业务的依据。这些依据既有全社会普遍遵循的法律、标准、规定等,也有相对主观的标准。但它们都显示了行为主体执行行为时的一种规律性,显示出明显的自主义。

第五,表处所义的介词结构。

介词引介的处所,可能是实际方所,也可能是抽象空间,或仅仅是一种趋势。例如:

(130) 还是小王磊聪明,索性在信封上直接写了"王磊收",落

款是"王磊寄"。(《人民日报》,1998年)

(131) 文化部长孙家正等顺着迂回的参观路线,饶有兴致地陪同参观。(《新华社新闻稿》,2004年)

(132) 她追上前去,往歹徒正在拉门栓的右手臂狠狠地砍了两刀。(《人民日报》,1994年)

(133) 呼国庆说:"怕什么?有什么事往我身上推。这行了吧?"(李佩甫《羊的门》)

(134) 他再往深里想了想,随着生活水平的提高,此种美味佳肴必受人们欢迎。(《人民日报》,1995年)

我们这里所说的处所是一个宽泛的概念,它既包括动作实际发生的空间也包括抽象空间或者一种趋势。例(130)—(132)"在信封上""顺着迂回的参观路线""往歹徒正在拉门栓的右手臂",都是实际物理空间具有[+空间性],并且它们都是行为主体有意选择的与动作相关的处所。例(133)中的"往我身上"则表示抽象的空间,并非实际的方所。"凡事只往我身上推"意思是把事情(通常是不如意的事情)或责任推给我,这个说法显然是比较抽象的。但是"往我身上"同样表明了行为主体对于这个抽象空间的主观控制,把不利的东西推给别人这种趋利避害的行为,显示出主体的自主性。例(134)"往深里"表示动作行为发展变化的趋势,含有程度增加的意思,显示出主体有意识地使性状加深的自主性。

有时表示处所义的不同介词短语配合使用,可以更加清楚地显示出行为主体有意选择的位移路线。例如:

(135) 有一次,我在一部电视剧中扮演一名清兵,要从一个台子上往下跳。(卞庆奎《中国北漂艺人生存实录》)

(136) 在旗官们的押解下,他浩浩荡荡地沿着森林中那一个又一个的河谷继续向北进发。(礼平《黄昏小站》)

例(135)介词短语中的介词短语"从一个台子上""往下"分别表明动作的起点和方向,例(136)中的介词短语"沿着森林中那一个又一个的河谷""向北"分别表明行为主体位移的途径和方向。这两句中通过介词短语的配合使用,为我们清晰地勾勒出行为主体的移动路线。在整个位移过程中,行为主体始终按照既定路线前进显示出很强的自主性。

第六，表示时间的介词结构。
表示时间的介词结构说明动作行为或事件发生、进行、结束的时间。这类介词主要有"在、从"等。例如：

（137）他总是在天刚放亮的时候起床。（《报刊精选》，1994 年）
（138）我决定从今天开始，暂时放弃报考电影学院的梦想。（卞庆奎《中国北漂艺人生存实录》）

据我们考察，表示动作时间的介词结构，要显示出自主义需要有语境因素。比如，例（137）出现了副词"总是"说明主体行为的一贯性，也说明了介词结构"在天刚放亮的时候"是主体有意识地选择的"起床"时间。例（138）中出现了"决定"一词突出了主体强烈的意志，因此介词结构"从今天"是主体有意选择的时间，显示出自主义。

第七，表示对象的介词结构。
现代汉语中介词所引的对象很复杂。从介词引进的对象与谓词的语义关系来看，大致可以分为受事、施事、客事和共事四种情况。其中具有自主义的是表示客事和共事的介词短语。客事可表示施事有意选择的动作针对对象，共事则表示施事有意选择的共同完成动作的协同对象。

A. 客事对象：主要用"对、向、和、为、给"等介词引进对象。例如：

（139）好像人都这样地对蓝空的星群讲过话。（巴金《星》）
（140）新婚之夜，我把这前科向妻子坦白了。（叶大春《三瘾录》）
（141）天佑太太扎挣着，很早的就起来，穿起新的竹布大衫，给老公公行礼。（老舍《四世同堂》）
（142）那天晚上，大家在饭馆儿为他设宴洗尘。（林语堂《京华烟云》）
（143）我把警察送到吉普车旁亲亲热热地和他们握手告别。（王朔《玩得就是心跳》）

例（139）—（143）中的介词短语"对蓝空的星群""向妻子""给老公公""为他""和他们"都表明了动作的对象，它们都是行为主体有意选择的，显示出自主义。

B. 共事对象：主要是用"和、跟、同、与"等介词引进的对象。这类对象与行为主体共同发出动作行为，这也是主体的一种行为方式。这种介词结构经常与副词"一起"连用，是一种"协同"方式。例如：

（144）新来的队员与秀秀一家吃第一顿饭。（礼平《小站黄昏》）
（145）外乡人没有和父亲一起回家。（余华《此文献给少女杨柳》）

例（144）、（145）中的介词短语"与秀秀一家""和父亲"都表明行为主体有意选择的与之共同完成行为的对象，这个选择过程显然体现出行为主体的自主性。

通过上面的分析可以看出，指谓自主介词短语从不同的角度限制、修饰谓词中心语，说明与动作相关的工具、材料、方式、依据、时间、处所、对象，具有［＋述行］的语义特征，这是介词短语语义指向谓语的基础。另外，上述介词短语都表现出行为主体对动作相关特征的主动选择，并且这种选择都是行为主体根据需要而做出的，是可受主体主观意志控制的，因而这些介词短语具有［＋自主］语义特征。

（六）动宾短语类指谓自主状语

部分动宾短语可以充当自主状语，这类状语表示一个相对完整的行为，表明行为主体执行行为时选择的方式，语义指向谓词中心语。动宾短语作指谓自主状语时一般要带"地"。例如：

（146）此方一出，我们都坚信是当地老乡变着法儿地报丢鸡、丢狗之仇。（邹静之《一个偏方》）
（147）你知道要是讨厌一个人怎么能不失礼貌地请他走开吗？（王朔《顽主》）

例（146）、（147）中的状语"变着法儿""不失礼貌"，都表示行为主体选择的执行动作的方式。例（146）"变着法儿"表明主体花样百出挖空心思地，用各种方法来达到报仇的目的，主体意图性明确。状位动宾短语凸显了主体的自主性。例（147）"不失礼貌"单独来看是表示对行为的某种评价，进入状位后表明主体以"不失礼貌"为标准并采取相应的方式来完成活动，词义有了变化凸显出方式义，表明主体主动选择的行为方式。

动宾结构作状语有很强的方式义,一般要带"地"。也有的动宾结构由于动词中心语的动作义不强,不能跟主语构成主谓结构。因此,可以不带"地"直接修饰句中的主要动词。例如:

（148）我站在楼梯口,看着他直着脚一级一级下楼去,真担心他半楼梯摔倒。(杨绛《老王》)
（149）他两人逐句审查公报草案。(张容《一言难尽乔冠华》)

例（148）、（149）句中"直着脚""逐句"都是述宾结构,但动词没有什么动作义,都只能分析为状语,句中都没用"地"。这种动词结构一般比较短。

状位动宾短语语义指向谓语时,动宾短语直接限制描写动作,表明行为的方式。在事件中,行为主体为实现状位动宾短语蕴含的与动作相关的方式特征,而主动控制动作行为,显示出行为主体的自主性。其语义特征可描写为:[+述行][+自主]。

[+述行]：状位动宾短语可看作是一种降级述谓成分,在述谓性的能力上它紧随谓语、补语,是一个重要的准述谓成分。动宾短语受到状位规约,语义上发生了一定程度的变化,由表示一个相对完整的行为转而凸显语义中蕴含的动作的方式义,与谓词中心语匹配。这是动宾短语类状语语义指向谓语的基础。

[+自主]：动宾短语在状位规约下凸显出蕴含在语义中的方式义,这种方式可通过动作进行中主体的有意识控制而实现。可见,状位动宾短语可凸显出行为主体对动作方式的能动控制,显示出自主性。

(七)"A+N"结构类指谓自主状语

"A+N"结构是一种特殊的形容词性结构,由形容词和名词组合而成,通常是三音节结构。构成"A+N"结构的A基本上均为处于极性对立关系中的形容词。常见的A有"大、小、多、少、高、低、长、短、远、近"。"A+N"格式中的名词一般为双音节的抽象名词,可以是度量类名词,如:"强度、角度、速度、力度、角度、幅度、密度"等；也可以是程度类名词,如:"气力、力度、气魄、层次"等；还可以是别的类,如:"角度、方面、方位、距离、环节"等。这种组合是现代汉语中较新颖的句法组合,其主要句法功能是充当状语。例如:

（150）北京人13日近距离接触了世界最新的K金饰品,引发了

都市女性金饰消费理念的全新变革。(《新华社新闻稿》，2004 年)

(151) 拥有最大核武库的国家应率先大幅度削减其核武库。(《中国政府白皮书》，2002 年)

"A+N"结构作状语时一般不加"地"，有的也可以加"地"，但往往是以多项并列的形式出现。例如：

(152) 依靠广大职工的智慧和创造力量开展群防群治，多形式、多途径地加快解决企业的污染问题。(马忠普等《企业环境管理》)

(153) 在培训的方式上，应多渠道、多形式、多手段地开展教育培训。(马忠普等《企业环境管理》)

状位"A+N"结构语义指向谓语，"A+N"结构直接限制描写谓词中心语，表明行为主体在动作行为过程中，为实现"A+N"结构表述的性状，而采取相应方式控制动作行为，显示出行为主体的自主性。其语义特征可描写为：[+述行] [+自主]。

[+述行]：状位"A+N"结构，由形容词和名词组合而成。其中形容词具有明显的性状义，名词则多表示度量、程度。两者组合形成的"A+N"结构语义中有明显的性状义，可以与谓词中心语相匹配。进入状位后受到状位规约，表示行为主体执行行为时使用的方法。这是状位"A+N"结构语义指向谓语的基础。

[+自主]：状位"A+N"结构语义中含有性状义，主体可以通过采取相应的措施来显现或改变其程度，如果我们参照充当状语的成员的整体状貌进行认识的话，不难看到它语义中蕴含的动态的描写属性，可以表明动作进行中主体在执行行为时，对动作方式的能动控制，显示出自主性。

（八）"一+量"重叠式类指谓自主状语

"一+量"重叠式类指谓自主状语包括"一量一量、一量量、一量名一量名、一A一B"四种形式。从构成上看，这些短语大多由数词"一"和量词组合而成，具有大致相同的语法意义。郭继懋（1999）提出"一+量"重叠式共有的语法意义是"物体或事件的重复存在"，当这些短语作状语修饰动作行为时，表示"连续"（逐一、连绵）的意思。对于一部分状位重叠式来说这一语义信息的归纳是有用的，但当面对大规模真实文本时，必定会碰到很多不能解决的问题。实际上，"一+量"重叠式在状位表现的语义，是该重叠式与其所修饰的谓词"语义互动"的结果。据我们考察，当"一+量"重叠式与谓语形成"方式——动作"关系时，可表现出行为主体对动作行为方式的有意控制，这时，"一+量"重叠式具有［+自主］［+方式］的特征，语义指向谓词中心语。例如：

第一，"一量一量""一量量"式。

（154）彭总把墙边的那个文件箱子搬过来，坐在桌子跟前，把摆在桌子上的材料、敌情报告、电报，一份一份翻着看。（杜鹏程《保卫延安》）

（155）我照着材料上的标题，一条一条念给儿子听，他听得很认真，还从衣袋里掏出个小本本，记了下来。（毕淑敏《女人之约》）

（156）他把刀一把把地拿出来，又放在鼻子前面闻了一遍，心说，锈了，刀都锈了。（迟子建《原野上的羊群》）

（157）临近下班，大家一人手里拿了张《晚报》，一版版认真看。（池莉《你以为你是谁》）

例（154）、（155）状语"一份一份""一条一条"含有"逐一"之义，表明行为主体在发出动作行为"看"和"念"时，是依次进行的，显示出行为主体对"看"和"念"这些动作过程时间先后次序的主动控制。例（156）、（157）"一把把""一版版"同样表现出行为主体在执行"拿""看"等动作行为时，主动选择的有序方式。例（154）—（157）由"一量一量"和"一量量"式充当状语，语义指向谓语直接描写动作行为的方式。"一+量"重叠式含有"连续（逐一、连绵）"之义，表明行为主体对动作过程中时间先后次序的主动控制，显示出行为主体的自主性。其语义特征可描写为：［+述行］［+自主］。

第二，"一量名一量名"式。

（158）她说拍电影能磨炼人，一场戏一场戏的拍，都要从平时从不考虑的角度去思考人生。（顾伟《官司后的韦唯》）

（159）可是大家仍然很兴奋，觉得到了繁华地界，就沿街一个馆子一个馆子地吃。（阿城《棋王》）

例（158）、（159）中状语"一场戏一场戏""一个馆子一个馆子"分别说明动作行为"拍""吃"是如何按次序连续进行的，表明了行为主体对动作行为的方法和形式的控制。"戏"是"一场一场"逐一、连续

"拍"的;"馆子"是"一个一个"去吃的。从语义上看,上述状语都直接指向谓词并表现出行为主体的自主性。其语义特征可描写为:[+述行][+自主]。

第三,"一A一B"式。

由数词"一"和不同的词组合而成,当"一A一B"式量词结构与谓语动词形成"方式——动作"关系时,可表现出行为主体对动作行为方式的有意控制。这时"一A一B"式具有[+自主][+方式]的特征,语义指向谓词中心语。例如:

(160)一个人……站在院墙下,一笔一画地描,一字一句地描,一条一条地描。(吕新《圆寂的天》)

(161)我利索地跳下车,与小封一左一右地把大姐搀进屋。(水静《毛泽东密召贺子珍》)

(162)冯小刚一笔一划认真签名时,她又说:"冯先生,今天您真是把我感动了,好久没听过这么好的大道理了。"(王朔《你不是一个俗人》)

当"一A一B"式作指谓自主状语时,与其他"一+量"重叠式的共同点是与谓语动词形成"方式——动作"关系,但"一A一B"式不强调动作行为按次序进行。如例(160)中,"一笔一画""一字一句"表明行为主体在执行动作行为"描"时采用的方式,但并不含有依次进行之义。因为"笔""画""字""句"之间并没有固定的先后次序。例(161)、(162)中的"一左一右""一笔一画"中的"左""右""笔""划"也没有先后之分,"一左一右""一笔一画"仅表现出事件中主体有意采用的方式而不强调动作发生的先后次序。

"一A一B"中的A、B还可以是不同词性的词。例如:

(163)经过苦苦思索,第二天,他一字一顿地说:"行,我去!"(《报刊精选》,1994年)

(164)但是,她只在父亲的床前服侍了3天,就含着泪水,一步一回头地离开了父亲。(《报刊精选》,1994年)

例(163)中的"字"是名词,"顿"是动词,例(164)中"步"是名词而"回头"是动词性词语,它们所构成的"一A一B"在句中强调行为主体有意采用的行为方式语义指向谓语。

通过分析，我们认为状位"一＋量"重叠式共有的语义特征是：

［＋述行］："一＋量"重叠式作状语修饰限制谓词中心语，说明与动作相关的方式具有［＋述行］的语义特征，这是其语义指向谓语的基础。

［＋自主］：状位"一＋量"式说明动作是如何进行的，即行为主体进行活动时使用的方式方法，这种方式是可被行为主体主观控制的（采用或不采用）。

［＋伴随性］：状位"一＋量"式与动词之间的语义关系是"动作—方式"，该方式是依附于特定动作行为的，有动作才会有方式，没有动作也就无所谓方式。因而该方式伴随动作行为的产生而产生，动作行为结束后也就不再存在了。

"一＋量"重叠式类指谓自主状语中，"一量一量、一量量、一量名一量名，"还表明动作行为是依次序进行的，具有［＋逐一］的语义特征；而"一Ａ一Ｂ"式则不具有该特征。

三　小结

第一，我们首先确定了判定指谓自主状语的标准：

A. 判定语义指向谓语的标准：通过句式变换，指谓自主状语句可变换成带"得"的状态补语句；用疑问句"主＋怎样＋谓词？"的形式提问时，可用"动词＋得＋状语"的状态补语形式回答。

B. 判定自主性的标准：指谓自主状语可以进入肯定祈使句"请＋Ad＋VP＋（O）"格式。

第二，通过全面考察我们将指谓自主状语，按照性质的不同分为八类：①自主副词类②形容词类③动词类④名词类⑤介词短语类⑥动宾短语类⑦"一＋量"重叠式类⑧"A＋N"结构类。在此基础上按照谓词与状语之间的语义关系划分小类。

第三，我们着重分析了自主状语语义指向谓语的原因及不同类别指谓自主状语的自主义在句中的具体表现。我们认为自主状语语义指向谓语的基础在于：出现在状语位置的词语具有［＋述行］这一特征，可从不同的角度限制、修饰谓语中心语。就指谓状位成分总体而言，这个特征有的是状位成分的核心意义，如副词。有的蕴含在词语的非核心意义中，如部分形容词、非典型状位成分动词、名词，它们进入状位后发生非范畴化凸显出词义中的方式义、性质义。还有部分动宾短语、"A＋N"结构可以充当指谓自主状语，它们在状位上表示动作方式，因而具有［＋述行］

特征。以上指谓自主状语的语义指向可以通过变换为带"得"的状态补语句加以证明。

第四，指谓自主状语的自主义主要表现为：指谓自主状语体现了行为主体对谓语所表动作行为各个侧面特征的主动控制，凸显出主体鲜明的自主性。从认知的角度看，动作行为各侧面特征的体现是以动作行为的执行为前提的。然而，由于已经认识到动作行为的这些内在特征，因此在执行动作行为之前，人们往往会有意识地对这些特征进行控制。主要表现在主体对动作进行的时间、发生的处所、使用的方式、方法、范围、角度、工具、材料、状态、依据等的有意选择，并为此做出相应的前期准备或在过程中有意达成。主体进行的这些活动在句法层面上就表现为指谓自主状语这种表达行为主体自主性成分的使用。

第三节 指向主语的自主状语

指向主语的自主状语（下文简称指主自主状语），在句法平面上与谓词形成直接成分关系，但在语义平面上该类自主状语与谓词没有直接联系，语义指向句中充当主语的名词性成分，这时自主状语与谓词形成的是句法与语义相悖的状中结构。本节首先确立指主自主状语的判定标准，进而考察可以充当指主自主状语的语言成分，根据状语与谓词中心语之间的关系对其进行分类，着重分析了状位成分语义指向主语的原因及自主义的表现。

一 指主自主状语语义指向判定标准

指主自主状语在句法平面上修饰谓词，但在语义平面上这些状语并不与谓词发生直接的联系，而是与结构中充当主语的名词性成分发生联系，语义指向主语。从语义层面看，指主自主状语主要说明行为主体在执行行为时的神情或形之于色的心理状态，状语是对主语的陈述，表示某人以怎样的神态和心理做某事。所以，通过句式变换，指主自主状语一般可以与主语形成主谓结构："主+（是）+状（的）"；能够回答"主语怎么样？"的问题。例如：

（165）a 加木措说：要真心诚意地祈求，佛会照料你的。（池莉《让梦穿越你的心》）

→b ……你（是）真心诚意的……

（166）a 肖元元很有礼貌地说，谢谢老师。（《中篇小说选刊》，2001年）

→b 肖元元（是）很有礼貌的……

例（165）a、（166）a 中的状语"真心诚意""很有礼貌"都可以位移到主语之后作谓语，变换成例（165）b、（166）b 中的主谓短语形式，且句义没有明显差别，可见状语与主语之间存在陈述关系，这些指向主语的状语具有 [+述人] 的语义特征。

有时，指向主语的自主状语还能位移到主语之前作定语，形成"状+的+主"的定中结构，不过语义有细微差别。例如：

（167）a 政治干事格外认真地翻检了棉衣里的暗袋。（毕淑敏《补天石》）

→b 格外认真的政治干事……

例（167）a 中的状语"格外认真"如果位移到主语之前，可形成如例（167）b 的变换形式"格外认真的政治干事"，但是两句中的"格外认真"语义有差异：处于定语位置上的"格外认真"是主语固有的属性表明主语一贯如此，而状语位置的"格外认真"则是主语在事件中表现出的临时属性，主语可能不是非常认真的人。

在特定语境下，状语指向由动物充当的主语，这时整个句子有明显的拟人意味，临时赋予动物以人特有的意志。例如：

（168）小猫才乖乖地顺着冰心手指的方向跳到冰心的床上。（杨杨《冰心选猫》）

（169）一只受伤的白天鹅在雪地上顽强地向前爬去。（《中篇小说选刊》，2001年）

例（168）、（169）中的状语"乖乖""顽强"分别指向句子主语"小猫"和"白天鹅"，具有 [+述人] 特征的状语赋予动物以人所特有的属性，使整个句子呈现出拟人的意味。

指主自主状语可以表现出行为主体在执行行为时对自身神情、心理状态的有意识的控制，显示出主体自主性。在句法上的表现就是它们可以进

入肯定祈使句"(请/一定要) + Ad + VP + (O)"。上例(165)—(167)可以作如下变换:

(165) 加木措说:要真心诚意地祈求,佛会照料你的。(池莉《让梦穿越你的心》)
→(165)′(请/一定要)真心诚意地祈求。
(166) 肖元元很有礼貌地说,谢谢老师。(《中篇小说选刊》,2001年)
→(166)′(请/一定要)很有礼貌地说。
(167) 政治干事格外认真地翻检了棉衣里的暗袋。(毕淑敏《补天石》)
→(167)′(请/一定要)格外认真地翻检……

祈使句的预设是说话人认定听话人能够达成提出的要求,即听话人对祈使句表述的事件具有主观控制力。所以,能进入祈使句的状语语义都含有主体可控成分。通过以上变换,可以发现例(165)′—(167)′状语所表示的"真心诚意""很有礼貌""格外认真"是主体可以凭借主观意志而达成的性状,具有自主性。

二 指向主语的自主状语的类型

据我们考察,充当指主自主状语的语言成分主要是双音节形容词,尤其是以状态形容词居多,少数名词、动词可以充当指主自主状语,其他还有部分主谓短语、动宾短语、偏正短语、联合短语、连谓短语,可作指向主语的自主状语。

(一)形容词类指主自主状语

前文分析形容词类指谓自主状语时,已经提到根据张力军(1990)、董金环(1991)、张爱民(1996)、侯友兰(1998a)、郑贵友(2000)、张国宪(2005)等对形容词作状语的语义指向的研究,我们认为形容词作状语的语义指向与形容词自身的语义特征有密切关系。就形容词类指主自主状语而言,从我们收集的语料看,这类状语虽然在句法上作谓词中心语的修饰语,但二者并没有直接的语义联系。形容词类指主自主状语在深层结构中与主语表示的人物有关,主要用来形容人的各种属性和状态,对主语进行表述和描写,具有[+述人]这个语义特征。从形容词类指主自主状语的语义特征入手,参考张国宪(2005)和现代汉语语义词典

(SKCC) 关于形容词语义分析的相关成果，根据本文具体情况略作改动，我们对收集的有关语料进行了分析，发现形容词类指主自主状语主要用来描写主语表示的人的样貌、品格、态度、所处境况以及人与人之间的关系。按照形容词性质的不同分析如下：

第一，性质形容词充当指主自主状语。

性质形容词作指主自主状语时，在句法上与谓词具有直接成分关系，但不与谓词发生直接的语义联系。这类状语跟主语的语义关系是直接的，是对主语在行为发生时的外在情态的描写，按照语义可分为三类：

A. 表神情、态度的形容词

这类形容词作自主状语，表示动作行为过程中，主语的举止神情或者对事情的看法、主观态度，语义指向主语。例如：

（170）马林生严厉地盯着儿子，毫不为其所动，"快点吃！别哭哭啼啼的。"（王朔《我是你爸爸》）

（171）周天虹说："小兄弟，你干嘛不让我们走哇？"那少年用手指了指山口，眨眨眼，神秘地说："要想死你们就走。"（魏巍《火凤凰》）

（172）在须弥福寿之庙，专家们登上正在维修中的大红台，仔细地检查了施工材料。（《报刊精选》，1994年）

（173）一位高个阿公从另一个房间走出来，热情地招呼我们。（《新华社新闻稿》，2004年）

例（170）—（173）中，性质形容词"严厉""神秘""仔细""热情"作状语，语义都指向句子主语。主语和状语之间存在着"行为主体——神情/态度"的语义关系，状语可以看作"高层谓语"，具有[＋述人]这一语义特征。同时，这些指向主语的形容词都表现出鲜明的自主性，突出动作行为过程中主语有意识地表现出的举止神情或者对事情的看法、主观态度。例（170）"严厉"处于状位时突出的是在"盯着"这一动作行为过程中，主语"马林生"有意表现出的外在特征因而具有自主性。例（171）"神秘"表明主语在执行动作"说"时有意表现出的神情具有自主性。例（172）"仔细地检查"表明主体在实施检查这一行为时，有意识地以仔细的态度进行"检查"这一具体活动。例（173）"热情地招呼"中"热情"也体现了主体有意以"热情"的态度来招呼别人，以达到笼络客人的目的。例（170）—（173）中的性质形容词进入状位后语义发生了变化,由表示主体客观固有的属性,转化为伴随行为而产生的临时属性。同时,这种属性是行为主体有意识地实现的。主体通过采取某种措施使状位形容词表示的性状表现出来。同时,主体还根据具体情况加深或减弱性状的程度。因此上述例句中的形容词均具有[+可控]这一语义特征。此外,这些词语所表示的是行为主体在动作进行的过程中,有意显现或改变的神情、态度。这些主观情态伴随动作的出现而出现,并随着动作的进行而发生相应的变化。因而具有[+伴随性]的语义特征。

B. 表性格、品质的形容词

表性格、品质形容词一般是表示人的固有属性的,它们有时可充当自主状语。这时,形容词表示在动作行为过程中,主语通过主观控制而临时表现出的品性、品行等。这类形容词作自主状语时语义指向主语。例如:

(174) 据说她变得日渐消沉,在重庆和香港,她近乎是"蛰居"的,安分地在家中做主妇,搞家政,对衣饰也变得讲究起来。(丰昀《萧红:一串凄婉的歌谣》)

(175) 这个财富也包括你自己。你一定要坚强地活下去。(郑重《破译〈敦煌古乐〉的席臻贯》)

(176) 他说话也不够爽利的,一个字一个字谨慎地吐出来,像隆重的宴会里吃洋枣,把核子徐徐吐在小银匙里,然后偷偷倾在盘子的一边。(张爱玲《琉璃瓦》)

例(174)—(176)中的形容词"安分""坚强""谨慎"作状语,语义都指向句子主语。从语义关系看,上述例句中的主语和状语之间存在着"行为主体——品质"的语义关系,状语具有[+述人]这一语义特征。表示人物内在品质的形容词,一般来说其词义具有[+固定属性]的语义特征,即形容词所表示的属性是不以人的意志为转移的。但人在进行活动时为了取得成功,常常会有意识地发挥自身固有的优良品质,以取得更好的效果。此时表示人的固定属性的品质类形容词,可在状位上临时转变为在一定程度上,受人主观控制的临时属性,显示出词义中的自主义。例(174)"安分地在家中做主妇,搞家政"中,"安分"表示人的品行本来是人固有的属性。当它处于状位时,我们倾向于把它看作主体在"做主妇,搞家政"的过程中,对自己的心态加以控制而临时表现出的属性。通过上下文我们可以知道,行为主体在经历了一些风波后,行事风格发生了变化。为了适应新情况,行为主体有意地调动"安分"这一品质,使自己在面对困难和挫折时能淡然处之,这显然是需要发挥主体的自主性的。例(175)"坚强"一般表示人的固有品质,但当其处于状位时,"坚强"表现出行为主体在执行"活下去"这一动作行为时,有意调动自身的固有品质以顺利完成行为的自主性。同时,"坚强"处于命令句中,该句式的预设是说话人认定行为主体"你"能在主观上控制"坚强"这种品质,这就加强了状位形容词所表性状的可控性。例(176)性质形容词"谨慎"一般表示人的固有品质。在此例中处于状位的"谨慎",可看作是主体在执行行为"吐出来"时,有意识地使自己在行动上非常小心,注意分寸而呈现的临时状态,显示出自主义。通过分析,我们认为表示品质的性质形容词,在状位上都发生了语义变化,表现为一种可以受行为主体主观控制而呈现或改变的临时属性。因而,这些状位形容词具有[+可控]这一语义特征。同时,这些表示人的内在气质、品行的形容词,是在进行某项活动或完成某个动作的过程体中现出来的,因而具有[+伴随性]的语义特征。

C. 表情感、心理的形容词

这类形容词作自主状语,可突出动作行为过程中,行为主体有意表现出的情感、心理等属于人的内在特征,语义指向主语。例如:

(177)上个月,我和他办理了离婚手续。我们没有吵,我也没哭。我平静地对他说了句再见。(安琪《单身隐私》)
(178)"我知道现在正在文革,历史问题运动后期解决,我耐心等着吧"。(冯骥才《一百个人的十年》)

例(177)、(178)中表示情绪、心理等的形容词"平静""耐心"作状语,语义都指向句子主语。从语义关系看,这类形容词自主状语和主语之间存在着"行为主体——情绪/心理"的语义关系,状语具有[+述人]这一语义特征。情绪心理一般是人对外界刺激作出的自然反应,是人力不可控的。但是,如果行为主体有意识地对自身情绪或心理加强控制,也可在一定程度上使自身的情绪或心理,具有某种程度上的可控性。如例(177)中"平静"表示人的情绪,一般不受人力控制。但在此例中,"平静"这种情绪是主体在面对离婚时表现出的,这具有一定的反常性。因为就一般社会观念而言,离婚对个体是一种打击挫折,通常会使得当事人感到悲伤、失落。但本例中的行为主体却表现得十分"平静"。这种反差凸显出主体对自我情绪的能动控制。例(178)"耐心"表示人的心理状态，一般是不受人力控制的。一般而言，如果等待的时间很长，大多数人会感到烦躁。而在此例中，"耐心"贯穿在主体"等"的行为过程中，尽管等的时间很长，但主体却一直保持着耐心。可见，行为主体通过主观控制，可使其心理状态具有一定程度的可控性。例（177）、（178）中的形容词都表明了主体执行行为时，对心理情绪的主观控制，具有［＋可控］的特征。同时，这些表示人主观的情绪、心理的形容词所表示的性状，是在某项活动或动作的过程中得以外化的。因而具有［＋伴随性］的语义特征。

第二，状态形容词充当指主自主状语。

从我们收集的语料看，指向主语的状位状态形容词，从构成看可以分成三类：形容词完全重叠式 AA 式、AABB 式以及由形容词加后缀形成的 ABB 式。下面分别讨论：

A. 形容词 AA 式作自主状语，语义指向主语。例如：

（179）这种恶劣态度一定要狠狠治治他。（王朔《空中小姐》）
（180）我没直接回答，只是说："那也别动兵器，可以给我吃药。""你乖乖吃吗？""当然不。"（王朔《空中小姐》）
（181）张全义冷冷一笑，说："你刚才不是说，你混得最惨吗？"（陈建功、赵大年《皇城根》）

例（179）—（181）中的形容词 AA 式"狠狠""乖乖""冷冷"都是表示行为主体的神情或态度的。从语义关系看，这类形容词自主状语和主语之间存在着"行为主体——神情/态度"的语义关系，状语具有［＋述人］这一语义特征，语义指向句子主语。同时，形容词 AA 式所表示的神情态度，是可以在人的主观控制下表现出来的，具有可控性。如例（179）"狠狠"表明行为主体因为要整治他，所以主观上要使自己的态度表现得严厉，句中出现的"一定要"更加强了行为主体在这件事情上的意志性。例（180）"乖乖"作为人特有的一种主观态度，是可以受人主观控制的。面对不同的情况，可能使自己显得乖或不乖，行为主体能根据情况改变自己的表现。如本例中后续句出现了"当然不"，表明主体可以有意识地让自己显得不乖。例（181）中的"冷冷"凸显出行为主体表现出的冷酷、不以为然的主观态度。行为主体表现出这样的态度可能是为了加强在对话中反驳对方的效果。可见，上述 AA 式形容词作状语，表明主体执行行为时，有意让自己的表情、态度等处于某种特定的状态以达到某种目的，具有［＋可控］的特征。

B. 形容词 AABB 式作自主状语，语义指向主语。例如：

（182）这使汪百龄也感到有点现代气息了，敢于大大方方端详那位姑娘。(陆文夫《清高》)
（183）希望大家给我一次机会，允许我从从容容地，把心里想说的话都说完。(梁晓声《钳工王》)
（184）金一趟走过来，认认真真地把鲜花看了个够，最后目光移到了女儿的脸上，那神情也像在看一朵花。(陈建功、赵大年《皇城根》)

例（182）—（184）中的形容词 AABB 式"大大方方""从从容容""认认真真"，都是表示行为主体的神情或态度的。从语义关系看，这类形容词自主状语和主语之间存在着"行为主体——神情/态度"的语义关系，状语具有［＋述人］这一语义特征，语义指向句子主语。同时，形容词 AABB 式所表示的神情态度是可以在人的主观控制下表现出来的，具有可控性。如例（182）"大大方方"表明行为主体在执行"端详"这一动作时，有意让自己的态度比较大方，与"敢于"共现更说明了这一性状是可凭借主观意志使其显现的。例（183）中的"从从容容"显示出主体在说话时对自我态度的主动控制，和表示请求意味的"允许"共现说明主体对这一性状的达成是有强烈的期待的。例（184）"认认真真"突出了行为主体在"看"的时候让自己本着认真的态度，以便看得更清楚透彻的主观意图。上述 AABB 式形容词状语，表明行为主体依据客观情况自觉地对自己的表情、状态，进行一定程度的调整，显示出行为主体的自主性，具有［＋可控］的特征。

C. 形容词加后缀形成的 ABB 式作自主状语，语义指向主语。从我们收集到的语料看，ABB 式形容词类自主状语的 A 语素点出事物或动作的典型特征，后面用词缀 BB 对这一特征加以形象地说明，将 A 所具有的隐性形象显性化。现代汉语中 ABB 式状态形容词中的 BB，不具有词汇意义而负载着抽象的语法意义——表示某种程度。不论 A 的性质是什么，加上叠音部分后，ABB 式表达的都是一种生动状态。例如：

（185）用力挣脱了自己被紧紧搂抱住的那条腿，缓缓举起手臂，朝门一指，冷冰冰地说出一个字是——"滚……"。(梁晓声《激

杀》）

（186）有的飞行员一天飞好几个架次，已经疲惫不堪，可是，他们仍乐呵呵地一再要求出战。（《报刊精选》，1994年）

例（185）、（186）中的ABB式形容词可以描写行为主体的神情、态度。从语义关系看，这类形容词自主状语和主语之间存在着"行为主体——神情/态度"的语义关系，状语具有[＋述人]这一语义特征，语义指向句子主语。同时，形容词ABB式所表示的神情、态度是可以在人的主观控制下表现出来的，具有可控性。如例（185）"冷冰冰"是表示人的主观态度的，一般来说，在执行行为"说"时可以有各种不同的态度，反映说话人不同的自然情绪。在本例中主体出于某种原因，在执行"说"这一行为时，有意识地让自己说话的口吻显得"冷冰冰"的，显示出主体在事件中鲜明的主观意志。例（186）通过上下文可知，行为主体的身体已经处于很疲惫的状态了，但是他们仍然"乐呵呵"地要求出战，这显示出行为主体对自身情绪的调节，以高度的主观意志克服生理的疲惫，体现出主体较强的自主性，具有[＋可控]的语义特征。

从我们收集的语料看，形容词类指主自主状语大多是描述行为主体在动作过程中的神情、态度、情绪、心理等主观情态的。神情是人物在执行动作时的一种外在表现，有主观描写意味；态度、情绪、心理是与一定的人物相联系的，有主观评价意味。可见，这些形容词状语所表示的状态都是"人物"所特有的，具有[＋述人]的语义特征，这是该类状语语义指向主语的基础。另外，上述形容词状语表现出的性状都受到行为主体主观意志的控制，行为主体在某些动机的驱使下，可以通过主观努力使一般情况下不能被人察觉的，与人有关的心理、态度等抽象属性，在执行行为时得以显现或者发生程度的变化。由状语所表示的与人有关的主观情态，都是行为主体有意表现在外的，因此这些形容词状语具有[＋可控]的特征。

（二）名词类指主自主状语

描述人物或事物的情态的名词作自主状语，从语义指向上看多是指向谓语动词的施事，说明伴随动作发生时的人物或事物的情态。例如"赤心、好意、热忱、善心、盛情、真心、忠心、敌意、恶意、风情、病态、欢心、激情、耐性、柔情、色情、诗意、俗套、温情、邪气、凶气、幽愤、真情、稚气"等，这类名词作状语时大多数要使用"地"。例如：

(187) 何志晶说:"我们真心希望这里的人们能够早日和全世界的人们一起共享和平与爱。"(《新华社新闻稿》,2004 年)

(188) 每当丈夫讲完课回来,总是温情地安慰、耐心地护理、无微不至地关怀她,这又使她燃起了活下去的希望。(潘荻《爱创造的奇迹》)

(189) "你不愿跟他谈话,走,上我屋里去。"祁老人诚意地相留。(老舍《四世同堂》)

例(187)—(189)中的名词作状语是对人的直接描写,表明主体执行动作行为时的心理状态、态度表情等。从语义关系看,这类名词类自主状语和主语之间存在着"行为主体——心理/态度"的语义关系,状语具有[+述人]这一语义特征,语义指向句子主语。同时,名词表示出的有关人的神情、态度是在行为主体执行行为的过程中,主体有意识地调动或表现出来的。如例(187)"真心"是对人的心理状态的描述,本来是一个抽象名词,在状位上"真心"发生了语义的变化,凸显出其词义中蕴含的性状义"诚恳、真诚",表明行为主体所提出的期望是发自内心的,行为主体为了打动别人,有意识地使抽象存在的"真心"显现在主观态度中,以感染对方实现自己的目的,具有一定的自主性。例(188)中的"温情"表现出行为主体"丈夫"在面对生病的妻子时,为了安慰对方而有意识地表现出温柔、耐心、细致的一面。在状位出现的名词"温情",从抽象的存在转化为在一定程度上受主观意志支配的临时属性。例(189)"诚意"是行为主体在挽留别人的过程中,体现在行动中的主观态度。"诚意"本来是一种抽象存在,它没有具体的形态,存在于个人的心理中,一般不能被人察觉。但在此例中,行为主体为了实现留下别人的目标,而将这种抽象的存在通过某种行为表现出来,使这种抽象存在被对方感受到。在这个过程中状位形容词"诚意"具有了某种程度上的可控性。

从我们收集的语料看,名词类自主状语说明行为主体执行行为时的心理状态、态度表情等,具有[+述人]的语义特征,这是该类状语语义指向主语的基础。另外,名词类自主状语所在的句子,行为主体有明确的主观意图,通过采取某些手段,使一般情况下难以感知的人的心理、态度,在行动中成为可被主体利用的属性,以便达成主体的愿望。这类名词类自主状语都具有[+自主]的特征。

（三）动词及动词重叠式类指主自主状语

某些动词或动词重叠式可以作自主状语语义指向主语。例如：

第一，心理活动动词充当自主状语。

心理动词是动词中常作状语的一类，它能受程度副词的修饰，功能上大体相当于形容词。心理活动动词作状语，多限于双音节动词。部分表示心理活动的动词在作自主状语时语义指向主语。例如：

（190）在走廊里，李白玲挽住我，我感激地冲她一笑。（王朔《橡皮人》）
（191）他蔑视地乜着眼问我。（王朔《空中小姐》）
（192）那长头发青年注意地看着他们。（张天翼《华威先生》）

例（190）—（192）中的状语都由心理动词充当，由于特定的心理活动总是与特定的人物相联系，因而它总是描写主体执行行为时的心理状态的，具有［＋述人］的特征。从语义上看，主语和状位心理动词之间存在着"行为主体——心理"的语义关系。一般来说，心理活动是人的意志无法控制的。但在特定原因的驱动下，行为主体出于某种目的要让旁人感知到自己的心理状态，这时行为主体可能会有意使自己的表情出现某种与心理状态相符的变化，即通过主观努力而使心理状态得以外现。如例（190）、（191）"感激""蔑视"都是行为主体的某种心理，一般情况下不为外人所知。但当它们处于状位时，可表现为主体有意让旁人察觉的心理状态，为此行为主体可能会采取某种手段使这种心理状态，转化为可被人感知的外在表现。这个过程显然是需要发挥行为主体的自主性的。另外，行为主体在从事某项活动时为了取得更好的效果，可能需要调整自己的心理状态，这时也显示出主体的自主性。如例（192）中的"注意"表现出主体在看着他们时（为了观察得更仔细）而有意使自己的注意力高度集中，这个集中注意力的过程就凸显出行为主体的自主性。上述例句中的心理动词处于状位时，凸显出其受人的主观意志支配的属性，因而具有［＋自主］特征。

其他常见的可作指主自主状语的心理动词还有"担心、羡慕、同情、感激、后悔、警惕、心疼、忧虑、关切"等，这类状语修饰动词时一般都要用"地"。但这也不是绝对的，当心理动词后面的动词是"道"时，"地"就不能用了。例如"抱怨道""赞同道""感慨道"等。这种现象可能与"道"的文言性质有关，这里不作赘述。

第二，动词的 AABB 重叠式充当自主状语。

某些自主行为动词的 AABB 重叠式作状语时语义指向主语。这种重叠式一般要带"地"，有时也可以不带。例如：

（193）（我）终于甩掉了追赶的人，大口喘着气，慢慢走回街上，躲躲闪闪摸回旅馆。（王朔《橡皮人》）

（194）他摆手把通信员小铁叫过来，在他耳根下咕哝了两句，小铁蹦蹦跳跳地奔向了魏强的阵地。（冯志《敌后武工队》）

例（193）、（194）中的状语都由自主动词的 AABB 式充当，这类状语在深层语义上不跟谓语动词发生直接的联系。从语义上看，它们表示主体在执行行为时表现出的主观情态，主语和状语之间存在着"行为主体——主观情态"的语义关系。这类动词性状语本质上是潜在的谓语，是对主语的直接的描写具有"稳定性谓语的性质"。如例（193）、（194）中的主语和状语之间有"我（行为主体）——躲躲闪闪（主观情态）""小铁（行为主体）——蹦蹦跳跳（主观情态）"的语义关系，具有 [＋述人] 的特征。其次，双音节自主动词 AABB 式在状位上表现为主体出于一定目的而有意识地表现出的主观情态，凸显出主体的自主性。如例（193）主体为了甩掉敌人不被人发现自己的行踪而在回旅馆的过程中，刻意地表现出"躲躲闪闪"的情态。例（194）中主体"小铁"在奔向魏强的阵地的过程中，有意识地以"蹦蹦跳跳"的方式进行并有意无意地显现出高兴的样子。上述例句中动词的 AABB 重叠式处于状位时，表示动作行为进行中施事有意地加强对自身态度、神情等的主观控制，使自己的神态、心理、情绪等处于特定的状态，具有 [＋自主] 的特征。

从我们收集的语料看，动词类指主自主状语大多是描述行为主体在动作过程中的心理或神情等主观情态的。心理和神情是"人物"所特有的，因而，状位动词表现出 [＋述人] 的语义特征，这是该类状语语义指向主语的基础。另外，上述动词作状语可突出行为主体有意识地加强对自身心理活动的控制，以良好的状态去完成行为；或者在行动时有意让自身表现出特定的情态。这些活动都受到行为主体主观意志的控制，因此这些动词作状语具有 [＋自主] 的特征。

（四）主谓短语类指主自主状语

某些描写人的身体状况、心理态度、情绪心理的主谓短语作状语时，可以表现出行为主体伴随行为而表现出的主观情态，这类主谓短语作状语时语义指向主语。例如：

(195) 他口齿清楚、软中带硬地说给对面三个男人听。（汪曾祺《安乐居》）
(196) 妇联主任似笑非笑地轻轻拍打一下赵巧英肩头，口气缓和地劝说道……（郑义《远村》）
(197) 朱四点点头，态度依然十分和蔼地说："入乡随俗，就照马团长说的，咱也图个吉利，喝个双份吧！"（王跃文《夜郎西》）
(198) 上课了，斯霞神态端庄地走进教室。（李振村《重读斯霞》）

例（195）—（198）中的状语都由主谓短语充当，这类状语在功能上大体相当于一个形容词，但由于其本身含有对动作程度的说明，因而不能受程度副词的修饰。从构成上看，充当状位主谓短语主语的一般是双音节名词，多表示人的身体器官、态度、神情，充当状位主谓短语谓语的多是形容词。状位主谓短语在深层语义上不跟谓语动词发生直接的联系，语义指向主语，表示行为主体在执行行为时表现出的主观情态。状位主谓短语本质上是潜在的谓语，是对主语直接的描写，主语和状语之间存在着"行为主体——主观情态"的语义关系。如例（195）—（198）中的主语和状语之间都有"（行为主体）—（主观情态）"的语义关系，可以说"他口齿清楚""妇联主任口气缓和""朱四态度依然十分和蔼""斯霞神态端庄"。可见，状位主谓短语具有［+述人］的特征。其次，上述状语描写的与主语相关的主观情态是在施事主观控制下表现出的。如（195）主体（为了让对面三个男人听明白）而有意加强对自己身体器官的控制，达到"口齿清楚"的情态。例（196）—（198）凸显出行为主体在执行行为时有意表现出的态度、神情，有较强的目的性。如例（196）一般在劝说别人时为了让对方接受自己的意见需要表现出善意以达到更好的劝说效果，因此在句中行为主体有意采取了"口气缓和"的态度，让对方比较容易接受自己的意见，显示出主体根据情况灵活处理事件的自主性。(197)"态度依然十分和蔼"是在说话时主体有意表现出的主观情态，通过上下文可知行为主体正在劝酒，为了达成这一目的有必要使自己的态度和蔼，也体现出主体的自主性。例（198）"神态端庄"是主体走进教室这一事件中，伴随动作进行的主观情态。我们可以推想主体可能是为了使自己在即将面对的（学生）面前留下好印象，而有意使自己显得"神态端庄",具有自主义。

从收集的语料看,主谓短语作状语表示主体在动作发生时表现出的情绪、神情,或特定心理状态,这些主观情态都是"人物"所特有的。因此,主谓短语作状语时表现出[+述人]的语义特征,这是该类状语语义指向主语的基础。另外,该类状语都表现出主体在动作发生或进行过程中对自身态度、神情等有意识的控制,具有[+自主]的特征。

(五) 动宾短语类指主自主状语

少数以自主动词为核心的动宾短语作自主状语时,状语语义指向主语。例如:

(199) 奶奶以为既做了书生郎,就该是这等模样,便叫男人一边歇了,自己放开手脚地收拾。(侯贺林《三蔫爷》)

(200) 萨黑夷妮把一只食指按在腮帮子上,想了一想,翘着十指尖尖,仿佛是要形容而又形容不出的样子,耸肩笑了一笑,往里走去。(张爱玲《倾城之恋》)

(201) "我给你打工?你也得请得起我啊。"穗珠忍住火道:"你开个价吧。"(张欣《掘金时代》)

例(199)—(201)中的状语都由动宾短语充当,从构成上看,这类状语以自主动词为核心,是对人的某种行为的相对完整的表述,可以看作降级述谓结构。从语义上看,这类状语主要是描述主体执行行为时表现出的主观情态,主语与状语之间形成"行为主体——主观情态"的语义关系,语义指向主语。例(199)—(201)可以变换成"自己放开手脚""萨黑夷妮耸肩""穗珠忍住火"。另外,例(199)—(201)中的状语都表现出主体在执行行为时,有意使自己表现出的某种主观情态,具有自主性。如例(199)"放开手脚"是主体执行"收拾"这一行为时表现出的,显示出行为主体有意识地调动自身力量和积极性,非常卖力而迅速地执行行为。这显然是需要通过主体的主观控制才能实现的情态,具有自主性。例(200)"耸肩"是伴随"笑"这一动作而呈现出的主体情态,这种情态受主体主观控制而产生。行为主体在笑的时候可以不耸肩或者表现别的情态。同时,"耸肩"这种身体语言在人们的交际中还含有别的意味,在本句中"萨黑夷妮"说不清楚只好放弃时,不甘心而又无可奈何的心理通过"耸肩"这一动作传达出来,体现出行为主体对自身身体语言的有意识地使用,具有自主性。例(201)"忍住火"表明主体在发问时有意加强对自身心理状态的控制,主体显然非常生气,但当她发出"道"这一动作时有意压抑了自己的情绪。因此,该状语所表示的是主体主观控制下呈现出的主观情态,具有自主义。

通过分析,我们认为上述以自主动词为中心形成的状位动宾短语,都是对人的一种有意识的行为的表述,是"人物"所特有的,具有[＋述人]的语义特征,这是该类短语语义指向主语的基础。状位动宾短语表明主体以动宾短语表述的行为,作为伴随谓词的主观情态,表现出在动作行为进行中,行为主体对自身态度、心理状态的控制,具有[＋自主]的语义特征。

(六)联合短语类指主自主状语

表示行为主体的主观情态的联合短语作自主状语时,状语语义指向主语。按照联合短语的性质可以分为以下三类:

第一,动词性联合短语。例如:

(202)他好像已经尝到伸腰展腿地躺在床上的那股舒服劲。(汪曾祺《看水》)

(203)总管起誓发愿地要竭尽全力。(埃萨·德·凯依洛斯《马亚一家》)

(204)"历尽甜酸苦辣,品遍软硬冷热"于观接上来摇头晃脑地吟道。(王朔《你不是一个俗人》)

例(202)—(204)中的状语都由动词性联合短语充当,它们以自主动词为核心,是对人的某种行为相对完整的表述,可以看作降级述谓结构。从语义上看,这类状语主要是描述主体执行动作行为时的主观情态,主语与状语之间形成"行为主体—主观情态"的语义关系,状语语义指向主语。例(202)—(204)可以变换成"他伸腰展腿""总管起誓发愿""于观摇头晃脑",状语可看作是对主语的表述。另外,例(202)—(204)中的状语都表现出主体在执行行为时有意使自己表现出的某种主观情态,具有自主性。如例(202)"伸腰展腿"是主体为了让自己感到舒适而有意使自己躺在床上时呈现出的主观情态,主体意愿性强,由此影响到主体选择相应的方式以实现自己的目的。例(203)"起誓发愿"是主体对某件事情做出承诺时有意表现出的主观情态,给人的感觉是非常有诚意将会全力以赴地做事,能加强说服效果。这是行为主体面对特定对象出于特殊目的而使自己呈现出的主观情态,具有自主性。例(204)"摇头晃脑"是行为主体在吟诗时有意让自己表现出的主观情态,行为主体采取这种情态与当时的情景相符,也把自身有点自我陶醉的心理状态表现出来,具有自主性。

第二,形容词性联合短语。例如:

(205) 老人哆嗦着下了台阶,心急而身体慢地跪下去"历代的祖宗有德呀!老祖宗们,我这儿磕头了。"(老舍《四世同堂》)

(206) 海曼友好而又矜持地回答斯特莱的问候,然后请他坐下来一块儿喝一杯。(读者《合订本》)

例(205)、(206)中的状语都由形容词性联合短语充当,这类状语大多以可控形容词为核心,是对人表露于外的某种状态相对完整的表述,可以看作降级述谓结构。从语义上看,这类状语描述行为主体执行动作行为时的主观情态,主语与状语之间形成"行为主体—主观情态"的语义关系,状语语义指向主语。例(205)、(206)可以变换成"老人心急""老人身体慢""海曼友好""海曼矜持",构成联合短语的两个成分可分别对主语进行陈述。另外,例(205)、(206)中的状语都表明主体在执行行为时,有意使自己表现出某种主观情态,具有自主性。例(205)比较特别,联合短语中的构成成分"心急"是一种不受人力控制的心理状态,而另一组成成分"身体慢"则是可以受主体控制的主观情态,主体可以让身体慢也可以让身体快,显示出自主性。例(206)行为主体在执行动作"回答"时,有意识地让自己的态度显得"友好而又矜持",一方面向对方发出表达善意的信号,同时又突出了主体性格中含蓄的一面。这些同时呈现的主观情态显然是在主体控制之下的,具有自主性。

第三,其他联合短语。例如:

(207) 马威七手八脚的把箱子什么的搬下去,正要往车外走,伊牧师跳上来了。(老舍《二马》)

(208) 他不声不响地向达马祖伸过两个手指。(埃萨·德·凯依洛斯《马亚一家》)

例(207)、(208)中的状语是以数量词或副词为中心形成的联合短语,结构比较凝固,具有熟语的性质。从语义上看,这类状语描述行为主体执行行为时的主观情态,主语与状语之间形成"行为主体—主观情态"

的语义关系,状语语义指向主语。例(207)、(208)可以变换成"马威七手八脚""他不声不响",状语是对伴随行为的主语情态的陈述。另外,例(207)、(208)中的状语都表述主体在执行行为时,有意使自己表现出的主观情态,具有自主义。如例(207)马威"七手八脚"地搬东西,说明了行为主体在事件中比较积极地开展活动以尽快完成行为,显示出自主性。例(208)行为主体在事件中出于某种考虑而采取"不声不响"的情态,并通过肢体语言"伸过两个手指"向"达马祖"传达某种信息。在整个动作过程中,行为主体的意图是非常明确的,状语是主体在这一意志性活动中有意表现出的主观情态。

通过以上分析,我们认为联合短语作指主自主状语,表示的情态都是"人物"所特有的,是对主语进行的某种描述,具有[+述人]的语义特征,这是该类短语语义指向主语的基础;联合短语作指主自主状语表示主体为特定目的而有意使自身的身体状况、神态、心理等处于特定状态,并以此影响动作行为发展的进程,体现出主体对事件的控制力,具有[+自主]的特征。

(七)偏正短语类指主自主状语

表示行为主体主观情态的偏正短语作自主状语时,状语语义指向主语。按照偏正短语的性质可以分为两类:

第一,动词性偏正短语。例如:

(209)女人对他挥挥手,极有主见地走在前头,男人随之而去。(安顿《绝对隐私》)

(210)临别时,饶老很有兴趣地念着他作的打油诗。(《报刊精选》,1994年)

例(209)、(210)中的状语都由动词性偏正短语充当,从语义上看,这类状语主要是描述行为主体执行行为时的主观情态,主语与状语之间形成"行为主体——主观情态"的语义关系,状语语义指向主语。例(209)、(210)可以变换成"女人极有主见""饶老很有兴趣",状语可看作是对主语的表述。另外,例(209)、(210)中的状语都是主体在执行行为时,有意使自己表现出的某种主观情态,具有自主性。如例(209)"极有主见"是主体在离开时有意表现给对方看的,根据上下文主体可能是为了让对方放心地跟着自己走,而有意在执行行为"走在前头"时表现出自己很有主见充满信心的样子,显示出自主性。例(210)中的

"很有兴趣"是主体有意调整自身心理状态,使自己在念打油诗时显得兴致勃勃,具有自主性。

第二,形容词性偏正短语。例如:

由程度副词加性质形容词或名词所构成的短语,构成"F+形容词/名词+地"形式。(F代表"很、挺"一类的程度副词,下文同。)这类短语作状语时语义指向主语并且凸显出自主义。例如:

(211)她很仔细地看着我。(吕新《圆寂的天》)
(212)林先生和他的店员异常敏感地伺察着这位未可知的顾客的眼光。(茅盾《林家铺子》)
(213)你和冯君有数年的历史,我极忠心地希望人类的爱人,有永久维持的幸福。(黄春申《早凋的才女:冯铿》)

例(211)—(213)中的状语都由形容词性偏正短语充当,例(211)、(212)是"F+形容词+地"的形式,例(213)是"F+名词+地"的形式。从语义看,"F+形容词/名词+地"结构中的形容词、名词具有一定的描写功能,当它们和程度副词组合后这种描写性更加突出。当它们作状语时,不和谓词发生直接的语义联系,而是对主语伴随动作呈现出的态度、神情和情绪进行较为细致的说明,有主观评价意味。主语与状语之间形成"行为主体——主观情态"的语义关系,状语语义指向主语。例(211)—(213)可以变换成"她很仔细""林先生和他的店员异常敏感""我极忠心",状语可看作是对主语的表述。另外,例(211)—(213)中的状语都是主体在执行行为时有意使自己表现出的某种主观情态,具有自主性。例(211)、(212)中出现的状语"很仔细地""异常敏感地"是伴随行为"看""伺察"而出现的,它们是在行为主体主观意志的控制下表现出的情态。结合上下文可以发现主体明确的意图:行为主体为了使"看"和"伺察"这些行为比较深入,有意识地以"仔细""敏感"的态度或心理状态来执行行为,从而使这种态度心理表现在行为过程中。例(213)中的"极忠心地"也是在行为主体主观努力下表现出的情态,结合上下文可以发现,行为主体为了向对方表明自己所提出的期望是发自内心地以加强感染力,而有意识地将潜存于自身的"忠心"这种固有属性在行动中表现出来,具有自主性。

上述偏正短语,从语义上看,主要是描述行为主体的神情、情绪、态度等主观情态的,这些主观情态是"人物"在事件中表现出来的。因此,它们都具有[＋述人]的语义特征，这是该类状语语义指向主语的基础。这类偏正短语作状语，表明主体有意使自己的某种心理、态度等抽象属性通过主观努力表现在行动中，以便达到某种目的，具有[＋自主]的语义特征。

（八）连谓短语类指主自主状语

（214）我们三人闷头不吭声地玩牌。（王朔《一点正经没有》）
（215）我来到厨房，没活找活地做着什么。（肖华《我和张艺谋的友谊与爱情》）

例（214）、（215）中的状语都由连谓短语充当，从构成看，这些短语的中心语是自主动词，这类状语表示一个相对完整的行为，可以看作是一个降级述谓结构，它们作状语一般要带"地"。从语义上看，这类状语主要是描述行为主体执行动作时的主观情态，状语语义指向主语，主语与状语之间形成"行为主体—主观情态"的语义关系，例（214）、（215）可以变换成"我们三人闷头不吭声""我没活找活"，状语可看作是对主语的表述。另外，例（214）、（215）中的状语都是主体在执行行为时有意使自己表现出的某种主观情态，具有自主性。例（214）"闷头不吭声"是主体在玩牌时呈现的主观情态。一般来说，在玩牌时彼此之间会说说话，聊聊天，但是此例中主体互不理睬，一声不吭，这种特定的情态可能是有某种原因的，显示出行为主体针对不同情况调整自身表现的能力，显示出自主性。例（215）"没活找活"表明主体不愿意闲着不动，主动地去寻找事情做，表现出行为主体积极行动的自主性。以上连谓短语描述行为主体在执行行为时，通过主体自身相关行动表现出的态度、心理，是"人物"在事件中表现出来的。因此，它们都具有[＋述人]的语义特征，这是该类状语语义指向主语的基础。这类连谓短语本身就表示行为主体有意识地发出动作，具有自主性。当它们作状语时，表明行为主体以某种主动行为作为伴随事件的主观情态，具有[＋自主]的语义特征。

三 指主自主状语的形式标记"地"

指主自主状语在句法平面上修饰谓词，而在语义平面则和主语具有直接的语义联系是对主语的表述，属于语义异指的情况。指主自主状语句法与语义的不一致，在句法上的要求就是状语与中心语之间一般要使用"地"。我们认为"地"的作用主要有三点：

(一) 赋予某些词语作状语的资格

关于状语后结构助词"地"的使用，刘月华（1983a）认为限制性状语后一般不用"地"，描写性的状语绝大多数后边可以用"地"。其中描写行为主体动作时的情态的，一般一定要用"地"；描写动作的，有一部分一定要用"地"，有一部分不能用"地"，绝大多数用不用"地"是自由的。她还指出充任描写性状语的副词后用不用"地"多数也是自由的，但以不用"地"为多。我们发现大多数指主自主状语与谓词之间要使用"地"。从词类看，可以说几乎没有一个词类作指主自主状语时必须带"地"，而短语作指主自主状语时带"地"的情况比较多见。主谓短语、联合短语作状语时一般必须带"地"。这些语言成分有一个共同的特点，它们本身表示一个相对完整的行为过程，语义是自足的，结构是稳定的，是一次完成的认知行为的结果，这些特点决定它们在一般情况下不作状语。短语类状语如果没有句法标志"地"是不能和谓词中心语结合实现在一个线性的句法结构中的。但是，在某种语用动因的推动下，这些短语可通过"地"的使用，与谓词中心语表示的行为过程发生联系充当状语。此时，状位短语显示为一个降级述谓结构，这时状中结构便呈现为一个复杂的、多层次的认知行为。从这个意义上说，"地"是连接两个不同认知行为的桥梁。我们上文中讨论的主谓短语、偏正短语、动宾短语、连谓短语等作状语时，在状语和中心语之间大多使用了"地"。

再如，某些表示事物恒定属性的形容词，它们一般不作状语。但是当使用"地"后，有的则被赋予了作状语的资格。例如：

（216）过过球瘾，但因个头太小，自知成不了球星，也就摆正了位置，安分地做一个球迷。(《人民日报》，1994 年)

（217）卡马乔本来希望购买一名皇马队急需的中场队员，但是，佩雷斯还是固执地延续着每年购买一名世界顶尖球星的"习惯"。(《新华社新闻稿》，2004 年)

（218）邱洁如霸道地说："我是借这事给你提个醒，我看呢，这个例子就叫男人有钱变坏。"(柳建伟《突出重围》)

（219）他向基辛格举杯说："可以出卖阮。"基辛格狡猾地一笑。(鲁宾《银幕荧屏上的尼克松基辛格》)

例（216）—（219）中出现的形容词"安分、固执、霸道、狡猾"都是表示人的某种固有属性的，一般不能直接作状语，不能说"安分做球迷""固执延续""霸道说""狡猾笑"。通过"地"的使用，使这些形容词获得了作状语的资格，语义发生了转变，表示人在一定活动中表现出的临时属性。例（216）"安分地做一个球迷"中的"安分"表示人的品行，这种内在的品质可以体现在"做球迷"的行为中。例（217）"固执"本来是说明人的性格特点的，用在此句中则表现为当实际情况发生改变时，行为主体对原有行为模式不变的坚持，显示出极强的意志性。例（218）"霸道"的气质可以在行为主体说话时，通过语气、态度等表现出来。例（219）"狡猾"作为品性特征，一般不易被人察觉，但是可以通过具体行为表现出来。"狡猾地笑"刚好和"出卖阮"这一事件性质相合，突出的是行为人狡诈的性格特征。上述"安分""固执""霸道""狡猾"都是表示人的性格品质等内在属性的性质形容词，它们在程度或量上属于"无界"性状，进入状位后受到状位的规约，显示为伴随动作进行的过程中，主体有意识地表现出的临时属性，具有可控性。"地"的使用，标记了它们由"无界"到"有界"的转变，使其获得了作状语的资格。

（二）标记状语的焦点性质

如果将指主自主状语句变换成疑问句"主+怎样（地）+动词"的形式，则可以用"状+的"的形式回答。例如：

（220）孟庆顺局长非常有信心地表示，他们要把嘉峪关铁人三项国际赛事一届一届办下去。(《新华社新闻稿》，2004年)

→孟庆顺局长怎样表示的？非常有信心的。

（221）民警笑笑，没再说什么就走了，我很热情地邀他"有空来玩"。(王朔《玩的就是心跳》)

→你怎样邀请他的？很热情的。

（222）一日，于富泽在街上远远瞥见张经理从对面走来，便清了清喉咙，作好准备等走近一点，四目相顾时，客客气气，恭恭敬敬地先行招呼礼。(蒋梦熊《招呼》)

→于富泽（准备）怎样行礼的？客客气气，恭恭敬敬的。

（223）这时候郭沫若已是全国人大常委会副委员长，他亲切接待张琼华，又让于立群和秘书分别陪她游览名胜，选购衣物。(《报刊精选》，1994年)

→郭沫若怎样接待的？亲切的。

（224）"小心点，小心点"，男孩盯着小芳轻蔑地大叫道。(《报

刊精选》，1994年）

→男孩怎样叫的？轻蔑的。

（225）总理丝毫没有会后的倦怠，神采奕奕地走了进来，与大家亲切地握手，问好，并兴致勃勃地参观了展览。(《人民日报》，1993年）

→总理怎样走进来的？神采奕奕的。

（226）两位保安员只是笑眯眯地听着，一开口，与旁人无异："请给我们一份问卷。"(《报刊精选》，1994年）

→两位保安员怎样听着的？笑眯眯的。

通过上面的转换，可看出指主状语是句中突出的信息焦点。从语义看，指主自主状语描述主语的行为状态、表情状态、心理状态、方式状态等。我们认为这种状态量带有说话人的主观估价，需要带上"地"予以强调。高万云（1993）指出语义指向名词性成分的状语往往有强调功能，涉及语用平面的"表达重心"问题。"所谓表达重心，是指句法结构中由于表达需要而着重说明的成分。一般地说，表达重心往往是句法结构的非结构中心，如定语、状语、补语等。指名状语之所以进行句子成分的易位，造成句法结构和语义结构的不一致，正是为了突出表达重心，强调作者的意图。"① 在现代汉语中，"地"具有增强状语描写性的作用。首先，主要表现在状语带"地"时，具有凸显性状、增强主观感受性的作用。试比较：

（227）a 董建华说："我仔细看过立法会调查非典专责委员会的报告。"(《新华社新闻稿》，2004年）

b 在如潮的人流中，邓垦仔细地看了每一件文物。(《新华社新闻稿》，2004年）

例（227）a 的"仔细看"和（227）b 中"仔细地看"相比，后者由于和"地"组合，"仔细"的状态更加明显，对主体在行动中表现出的主观情态的描写性也更为突出。"仔细地"这个状语就成了例（227）b 中的信息焦点。

同样，为了突出主体对事件的看法，含有主观评价义的状语一般也带

---

① 高万云：《指名性状语的句法、语义、语用分析》，《汉语学习》1993年第3期。

"地"。前文我们讨论的指向主语的自主状语,大部分都表示人的心理、态度、情绪、表情等,所表语义具有临时性,出现在状语位置含有较明显的主观评价义,这时"地"作为一个可以标记焦点的语用标记会强制性地缀于其后。所以,朱德熙等先生的"语缀说"是有道理的。可带可不带"地"的语言成分,如状态形容词、拟声词、象似结构、别种构造的四字式、性质形容词、双音节或多音节副词等,则根据表达的需要选择带"地"或不带"地",此时的"地"是非强制性的,由于各种语言成分本身的属性,有的语言成分带"地"的情况多,有的语言成分带"地"的情况少。单音节副词等限制行为或变化外延的、所表语义具有恒定性特征的语言成分,在句法结构上会强制性地作状语,甚至于在它们和中心语之间不能加入任何其他成分(包括"地")。

(三)凸显有标记结构

我们认为指主自主状语所在的状中结构是一种有标记结构。可以从两方面看:一是指向主语的自主状语从句法平面看是修饰谓词中心语的,但在语义平面,这些状语并不与谓语动词发生直接的关系,而是与结构中充当主语的名词性成分有直接的语义联系,表现出句法与语义的不一致。"地"可以标记这种句法和语义相悖的状中结构。

二是,在汉语中,每一种词类都有能使其句法功能得到最大实现的典型句法位置。如名词一般作主语和宾语,这就是名词的典型句法位置。如果名词出现在非主语和宾语的位置上,我们就称其为"非典型的句法位置"。短语也是如此,每一种短语都有其相对稳定而常用的句法功能。如主谓短语、动宾短语、连谓短语等一般作为句子的谓语部分出现,如果充当状语则会发生"述谓性"的变化成为"降级述谓结构"。上述充当指主自主状语的语言成分包括"形容词""名词""动词""主谓短语""动宾短语""连谓短语"等。从句法位置和词语本身性质的适应性上看,状位是它们的非典型位置。当词语出现在非典型位置上时也可看作是一种有标记结构,"地"的作用在于帮助这些语言成分从其典型句法位置移至非典型句法位置,赋予其临时充当状语的可能。

四 小结

第一,我们首先确定了判定指主自主状语的标准:

A. 判定自主状语语义指向主语的标准是:状语和主语之间存在有表述与被表述的关系。通过句式变换,主语和状语的关系可以用"主+(是)+状(的)"这种伪主谓结构表现出来,状语可以回答"主语怎么样"的问题。

B. 判定指主自主状语自主性的标准是：指主自主状语可以表明行为主体在执行行为时，对自身神情、心理状态的有意识的控制，显示出主体自主性。在句法上的表现就是它们可以进入肯定祈使句"（请/一定要）＋Ad＋VP＋(O)"。

第二，根据以上标准全面考察状位成分，把指向主语的自主状语按照性质分为八类：①形容词类②名词类③动词类④主谓短语类⑤动宾短语类⑥偏正短语类⑦联合短语类⑧连谓短语类，再根据不同类别状语与谓词中心语的语义关系划分小类。

第三，着重分析了自主状语指向主语的语义基础以及状语自主义的凸显。我们认为自主状语语义指向主语的基础在于：出现在状语位置的词语具有［＋述人］这一特征，这类状语从语义看都是对行为主体心理、情绪、态度等的描述。状语自主性体现在：施事有意识地调控行动时的心理状态、表情、姿态等以便于行动的顺利完成。

在指向主语的自主状语句中，状语 Ad 是语义上的中点，Ad 和主语 S 及谓语 VP 都有直接语义联系；同时，VP 是对 S 的陈述，这样，就构成了以 S 为中心，以 VP 为副中心的关系网络，可图示为：

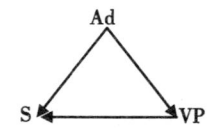

```
        Ad
       /  \
      /    \
     S ←──→ VP
```

状语 Ad 和 VP 都是围绕 S 作语义上的描写、阐释，使得 S 主体得到更详尽的描述，指主自主状语可以说明行为主体在执行行为时的神情或形之于色的心理状态。

第四，分析了"地"的作用并归纳为三点：①赋予某些词作状语的功能②标记状语焦点的性质③凸显有标记结构。

第四节 指向宾语的自主状语

指向宾语的自主状语（下文简称指宾自主状语）在句法平面上与谓词中心语具有直接成分关系但无直接的语义联系，语义指向句中充当宾语的名词性成分。指宾自主状语与谓词中心语形成的是句法与语义相悖的状中结构。根据句法分布、语义联系方面的差异，指宾自主状语表示的性状，实际上只有在动作发生之后才会出现，是某种结果性的状态。按照现实时间顺序的先后次序,这种结果性状态通常安排在宾语前的定位。当它出现在状位时,负载了主体对所表达内容的独特主观体验:集中体现了行为主体对宾语属性的可控和期望的性状,具有鲜明的自主性。

一 指宾自主状语语义指向判定标准

指宾自主状语在句法平面上与谓词保持着直接、现实的修饰关系;另一方面,指宾自主状语又和宾语保持着密切的语义联系。通过句式变换,指宾自主状语一般可以位移到宾语之前作定语,可转换为"状语+的+宾语"或者可以转换为"宾+是+状(的)"的形式,且句义基本不变①。因此,我们认为指宾自主状语与宾语之间存在语义指向的关系。例如:

(228) a 母亲在后面替妹妹通开了头发,松松的编了两个辫子。(《冰心小说散文选》)
　　　　→b 松松的辫子(辫子是松松的)
(229) a 寿星老汉用农神送给他的这块黑铁明晃晃的打造了一把大扇镰。(金波《中外幼儿故事》)
　　　　→b 明晃晃的大扇镰(大扇镰是明晃晃的)

例(228)a、(229)a 中的状语"松松""明晃晃"都可以位移到宾语之前作定语或者陈述宾语形成强调句,转换为例(228)b、(229)b 中的形式,且句义没有明显差别,可见上述状语语义指向宾语。这些指向宾语的状语具有[+述物]的语义特征和宾语在语义上互相匹配,这是状语语义指向宾语的基础。

指宾自主状语表现了行为主体对宾语属性的事前预期,并始终制约着主体的行为,促使行为主体选择适合的方式以便达成预先设定的构想,其自主义非常明显,在句法上的表现就是它们可以进入肯定祈使句"(请/一定要)+Ad+VP+(O)"。上例(228)、(229)可以作如下变换:

　　　　→(228)'(请/一定要)松松的编两个辫子。
　　　　→(229)'(请/一定要)明晃晃地打造一把大扇镰。

---

① 需要说明的是,指宾状语句与经过转换形成的定语句虽然句子基本意义差异不大,但是在语用上有较大差别,我们下文详细讨论。

祈使句的预设是说话人认定听话人能够达成提出的要求，即听话人对祈使句表述的事件具有主观控制力，所以能进入祈使句的状语语义都含有主体可控成分。通过以上变换，可以发现例（228）′、（229）′状语"松松""明晃晃"是主体可以通过主观努力达成的性状，具有自主性。

二 指向宾语的自主状语的类型

据我们考察，充当指宾自主状语的语言成分按性质可分为三类：形容词类、"一量一量"重叠式类和主谓短语类。这三类指宾自主状语都表明了行为主体对宾语属性的预期并规约主体的行为方式以便达成预期性状，具有明显的自主义。

（一）形容词类指宾自主状语

形容词充当指宾状语的研究成果较多，主要有郑贵友（2000）、侯友兰（1998a）、张力军（1990）、卢建（2003）、李劲荣（2004）（2007）、张国宪（2005）、王立弟、顾阳（2000）等。在学者们研究的基础上，我们全面考察了现代汉语中语义指向宾语的形容词类状语。我们发现并不是所有的形容词类指宾状语都具有自主义。下面我们首先结合例子分析形容词类指宾自主状语的语义特征，再将它和非自主性的形容词指宾状语作比较，以便更清晰地说明形容词类指宾自主状语的特点。

1. 形容词类指宾自主状语的语义特征

通过对语料进行分析，我们认为最典型的形容词类指宾自主状语，通常出现在"施动者有意识地对受动者施加某种行为使其达成某种在动作过程中逐渐实现的状态"[①] 这种句子中。从我们收集的语料看，能充当指宾自主状语的形容词，从构成看可以分成三类：形容词完全重叠式AA式、AABB式以及由形容词加后缀形成的ABB式。例如：

（230）衣著入时，像个纨绔子弟，头发在后脑勺上平分开，梳得整整齐齐，厚厚地搽了一层油。（陀思妥耶夫斯基《罪与罚》）

（231）他时而跳起快攻，球又快又狠地直冲地板；时而奋起拦网，用双手高高地筑起一道屏障。（《报刊精选》，1994年）

（232）要说修竹还真是条汉子，新物资被烧成了一片白地硬是没皱一下眉头，竟又在无人居住的荒岭上开地造田，还寻了块平地，结结实实地造出三间木屋来。（徐强华《泥王造反》）

---

① 卢建：《可换位摹物状语的句位实现及功能分析》，《语言研究》2003年第1期。

(233) 他绅士般地掏出手帕在嘴角边沾了沾。然后又很仔细地把手帕方方正正地叠好装进了口袋。(季宇《县长朱四与高田事件》)

(234) 饭菜已经热过两次了，杨妈用勺儿从锅中央挖那"饭心儿"，热腾腾地给老爷子盛了头一碗。(陈建功《皇城根》)

例（230）—（234）中的状位形容词"厚厚""高高""结结实实""方方正正""热腾腾"在句法上修饰谓词，在语义上这些形容词都是一些描写事物属性特征的词语，具有［+述物］的语义特征与宾语匹配，这是状位形容词语义指向宾语的基础。这些形容词类指宾状语都具有明显的自主义，主要表现在：首先，它们表示的是行为主体在动作发生前设定的关于宾语属性的目标。如果以句中动词作为参考的话，"厚厚""高高""结结实实""方方正正""热腾腾"这些性状是先于该动词表示的动作而存在于主体的意识之中的。因此，这些形容词具有［+预期性状］的特征。其次，行为主体在设定了关于宾语的性状后，按照该预期有意识地选择与之匹配的行为方式以便达成目标。如例（230）"厚厚"是行为主体期望在"搽"这一动作完成后使"油"呈现的状态，为此行为主体会选择与之相符的方式（比如：在梳子上多涂点油，多搽几次等）；例（231）"高高"是行为主体想通过动作"筑"（这里是比喻的用法）让"屏障"（以自己的手充当的）具有的状态，为此行为主体会选择与之相符的方式（比如：跳得高一些，手举得高一些等）；例（232）"结结实实"是行为主体在造木屋之前设定的当动作"造"结束后木屋所具有的状态，为此行为主体会选择与之相符的方式（比如：选择好的木料，修建屋子时更用心等）；例（233）"方方正正"是主体通过"叠"这个动作有意达成的"手帕"的形状，为此行为主体会选择与之相符的方式（比如：按照手帕的形状仔细地叠）；例（234）"热腾腾"是杨妈在盛饭之前对"饭"的性状的预期，为此她采取了"用勺儿从锅中央挖那饭心儿"这样方式。可见，这些状位形容词都具有［+意图方式］的特征。另外，行为主体在设定宾语的预期性状时拥有完全的控制力，表现在行为主体可以根据需要改变对性状的设定。依据不同情况，上述例句中的形容词完全可以被与之对立的形容词替换：如例（230）"厚厚地"可以换成"薄薄地"。当然，这种替换要以符合行为主体的主观意愿为前提。按照常规，行为主体对宾语性状的设定应该是倾向于积极的、令人满意的方面。因此，充当指宾自主状语的形容词通常是褒义词。所以，例（234）中的"热腾腾"就不能换成"冷冰冰"。可见，上述形容词具有［+性状可控］的语义特征。最后，当行为主体按照特定方式实施具体动作，动作结束后行为主体的预期目标就转化成现实的结果，宾语便是预期性状的现实载体。因此，满足一定条件的情况下，状位形容词所代表的性状是可以最终实现的。可见，这些指宾自主状语具有［＋使成性］特征。

综上所述，我们认为形容词类指宾自主状语具有［＋述物］的语义特征，这是其语义指向宾语的基础；形容词类指宾自主状语表示的性状，不仅与句中的宾语有语义联系，也与动词表示的动作有很密切的关系。状位形容词表示的性状是说话人关于宾语属性的预先构想，它促使行为主体实施特定的动作（并制约着动作），以便最终达成宾语的预期性状。整个事件中，状位形容词集中体现了主体可控和期待的目标，行为主体的主观意图明确，按照既定目标采取适当的行为方式，最后实现预期性状。行为主体自始至终控制着事件的进程，体现出明显的自主性。这些特点反映在状位形容词上，使其具有［＋预期性状］［＋意图方式］［＋性状可控］［＋使成性］的语义特征。

2. 与非自主性形容词类指宾状语的比较

形容词类指宾状语还有两种类型：一类是状位形容词出现在存现句中，描绘事物呈现的静态形象的，我们称为"存现类"形容词指宾状语；另一类是状位形容词在句中表示主体的知觉感受的，我们称为"感受类"形容词指宾状语。这两类指宾状语不具自主义。分析如下：

第一，存现类形容词指宾状语。

状位形容词指向存现句中的宾语，形容词是对宾位词语属性的客观描写，这一类形容词指宾状语不具有自主义。

（235）在这张纸上，歪歪斜斜地写着一个地址：杭州拱宸桥。（万润龙、邬玲娣《聚散两依依》）

（236）肩上的步枪筒里，稀稀疏疏地插了几根树枝。（茹志鹃《百合花》）

（237）街两旁疏疏落落地蹲着各式各样的砖房。（小楂《客中客》）

（238）沿江北岸绵延数公里的泥质滩涂上，密密地排列着数百艘大大小小的钢质船。（《人民日报》，1994年）

（239）会场里黑压压地坐满了人。（师东兵《彭真老母遇难记》）

（240）池塘乱蓬蓬地长着芦苇。（宗谱《三生石》）

例（235）—（240）中的形容词"歪歪斜斜""稀稀疏疏""疏疏落落""密密""黑压压""乱蓬蓬"在句法上修饰谓词，在语义上与宾语具有密切的联系，语义都指向宾语。这些指向宾语的形容词，都是对现实世界中存在的人或事物，在某个时间段内呈现出的状态的客观描写。它们作状语时强调［＋伴随状态］的语义特征，不具有自主性。如例（235）"歪歪斜斜"指向"地址"描写"地址"（准确地说是表示地址的文字）在纸上呈现出的状态；例（236）"稀稀疏疏"强调"树枝"在枪筒里"插着"时的状态；例（237）使用了拟人的手法把砖房当作人来写，"疏疏落落"既形象地表现出"砖房"在静态环境下呈现出的伴随状态，还渲染了环境气氛。例（238）—（240）中的形容词"密密""黑压压""乱蓬蓬"，分别描述所指向的宾语"钢质船""人""芦苇"伴随动作"排列""坐""长"所呈现出的状态。这些指宾状位形容词描述的是人或事物所呈现的客观性状，这种性状或者是非人力造成的事物客观状态，如例（237）—（239）；或者是自然结果，如例（240）；或者虽然有逻辑上的行为主体但是在句中不出现，隐匿在我们的认知经验中，如例（235）、（236）。例（235）"写"地址的人不可能是"纸上"，而是在句中没有出现的隐藏的施事主语，我们可以补出来："有人在这张纸上歪歪斜斜的写了一个地址。"例（236）步枪筒中的稀稀疏疏的树枝也不是本来就存在的，必定有个把树枝插到步枪筒中的行为主体，也就是"插"这一行为真正的施事主语。虽然，我们能补充出行为主体，但是这些句子中宾语呈现出的性状，并不能肯定的说一定是行为主体有意造成的。这些句子中行为主体的意图已被说话人遮蔽，听话人根据自身的经验可能会对句子作出不同的解读，得出［±有意］的判断。施事意图的模糊使得存现句中出现的形容词指宾状语大多是非自主性的。我们可以比较下面两组例句：

（241）a 一进门靠墙的是一个衣柜，再往里是一排书架，书架上整整齐齐地放着一些书，虽然新旧不一，却都是干干净净的。（宋凤西《挖墙脚的人》）

b 他们整整齐齐地列队，面对五壮士跳崖处，恭恭敬敬地鞠了三躬。（《人民日报》，1995 年）

（242）a 花也不很多，且圆圆地排成一个圈，不很精神，倒也整齐。（鲁迅《药》）

b 老师圆圆地画了个圈。（转引自卢建《可换位摹物状语的句位

实现及功能分析》）

例（241）a、（241）b 作状语的都是形容词"整整齐齐"，两句中形容词语义都指向宾语，但二者在自主性上并不相同：例（241）a 中的形容词"整整齐齐"是对"书"呈现的状态的客观描述，行为主体在句子中隐含。虽然"整整齐齐"这种性状可能是隐含的行为主体有意达成的，但是由于整个句子是对客观环境的描写，所以行为主体的自主性在这里并不突出，因而这里的"整整齐齐"是非自主性的；而在（241）b 中的形容词"整整齐齐"是行为主体"他们"在列队时，有意识地控制动作并达成的"队伍"的性状，具有自主性。例（242）a、（242）b 作状语的都是形容词"圆圆"，两句中形容词语义都指向宾语，但二者在自主性上也不相同：例（242）a 中的形容词"圆圆"是动作"排"完成后"花"呈现出的已然状态，具有非自主性；而在（242）b 中的形容词"圆圆"是行为主体"老师"在画圈之前已经意识到的关于"圆"的形状，并在实施动作"画"时有意识地采取适合的方式以便达成该预期形状，因而是自主性的。

通过以上分析，我们认为在存现句中出现的指向宾语的状位形容词，由于这类句子中行为主体意图的模糊，所以我们无法肯定该状位形容词是行为主体有意达成的宾语性状。因而，我们认为存现句中出现的指宾状位形容词具有非自主性。

第二，感受类形容词指宾状语。

表示人对外界事物的不同感受的形容词也常出现在状位，语义指向宾语。我们认为自主义与感受义在一般情况下是互相排斥的，因而表示感受的状位形容词一般不具有自主性。例如：

（243）"就此结束吧，我有点累了。"艾格点了一支烟，很香甜地吸着。（《读者》）

（244）他咸咸淡淡地尝了几样小菜。（转引自郑贵友《现代汉语状位形容词的"系"研究》）

（245）他香喷喷地吃到了一块米糕。（转引自郑贵友《现代汉语状位形容词的"系"研究》）

（246）他硬硬地摸到几块石头。（转引自郑贵友《现代汉语状位形容词的"系"研究》）

（247）他感觉到肘部冰凉地触到一个物件。（转引自郑贵友《现

代汉语状位形容词的"系"研究》)

例(243)—(247)中的状位形容词"香甜""咸咸淡淡""香喷喷""硬硬""冰凉"在句法上修饰谓词,在语义上与宾语具有密切的联系,语义都指向宾语。这些指宾状位形容词,表示感知主体通过自己的味觉、触觉等对现实世界中存在的事物进行感知,得到关于事物的某种性态的感受,具有[+感知状态]的语义特征。感知主体对事物的感受一般是非人力可控的,因而这类指宾状位形容词一般不具有自主义。例(243)—(245)中的"香甜""咸咸淡淡""香喷喷"是句中感知主体关于宾语的味觉感受:例(243)"香甜"是句中感知主体"艾格"通过"吸"这个动作得到的关于"烟"的味觉感受;例(244)"咸咸淡淡"是句中感知主体"他"通过"尝"这个动作得到的关于"小菜"的味觉感受;例(245)"香喷喷"是句中感知主体"他"通过"吃"这个动作得到的关于"米糕"的味觉感受。例(246)、(247)中的"硬硬""冰凉"是句中感知主体关于宾语的触觉感受:例(246)"硬硬"是句中感知主体"他"通过"摸"这个动作得到的关于"石头"的触觉感受,例(247)"冰凉"是句中感知主体"他"通过"触"这个动作得到的关于"物件"的触觉感受。总的来看,上述状位形容词"香甜""咸咸淡淡""香喷喷""硬硬""冰凉"描写的是主体对物体本身固有的属性的感受,这些属性在动作"吸""尝""吃""摸""触"开始之前就已经存在,并非随着动作实施而产生的使成性状,将它们放在状位是说话人优先认知宾语性状的结果。可见,这类感受类指宾状位形容词是非自主性的。

在"感受类"形容词指宾状语句中,感知主体没有创造出新的事物,而是通过"体验"这一方式获取主观感受和认知经验。在"体验"过程中,感知主体大多是被动地接受而不是主动地改变。因而,这类句子中的状位形容词通常是非自主的。但在一定语境中,如果感知主体同时又是动作主体能够有意识地选择或创造出感受的对象,这时,表示主体感受的状位形容词,也可从表示事物的固有属性转而表示因动作而产生的主观致使性状,具有自主义。例如:

(248)祥子,你先别走!等我去打点开水,咱们热热的来壶茶喝。这一夜横是够你受的!(老舍《骆驼祥子》)

(249)先去烧水、沏茶,教大家伙儿热热呼呼的喝一口!然后再多烧水,找个盆,给孩子们烫烫脚,省得着凉生病!(老舍《龙

须沟》)

例（248）、(249）中的状位形容词"热热""热热呼呼"在句法上修饰谓词，在语义上与宾语具有密切的联系，语义都指向宾语。这些指宾状位形容词是感知主体通过自己的味觉、触觉等获得的关于事物性状的感受。但与上文例（243）—（247）不同的是："热热""热热呼呼"所指向的宾语"茶"在事件发生之前并不存在，它们是通过主体的一系列行为而被创造出来的。这些句子中的主体不仅是感受的主体，也是行为的主体。这些指宾状位形容词表示的是通过主体的努力而达成的性状，具有［＋致使性状］的语义特征体现出自主性。如例（248）"热热"是说话人计划通过打开水、泡茶这一系列行动而达成的宾语"茶"的性状。虽然动词"喝"和"热热"这一性状的达成并没有内在因果联系，但是通过语境，我们明显体会到说话人对"热热"这一性状的达成，是有意愿且具备条件实现的。因而，在这里"热热"具有［＋可控］特征。例（249）"热热呼呼"这种性状可以通过主体烧水、沏茶实现，是说话人意欲达成的性状具有可控性。可见，在主体的某些"体验"活动中，主体不是完全消极、被动地接受所感知的事物，而是带有主观愿望、预期意图地选择"体验"什么、"远离"什么，并付出努力创造符合自己期望的对象。此时，表示感受的指宾状位形容词就不再是非人力可控或纯客观的事物属性，而转化为承载主体意志的主观致使性状，具有自主义。

通过以上分析，我们认为在存现类和大部分感受类形容词指宾状语句中，状位形容词表示事物处于自然状态或不受人力控制的客观属性，行为主体没有为显现或改变形容词所表示的性状而采取行动。因而，这两类句子中的状位形容词都是非自主的。存现类指宾状语句中，状位形容词是对伴随动作的宾语属性的客观描写且不受人力控制，具有［＋伴随状态］［－可控性状］的语义特征；大部分感受类指宾状语句中，状位形容词描述的是事物的固有属性且不涉及人的主观意志，具有［＋感知状态］［－可控性状］的语义特征。而在自主状语句中，状位形容词表示经过人的有意识的活动，达成的预期性状，具有自主义。其语义特征前文已作分析，不再赘述。

3. 形容词类指宾自主状语句的句式义及规约作用

通过上面的分析，可以看出形容词类指宾自主状语句是一种"形义错位"的非常规用法。状位形容词在句法上修饰谓词而在语义上与宾语具有直接语义联系。这种指向宾语的状位形容词，通常情况下是在定语位置的。当它出现在状位后，突破了常规认知图式，受到状位的规约表示动作发生前行为主体对宾语的预期。同时，这种主观预期最终归结到行为主体以此预期为标准来执行行为。因而，虽然状位形容词语义指向宾语，但更为深层的是它和谓词之间不可分割的联系。我们认为这类句子可看作是一种特殊构式，其产生的句式义绝非其各个组成部分的简单相加，必定有新的句式义溢出。我们将其概括为：行为主体（S）在动作发生之前先产生了主观意图和事前预期（$A_{状}$），在动作进行过程中以事前预期为标准，通过有意识的自主行为（VP）来对受动者（O）施加某种影响，使（O）逐渐具有或获得 $A_{状}$ 所表示的性状。这种句式义对指宾自主状语句的各组成成分都有明显的规约作用，下面分别说明。

一是形容词类指宾自主状语句句式义对形容词的规约。

受到形容词类指宾自主状语句句式义的规约，状位形容词在形式和语义上都有比较鲜明的特点。从形式上看，指宾自主状语句中的状位形容词多是重叠式状态形容词；从语义看，多是表物形容词。

第一，指宾自主状语句中的状位形容词多是重叠式状态形容词。原因在于：

A. 状态形容词可控性强：形容词类指宾自主状语句中的状位形容词，表示在施事的意志性行为支配下实现的预期性状，这就要求状语具有很强的可控性。因此状位形容词只能是状态形容词，而不能是性质形容词。性质形容词表示事物的恒定属性，在量性特征上表现为固化量，是量点不具有量幅，因而不满足性状可控的要求。重叠式状态形容词表现为弥散量具有一定的量幅，它表示的状态具有［＋可控］特征，可随着施事有意识的活动而发生变化，从而满足施事关于事物性状的主观意图。例如：

（250）我还欠一盅，喝完酒请大嫂热热的，酸酸的，辣辣的，给咱做三碗烫饭。（老舍《老张的哲学》）

例（250）中形容词重叠式"热热""酸酸""辣辣"等性状，是行为主体"大嫂"可通过动作"做"来实现的，是可控制的。这些形容词都有相对的概念：有"热"就有"冷"，有"酸""辣"就有"甜""苦""咸"等其他味道。相对状态的量的变化过程是连续的，二者之间存在着一个各依其具体情况而大小不等的模糊带，有变化的程度空间，使主体通过主观控制逐步改变状态具有可能性。在状态形容词中 AAde 式形容词是最多的，其次是 ABB 式和 AABB 式，而 BA（BABA）式及其他形式的状态形容词比较罕见。我们认为这是重叠式形容词各自的量性扩张空间大小的不同造成的。根据李劲荣（2004）的研究，状态形容词在表量上存在一个量级等级。列表如下：

较量级	很量级	非常量级	极量级
AAde	ABB	AABB	BA

指宾自主状语句中的宾语所呈现的状态，是随着动作的进行而逐渐形成的。这里面就包含了程度量的变化，并且这种变化必须是行为主体能加以控制的。从性状可控性上看，完全重叠式在状语和补语两种位置上往往带有强调的意味。AABB 式显示非常量级，虽具有一定量幅但是可调控空间较窄，不太容易进一步作量上的扩张与加重。BA 式属于极量级，其量性扩张能力就更有限了。而 AAde 式、ABB 式分别属于较量级和很量级，与前两者相比还是低量级，比较容易实现量上的扩张，也就容易实现性状的可控。

B. 状态形容词主观性较强：指宾自主状语句是一种主观意志句，状位形容词是行为主体想达成的某种性状，因而它通常是符合主体期望的主观情状。性质形容词常用来描写性质恒定的事物，客观色彩较浓；相反，状态形容词是一种典型的带有主观估价作用的形式，有很强的主观评价性。形容词重叠式含有说话人对事物性状的某种认知情感：或者表示性状程度的加深，如"香喷喷、齐齐整整"；或者性状具有生动性，如"红红绿绿"；或者显示量的增加，如"满满、重重叠叠"等。这些都渗透着说话人对有关人和事物的性状的主观评价和感情。由于状态形容词具有上述特点使其描写性增强，适合表达说话人的主观情感。另外，指宾自主状语被规约为表示"可控和希冀的性状"，受句式义制约，状位形容词倾向于褒义或中性词而极少使用贬义词。因为按照一般认知经验，主体期待的通常是积极的、好的性状结果的实现。例如：

（251）团长就像《霓红灯下的哨兵》里的好八连连长那样，捏着两个拳头一里一外划八字就是了，可"瞎子"指挥既不捏拳头又不划八字，而是右手高高举起那根柳树枝，左手伸出大巴掌，根据歌曲的高低快慢节奏，花里胡哨地做着各种手势。（斯群《回味无穷的少女时代》）

（252）他的腰上，古里古怪地系着一条红皮镶金的腰带，腰带上挂着一支珠光宝气的短剑。（马祥林、张扬《曼施坦因传》）

例（251）、（252）中的状位形容词"花里胡哨"和"古里古怪"，我们认为它们并不是指宾自主状语。例（251）"瞎子"指挥在做手势时，主观上并不具有使自己的手势显得"花里胡哨"的想法，句中的状位形容词是说话人对行为主体做出的手势的主观评价。例（252）"古里古怪"也不表示行为主体"他"的主观期望，"他"显然不是故意按照"古里古怪"的标准来系腰带的，状位形容词同样是表达说话人的评价。

还要说明的是积极性状是因人而异的，如果说"酸酸的、辣辣的烫饭"对一个人是预期的性状，而"甜甜的烫饭""不辣的烫饭"也许是另一个人预期的性状，这是因为在"烫饭"的味道上每个人有不同的取向。形容词重叠形式表示的程度量也具有相对性，这种程度量上的相对性，恰好为说话人的主观评价和施事有意识的控制，提供了选择空间。不过，某些性状是所有人都不会有意去实现的，比如"＊焦焦地做一碗烫饭"这种句子就不成立。这种绝对消极的形容词是不可以进入指宾自主状语句的。因此，我们根据客观经验仍然认为，指宾自主状语句中的形容词大多数为积极状态形容词。

第二，指宾自主状语句中的状位形容词多使用表物形容词。

前文已经提到，指宾自主状语句中，状位形容词语义指向宾语的基础是状语和宾语之间语义匹配。在指宾自主状语句中宾语通常是事物，因而语义指向宾语的状语应该具有［＋述物］的语义特征。从语义看，这类句式中状位形容词，通常是描写物体具体可感的颜色、味道、形状以及大小、深浅、温湿、厚薄、硬软等性状的表物形容词。可列表为：

外观类	颜色类	红红	黑黑				
	形状类	圆圆	方方	笔直	弯弯	大大	方方正正
性状类	味觉	甜甜	辣辣	酸酸	酽酽	甜丝丝	
	温度类	热热	凉凉	冷冷	冰冷冷	热腾腾	凉丝丝
	浓度	浓浓	稀稀	稠稠			
	硬度类	硬硬	软软	软绵绵	硬邦邦	结结实实	
维度	长高宽	长长	宽宽	窄窄	高高短短		
	重量类	重重	沉沉	沉甸甸			
	空间类	满满	密密麻麻	零零散散			
	立体类	深深	浅浅	厚厚	薄薄	疏疏落落	

二是形容词类指宾自主状语句句式义对动词的规约。

谓语动词是句式的核心要素，直接影响着整个句义的形成。卢建（2003）认为典型的摹物状语句里的动词均属自主动词。它与可换位摹物状语句的句式语义相匹配。卢建所说的典型的摹物状语就是本文所指的形容词类指宾自主状语。我们同意卢建的观点：只有那些与状语所表述的状态有因果联系的自主动词，才能真正意义上地进入形容词类指宾自主状语句。但关于该句式中动词的语义特征，我们与卢建的看法不完全相同：卢建认为摹物状语句的动词语义特征为：V［＋自主］［＋制作］［＋持续］；我们认为该句式中的动词具有［＋自主］和［＋持续］的特征，但不一定都是制作类动词。因为在汉语中明显存在这样的句子。例如：

（253）我另拿出银子来，热热闹闹的给他做个生日。（曹雪芹《红楼梦》）
（254）回家后，她拿出有浓郁中国风味的漂亮的织锦台布，平平整整地铺在桌子上。（白帆《寂寞的太太们》）
（255）也这么给姑娘热热儿的倒碗茶来！（文康《儿女英雄传》）
（256）今天，小张漂漂亮亮地穿了一套时新的西装。（转引自郑贵友《现代汉语状位形容词的"系"研究》）

例（253）—（256）中的动词都不能算作是制作动词，但它们所在的句子仍然表现出行为主体通过意志性行为达成主观预期的自主性，句子中的状位形容词也都具有可控性。如例（253）中的状位形容词"热热闹闹"既强调施事"我"的主观愿望，又强调受事"生日"的客观效果确实也是"热热闹闹"的，而动词"做"在这句中并不表示"制作"之义而是"筹备策划"这样的意思。"热热闹闹"和动词"做"之间存在因果性，行为主体"我"对给"他"过怎样的生日事先有了预期，并为此准备"另拿出银子"来达成这个主观预期。因此，状位形容词"热热闹闹"显示为在行为主体意志控制下逐渐达成的可控性状；例（254）"铺"不含有制作义（"台布"在动作发生之前就是存在着的），但是"平平整整"的状态却是由于动作"铺"而达成的，二者有内在因果性。因此"平平整整"所表示的性状具有可控性，是行为主体有意识地通过相关方式（比如：把桌布理得比较整齐，用熨斗烫烫等）达成的。例（255）性状"热热"和动词"倒"之间不是典型的加工制作关系。但我们认为一个行为过程并不是每一个阶段、细节都在句法结构中得到表现，出于不同的认知需要，我们在表达一个行为时会有选择地省略其中的某些步骤。此例"倒茶"的行为，在客观世界中应该包含有行为主体为了达到让茶具有"热热"的这一性状，而进行的一系列加工制作工作（比如：重新烧开水等），只是这种加工制作过程在句子中没有出现。因此我们可以把"倒"看作是准制作类动词。例（256）动词"穿"和"漂漂亮亮"之间也不是加工制作的语义关系，不过，我们认为它们仍然具有内在因果性。郑贵友（2000）认为状位的"漂漂亮亮"与句中谓词"穿了一套时新的西装"之间的句法联系自不待言。而在语义上，状语同时联系着句中主语和宾语，"小张——漂漂亮亮""时新的西装——漂漂亮亮"。据此，他称这种情况下的状语为"主动宾三系"的形容词状语。我们认为状位的"漂漂亮亮"与谓词之间的联系是由句法结构强制赋予的，就语义而言二者并没有内在联系；另外，"漂漂亮亮"虽然可以指向"小张"，但"小张"不见得真的就是"漂漂亮亮"的，也可以是实际上"不漂亮的"。这里"漂漂亮亮"重在强调"小张"主观上按照能让自己显得"漂漂亮亮"的方式，去穿上"时新的西装"。从说话人的视角来看，"小张"通过这种合乎审美标准的打扮之后比以往"漂亮"了。当然，由于句末"时新的西装"的提示，"漂漂亮亮"是可以指向"西装"的，但我们仍然认为状位形容词重在强调"意图方式"，是施事"小张"通过在"穿"的过程中，采用适合的方式（比如：选择时新的西装，加上其他的配饰等）来达成"漂漂亮亮"的主观愿望。

通过以上分析，我们认为指宾自主状语句的动词并非都具有［＋制作］特征。只要动词和状位形容词之间存在内在因果性（致使关系），我们就认为这类动词可进入指宾自主状语句中。此外，这类句式中出现的都是表示主体有意识地发出动作的典型自主动词，它们具有［＋自主］特征是毋庸置疑的。最后，该类句式还要求句中的动词具有［＋持续］特征，即动词有一个清晰的过程，从开始到结束有一个明显的时间段。这是因为，形容词类指宾自主状语句要表现出行为主体如何实现主观预期的过程。宾语性状的达成是一个渐变的过程，"审视时轴的每一点，状语所示的事物的状态均表现出异质性，处于不断的量变进程之中"①。句中状语所表示的性状是事物的非固有状态，以动作为参照标准的话属于后事性态。依人类的生活经验，非固有状态的形成往往需要一定的时间。与之相适应，这类句式中的动词也占有一定的时段，表现为持续动词。

---

① 卢建：《可换位摹物状语的句位实现及功能分析》，《语言研究》2003年第1期。

4. 形容词类指宾自主状语句句式义对主、宾语的规约

形容词类指宾自主状语句对句式中的主语和宾语也有规约作用，它要求能够进入这类句式的主语和宾语应具有和该句句式义相匹配的语义特征：

第一，形容词类指宾自主状语句对主语的规约。

根据前文对形容词类指宾自主状语句的分析，可以得出这样的结论：该句式中出现的行为主体，在行为进行前已经明确地设定了有关宾语的性状，主观意图明显；在行为进行过程中，主体始终有意识地控制着动作行为的进行，自由地控制着事件的发生、发展和终结，对事件的进程具有控制力；行为主体的意志性行为致使客体逐渐具有了预期状态，使预期性状成为事物的固有属性。可见形容词类指宾自主状语句的主语必须是典型施事，具有自主性和施动能力，多由高生命度的人称代词、亲属称谓名词和表人的专有名词充当。

第二，形容词类指宾自主状语句对宾语的规约。

形容词类指宾自主状语句中的主语是典型施事，而句中的动词是高度体现施事意志的自主动词，与此相匹配，指宾自主状语句的宾语多是成事宾语。卢建（2003）认为该句式中的宾语最突出的特征是具有附庸性和渐成性。我们赞同该类句式中出现的宾语具有［＋渐成性］特征，但我们不认为宾语一定要具有［＋附庸性］。宾语的［＋渐成性］特征是受到句式整体意义影响的必然结果。我们已经分析了这类句式的意义，其中最核心的部分就是行为主体以事前预期为标准，通过有意识的自主行为使宾语达成预期性状。这个过程中宾语的性状是处于不断变化中的，由不具有预期性状逐步发展到具有符合主体预期的性状。宾语性状的实现需要经过一个明晰的动作过程，因此，这类句式中的宾语具有［＋渐成性］特征。我们认为该类句式中的宾语不一定具有［＋附庸性］特征。所谓的"附庸性"是指"事物后于行为而存在，多为行为的结果或是伴随着行为的进程而成为事实的东西"[①]。实际上，该类句式中有些宾语是在动作行为发生之前就存在的，如上文例（254）中的"台布"在动作"铺"之前就已经存在，而不是通过动作创造出来的。我们认为［＋附庸性］特征主要体现在由动作加工类动词创造出来的宾语上。如例（250）中的"烫饭"是在动作"做"结束后才出现的事物。

---

① 卢建：《可换位摹物状语的句位实现及功能分析》，《语言研究》2003年第1期。

5. 形容词类指宾自主状语的换位

形容词充当指宾自主状语表示的是动作完成后宾语具有的属性，在深层语义上和宾语发生语义联系。有的学者把这些句子看作定语移位现象，如吕叔湘（1979）、张国宪（2005）则称之为"句法异位。"由于指宾形容词和宾语有深层语义联系，所以，前文例句（230）—（234）可变换为：

（230）′他搽了一层厚厚的油。
（231）′他筑了一道高高的屏障。
（232）′修竹造了三间结结实实的木屋。
（233）′他叠了一张方方正正的手帕。
（234）′杨妈盛了一碗热腾腾的饭。

对于这一类语言现象，陆俭明（1982）、张力军（1990）、郑贵友（2000）、王立弟、顾阳（2000）、卢建（2003）、李劲荣（2007）、张国宪（2005）等学者都有所论述。主要观点如下：

在可换位的句子中，动词具有"致使性""处置性""动作性"；典型的动词为制作类动词，典型的宾语是结果宾语、成事宾语；动词与句中的形容词存在某种致使关系或因果联系；句中形容词表示的不是事物的固有性状而是随着动作过程而逐渐产生的，形容词表示的性状具有"渐成性"。

关于换位的动因，学者们主要从语用动机、信息功能、句法象似性三个角度进行了考察。第一个角度：语用动机促发形容词句法异位现象，状语句与定语句形成"临时与恒久""有意与无意""主观与客观"[①] 的语用对立。第二个角度：从篇章功能及信息功能的角度看，使用状语句的主要信息意图是将前景信息背景化。定语句强调结果性，宾语名词突显度高、篇章连续性强，结果为前景信息。而状语句强调过程性，削弱宾语名词的可操纵性，使宾语名词对后续篇章的启后性弱化，从而使结果信息背景化。第三个角度：定语句与状语句反映了概念结构与句法结构之间的差异，主要体现在包容象似、疏密象似、顺序象似等主观意志性的差异。

我们认为指宾状语虽然能够移位到定位，变换成定语句，但两种句式有明显的区别：

---

① 张国宪：《性状的语义指向规则及句法异位的语用动机》，《中国语文》2005 年第 1 期。

第一，两种句式对动词和宾语之间语义关系的要求不同。

状语句中的施事有意识地对受动者施加某种行为，使其达成某种性状。所以，它要求动词必须与性状存在一种因果联系。而定语句不存在"使受动者达成某种状态"这一句式意义。所以，它并不要求动词必须与状态有因果联系。试比较：

（257）定语句：妈妈熬了锅稠稠的粥　妈妈端了锅稠稠的粥
状语句：妈妈稠稠地熬了锅粥　*妈妈稠稠地端了锅粥（转引自卢建《可换位摹物状语的句位实现及功能分析》）

动词"端"与状态"稠"没有必然的因果联系，所以，状语句不成立，但定语句却不受影响。只要能与句中的宾语组配，动词完全可以用非自主动词。例如：

（258）孩子们不一会儿就高高地堆起了一个大雪人。
孩子们不一会儿就堆起了一个高高的大雪人。
*孩子们不一会儿就高高地找到了一个大雪人。
孩子们不一会儿就找到了一个高高的大雪人。

"找到"与状态"高高"没有必然的内在联系，所以"堆起"替换成"找到"后，状语句不成立，而定语句却不受影响。换句话说，在指宾自主状语句中，动词要与状位形容词所表示的性状存在一种因果联系，否则句子不能成立。

第二，两种句式反映了事件建构过程中"预期——结果"模式的规约作用。

从语序上看，汉语的语序经历了几次大的变化，但总的规律是按照动作的"起点——终点"顺序逐步发展的，并将最终达到"起点——终点"语义结构的形式上的统一，即时间顺序原则PTS。当"起点——终点"语义结构，形成形式上的强势地位或者最终统一后，就会形成一个强势的"起点——终点"模型。该模型在汉语的语序配置方面有很多具体的表现，其中之一就是"预期——结果"模型。在这个模型的影响下，汉语句子中表示预期的成分一般要放在动词的前边，而表示结果的成分通常应放在动词的后边。试比较下面的例子：

(259)　　　A　　　　　　　　　B　　　　　　　　C
　　　a 你要努力学习！　　＊你要学习很努力！　　你学习得努力。
　　　b 你要认真听讲！　　＊你要听讲认真！　　　你听得很认真。

例（259）中形容词"努力""认真"如果要用在祈使句中，只能出现在动词之前（A 组），不能放在动词的后边（B 组）。因为，祈使句所表示的是说话人对听话人的请求或命令，是对还未开始的动作的预期。因此，在祈使句中出现的修饰动词的"努力""认真"，只能理解为对动作特征的一种预期，要放在动词的前面。当它们出现在动词后句子就不成立了。如果"努力""认真"要放在动词后面，就必须去掉表达强烈祈使语气的"要"，形成 C 组例子。这时句子表示的是对动作情况的客观陈述。

可见，受到"预期——结果"模型的影响，在语言表达和理解上，动词前的成分倾向于表达（理解为）预期，动词后的成分倾向于表达（理解为）结果。这个模式同样制约着对指宾自主状语的理解。

人们在建构事件时受顺时观察原则规约，如在上例（232）中的行为主体"修竹"先发出"造"这一动作，然后出现"造"这一动作的结果事物"木屋"及其结果属性"结结实实"。这一顺序可以表示为定语句（232）′"修竹造了三间结结实实的木屋"。定语句反映出说话者观念领域里所建构的事件过程为"施事——动作——结果"。而状语句例（232）中"结结实实地造"，宾语属性结果置于动词前与顺时观察原则相悖，这时在"预期——结果"模型的影响下，只好把"结结实实"理解为在动作之前就存在的某种成分——施事的主观意图。从事件建构的过程来看，反映出说话者观念领域里所建构的事件过程为"意图方式——动作——结果"。

第三，两种句式反映了不同的认知图式，具有不同的焦点结构。

认知心理学中"人面/花瓶"实验证明"图形/背景"之间的转换可通过认知转换"知觉优先"（perceptual prominence）获得。"认知语言学家认为这种认知特征可以投射到语法结构中。换言之，语法结构中的某些句法结构的变化就是'图形/背景'式的认知视角的变换。"[1] 这一认知原理证明人的认知知觉可以优先"图形"，也可以优先"背景"。指宾状语是对宾语性状的描述，与宾语构成一个认知图式。在这个图式中，宾语指称的事物是"图形"（figure），状语表示的性状是"背景"（ground）。按

---

[1] 何洪峰、彭吉军：《指宾状语的历时考察》，《语言研究》2009 年第 4 期。

常规认知视角,图形凸显,背景陪衬。如果指宾状语移位到定语位置,就形成一种常规认知图式,如例(232)′"修竹造了三间结结实实的木屋"。充当宾语的名词性偏正结构的认知义以中心语"木屋"为图形,以定语"结结实实"为背景。定语句中的宾语"木屋"是前景,是句子的新信息自然成为表义的重点。形容词"结结实实"从定位转换到状位,使得背景与图形产生句法结构上的分离。这种分离不仅不影响背景与图形的认知意象图式(image-schema),而且通过形容词的移位还从偏正结构中提取了状态焦点,使新信息和动态性得以同现。形容词"结结实实"从定位到状位使得它与动词"造"紧邻出现,加强了二者的语义关系,显然凸显了背景语义。同时,从认知视角看,指宾状语是说话人优先认知宾语的性状而形成的。换言之,指宾状语有凸显宾语性状的功能。因而,人们并不关心动作的结果是什么,而是关心动作的方式,即结果是如何形成的,显然,状语就成了人们关注的焦点了。由此可见,指宾状语句是一个有隐性标记的焦点结构,句中的状语是说话人最想要强调的重点,是用来突出句子主语或者宾语性状的动态化信息焦点。因此,在指宾自主状语句中必须使用"地"来标记和强调状语的焦点性。

总之,我们认为状语句与定语句中的形容词体现出"有意与无意"、"主观与客观"的语用对立。状语句中的形容词负载了行为主体的"意志性"表现在两方面:一是形容词所表示的性状是行为主体对宾语的结果属性的主观预期,行为主体对该性状有清晰的认识;二是行为主体能通过采取适合的行为方式来实现这一预期性状。所以,状语句关注的是,行为主体如何通过对行为相关要素的控制来达成预期性状。处于状位的形容词具有[+可控]的语义特征,体现了行为主体在事件进程中的自主性;定语句中的形容词是对宾语所代表的事物的固有属性的客观描写,无法体现行为主体在事件中的自主性。

(二)"一量一量"重叠式类指宾自主状语

据我们考察,部分由数词"一"和量词组合而成的量词短语,通过重叠形成的"一量一量"重叠式作状语时,可与句中出现或潜在的宾语(包括介词宾语)形成"状态——事物"的关系,语义指向宾语。同时,这类短语还能表现出行为主体对宾语性状的主观控制,具有自主性。例如:

(260)撩开门帘,发现是周伯伯坐在矮凳上,一束一束地择理韭菜根。(李英儒《野火春风斗古城》)

(261) 安兆丰和周凤山又拿起一张,一片一片地撕碎,勉强地吃着。(吴强《红日》)

(262) 这个布尔什维克尽管守着粮仓,有那么多的落地粮,仓库粮,别人都是合理合法似的享用,而他却一堆一堆地扫好,簸扬干净,送回垛上去。(李国文《月食》)

(263) 接着就有人跳上台子,把银元从口袋里掏出来,一摞一摞码整齐。(陈忠实《白鹿原》)

(264) 母亲就把铜钱和钱票一组一组地分清楚,交给二姐,并且嘱咐了又嘱咐。(老舍《正红旗下》)

例(260)—(264)中的状语从形式上看都是"一量一量"式,状语"一束一束""一片一片""一堆一堆""一摞一摞""一组一组"在句法上修饰谓词,在语义上描写重叠式所涉事物的形状,具有[+述物]的语义特征,因此它们与谓词宾语(介词宾语)匹配,这是状位"一量一量"式语义指向宾语的基础。其中例(260)—(262)语义指向谓词宾语;例(263)、(264)则指向介词宾语。

这些状语都具有明显的自主义,主要表现在:首先,它们表示的是行为主体在动作发生以前已预先设定好的关于宾语形状的目标。如果以动词作为参考时间的话,"一束一束""一片一片""一堆一堆""一摞一摞""一组一组"等形状,是先于动作而存在于主体的意识之中的。可见,这些形容词具有[+预期形状]的特征。

其次,行为主体在设定了关于宾语的形状后,按照该预期有意识地选择与之匹配的行为方式以便达成目标。如例(260)"一束一束"是行为主体希望在"择理"这一动作完成后使"韭菜根"呈现的形状,为此行为主体会选择与之相符的方式(比如:分别择理每一根韭菜根,然后细心地排列好等);例(261)"一片一片"是行为主体想通过"撕"这一动作让"饼"(句中未出现,根据上下文补充出来)呈现出的状态,为此行为主体会选择与之相符的方式(比如:先把饼分成两半,再接着撕下去,直到变成一片一片的)。例(262)"一堆一堆"是行为主体在扫粮食之前,设定的当动作结束后粮食呈现出的形状,为此行为主体会选择与之相符的方式(比如:把散落各处的粮食集中起来,分开几堆等)。例(263)"一摞一摞"是主体通过"码"这个动作,有意达成的介词宾语"银元"的形状,为此行为主体会选择与之相符的方式(比如:把银元按次序一个叠一个地放);例(264)"一组一组"是母亲在执行动作"分"

之前对介词宾语"铜钱和钱票"将要呈现的形状的预期,为此她会根据情况选择适合的方式(比如,先分铜钱再分钱票,依次进行等)。可见,这些状位"一量一量"重叠式具有[+意图方式]的特征。另外,行为主体在设定宾语的预期形状时拥有完全的控制力,表现在行为主体可以根据需要改变对宾语形状的设定。根据需要,上述例句中的状位"一量一量"式,完全可以被表示不同形状的"一量一量"式替换:如例(261)"一片一片"可以换成"一条一条"/"一块一块"等。当然,这种替换要以宾语可能的形状为基础,不能与客观实际相悖。如例(260)"韭菜根"只能是"一束一束"或"一根一根"的,不能说"一件一件""一张一张"等。可见,状位"一量一量"式具有[+形状可控]的语义特征。当动作在行为主体的控制下得以完成,主体事先对宾语形状的预期,就转化为宾语表示的事物呈现出的最直观、最显著的外在形状,成为名词空间性语法意义的外在形式标志。可见,上述"一量一量"式具有[+使成性]的语义特征。

最后,"一量一量"式所表示的关于宾语的形状,是一种持续的状态,这种状态的出现以动作的终点为起点,它是在主体完成某一动作之后,客体呈现的一种状态,并且只要不对该客体实施新的动作,这种状态就有一直保持下去的趋势。如例(262)、(263)"一堆一堆""一摞一摞"分别是宾语"粮食""银元"在动作"扫""码"结束后呈现出的状态,只要没有外力的作用,"一堆一堆""一摞一摞"这种状态就会一直持续下去。因此,"一量一量"式具有[+持续性]的语义特征。

通过以上分析,我们认为"一量一量"重叠式类指宾自主状语具有[+述物]的语义特征,这是其语义指向宾语的基础;"一量一量"重叠式类指宾自主状语,表示的形状不仅与句中的宾语有语义联系,还与动词表示的动作有很密切的关系。状位"一量一量"式表示的形状不是宾语原始、固有的形态,而是行为主体关于宾语外在形状的预先构想,这种构想促使行为主体按特定方式行动,并最终在主体的自主行为结束后,从预期性状转化为宾语的实际形状。状位"一量一量"重叠式集中体现了主体可控和期待的目标。事件中,行为主体的主观意图明确,按照既定目标采取与之相应的行为方式,最后实现宾语的预期形状。行为主体自始至终控制着事件的进程,体现出明显的自主性。作为宾语空间性的最显著标志,"一量一量"式在不受外力影响的情况下,将一直保持同样的状态。这些特点反映在状位形容词上,使其具有[+预期形状][+意图方式][+性状可控][+使成性][+持续性]的语义特征。

据我们考察，"一量一量"重叠式类指宾自主状语句中的动词，具有共同的语义特征：[＋完成][－持续][－可重复]。这类句式中出现的动词通常是动态性动词，如"放""扫""撕""摆""安""排""摘"等。但它们不是典型的强动态性动词，与"吃""尝""递""拿"等强动态性动词相比，这类动词的动态性就相对较弱。由于句式意义的影响，"一量一量"重叠式类指宾自主状语句中的动词，表明行为主体通过该动作实现对宾语预期形状的设定，常常后带结果补语"好""清楚""完"等，具有[＋完成]的特征；该类句式中出现的动词重在强调动作对宾语形状的影响，一旦达成主体的主观预期这个动作就结束了。所以，这种句式中的动词在时间轴上只有终点，没有明显的起点和续段，具有[－持续]的语义特征；由于宾语形状形成后具有持续性，短时间内不会改变，这就要求该类句式中出现的动词不能反复发生。因此，动词还具有[－可重复]的语义特征。

（三）主谓短语类指宾自主状语

在我们收集到的语料中还有少数主谓短语作指宾自主状语的例子。这类主谓短语通常由具有[＋述物]特征的名词和形容词组合而成，从语义看它们是对事物性状的描写。例如：

（265）她睡到中午才起来，温度适中地泡了杯咖啡，拉开米白色的蕾丝窗帘盯着明晃晃的阳光开始发呆。(佚名《殇爱》)

（266）他全神贯注地观察着，线条流畅地雕刻着，渐渐地，那头像的形态、质感、立体感和空间感逐渐浮现。(《报刊精选》，1994年)

（267）星期天突然想吃小龙虾，在厨房忙活了半天，味道辣辣地做了一大盘。(《新浪博客》)

例（265）—（267）中的状语从形式上看都是主谓短语，状语"温度适中""线条流畅""味道辣辣"在句法上修饰谓词，在语义上是对事物性状的描写，具有[＋述物]的语义特征与宾语匹配，这是状位主谓短语语义指向宾语的基础。这些状语都具有明显的自主义，主要表现在：首先，它们表示的是行为主体在动作发生以前，已预先设定好的关于宾语性状的目标。如果以动词作为参考时间的话，"温度适中""线条流畅""味道辣辣"这些性状是先于动作而存在于主体的意识之中的。可见，它们具有[＋预期性状]的特征。其次，行为主体在设定了关于宾语的性状后,按照该预期有意识地选择与之匹配的行为方式以便达成目标。如例(265)"温度适中"是行为主体希望在"泡"这一动作完成后,使"咖啡"呈现的温度属性,为此行为主体会选择与之相符的方式(比如:使用温开水,或者先把水倒好等凉到合适的温度再加咖啡粉);例(266)"线条流畅"是行为主体想通过动作"雕刻"这一动作,让"头像"呈现的形态特征,为此行为主体会选择与之相符的方式(比如:使用顺手的雕刻工具、在动手之前全神贯注地观察);例(267)"味道辣辣"是行为主体在做"小龙虾"之前,设定的当动作结束后"小龙虾"将具有的味觉特征,为此行为主体会选择与之相符的方式(比如:多放一些辣椒等)。可见,这些状位主谓短语具有[+意图方式]的特征。另外,行为主体在设定宾语的预期性状时拥有完全的控制力,表现在行为主体可以根据需要改变对宾语性状的设定。根据需要上述例句中的状位主谓短语,完全可以被表示不同性状的其他主谓短语替换:如例(265)"味道辣辣"可以换成"味道咸咸"。不过,人们对事物的性状的预期应该符合主观愿望。因此,一般不会说"温度烫嘴地泡咖啡""线条混乱地雕刻""味道苦苦地做小龙虾"。可见,状位主谓短语具有[+性状可控]的语义特征。当动作在行为主体的控制下结束后,主体事先对宾语性状的预期就转化为宾语表示的事物呈现出的可感知的状态属性。可见,状位主谓短语具有[+使成性]的语义特征。

通过分析,我们认为主谓短语类指宾自主状语具有[+述物]的语义特征,这是其语义指向宾语的基础;这类指宾自主状语表示的性状,不仅与句中的宾语有语义联系,也和动词表示的动作有很密切的关系。主谓短语表示的有关事物的性状,是说话人关于宾语性状的预先构想,这种构想促使行为主体按特定方式行动,并最终在主体的自主行为控制下,将预期性状转化为宾语的属性特征。主谓短语类指宾自主状语,体现了主体可控和期待的目标。在句子中,行为主体的主观意图明确,按照事前预期选择特定方式,并控制行为向既定目标前进,最后实现预期性状。行为主体始终控制着事件的进行,体现出明显的自主性。这些特点反映在状位主谓短语上,使其具有[+预期性状][+意图方式][+性状可控][+使成性]的语义特征。

三 小结

第一,我们首先确定了判定指宾自主状语的标准:通过句式变换,指宾自主状语一般可以位移到宾语之前作定语,可转换为"状语+的+宾语"或"宾+是+状（的）"的形式，且句义基本不变。指宾自主状语表现了行为主体对宾语属性的事前预期，并始终制约着主体的行为，促使行为主体选择适合的方式以便达成预先设定的构想，其自主义非常明显。在句法上的表现就是它们可以进入肯定祈使句"（请/一定要）＋Ad＋VP＋（O）"格式。

第二，分析了指宾自主状语的构成及其语义特征：将充当指宾自主状语的语言成分按性质分为：形容词类、"一量一量"重叠式类和主谓短语类；分别讨论了三类指宾自主状语的语义特征，分析了它们语义指向宾语的基础是 [＋述物] 的语义特征，并结合例子分析了它们自主义的不同表现。

第三，重点讨论了形容词类指宾自主状语，将它与非自主性形容词类指宾状语进行比较，分析了它们在自主义上的差异；从句式语义的角度分析了形容词类指宾自主状语句的句式义，分别讨论了该句式义对状位形容词、动词、主语、宾语的规约作用；最后分析了形容词类指宾自主状语，位移到定语位置形成的定语句与状语句的差别。

第五章　自主状语与施事类型

　　状语语义中蕴含有主体可控成分，这是它成为自主状语的语义基础。同时，句子是一个由各成分相互关联、协调构成的整体，各成分之间总是处于一种直接或间接的联系、制约之中，状语的自主义是否得到凸显受到谓词和其他句子成分及语用因素的共同影响。本章尝试从施事的角度入手，分析自主状语联系的施事具有的特点，以此说明施事对状语自主义凸显的影响。

　　施事是语法中语义平面的一种重要成分，这一术语在语言学界使用频繁，但直至目前，对什么是施事仍未取得完全一致的看法。范晓认为"施事是动作动词组成的动核结构里动核所联系的主体（主事动元），它一般和表动作的动词联系在一起。"① 李临定（1984）从"有意志"和"无意志"的角度去研究施事，这一理论对于研究自主状语与施事的关系有所借鉴。我们认为自主状语的理解应基于这样的认知背景：对于某特定的施事（S）而言，要完成某件事情或达到某特定目的（O），同时存在着若干可能的行事方式或途径（如X、Y……），即S通过X或通过Y都可以达到目的O，施事S出于特定考虑而有意选择了其中某种行事方式或途径（如X）。这一过程凸显了施事按照自己的意志去实施某种动作行为的全过程：首先，施事会根据自身需要和客观情况拟定行为的目标，随后施事为实现既定目标有意识地选择相应的方式、方法和途径，并加强对自身心理状态的调控，综合利用外界条件以便实现预期目标。自主状语可被视为是施事为完成某特定事件而选择的行事方式或途径的体现，是施事对事件或动作本身以及动作所涉及的时间、场所、方式、工具、材料、情态等语义范畴自觉观照的结果。因此，自主状语所联系的施事应该具有鲜明的意志性和能动性，对事件的进展始终发挥积极作用。

　　本章从这一角度出发首先区分"意志施事"和"非意志施事"，并结

---

　　① 范晓：《关于"施事"》，《汉语学习》2008年第2期。

合例子分析施事类型对状语自主义的影响,在此基础上进一步考察自主状语句中施事具有的特点。

一 自主状语与意志施事/非意志施事共现的比较

李临定(1984)从"有意志"和"无意志"的角度去研究施事,区分了三类施事成分:指人的名词、指动物的名词和表示非生物的名词。他区分三类施事成分的句法标准是主谓句的正反疑问方式以及否定的答问方式。我们认为"意志性"指的是,行为主体具有按自身意愿自由地发出动作行为的能力。因此,一般情况下"意志性"是人所固有的一种心理属性,只有人类才具有意志性,其他实体都不具有意志性。但在具体句子中,施事发出动作是"有意"还是"非有意",还要受语用表达因素的影响,不是某类名词所固有的属性。按照施事在具体句子中能否以主观意志控制动作行为,可将其分为意志施事和非意志施事。"意志施事"所发出的动作行为是和施事的主观意志密切联系着的,是施事的主观意志所能控制的。"非意志施事"联系的动作行为是施事的主观意志所不能控制的。前文提到自主状语语义中具有主体可控成分,而状语在具体句子中是否凸显其自主义,要受到诸多因素的影响。同一状语在一个句子中凸显自主义,在另一个句子中自主义可能削弱甚至表现为非自主义。影响状语自主义凸显的一个重要因素,就是句中出现的施事是否是意志施事。我们认为当自主状语和意志施事共现时其[+自主]特征得到凸显,当自主状语与非意志施事共现时[+自主]特征削弱或隐没。

(一)自主状语与意志施事共现

"意志施事"能有意识、有目的发出动作行为,并能以主观意志支配控制该动作行为。意志施事联系的是具有明显的动作性的自主动词,这种施事最容易辨识。从这个意义上讲,意志施事是典型的施事。自主状语和意志施事共现时,其[+自主]特征得到凸显。例如:

(1)我是他的法律顾问,只能依照他的指示去办事,提出了太多我个人的主见和批评反而要被丘老先生叱骂的!(田流《高山、流水、虹》)

(2)这时候郭沫若已是全国人大常委会副委员长,他亲切接待张琼华,又让于立群和秘书分别陪她游览名胜,选购衣物。(《报刊精选》,1994年)

(3)传庆掉过头来就朝着相反的方向走。他听见言丹朱的嗓子

在后面叫:"传庆!传庆!"更加走得快……。(张爱玲《茉莉香片》)

例(1)施事"我"结合自身职务"他的法律顾问"的特点,为避免"提出太多我个人的主见和批评……被叱骂",而主动选择了"依照他的指示"作为执行"办事"这一行为的客观依据,施事具有鲜明的"意志性"。句中的自主状语"依照他的指示"表明了意志施事"我"对动作行为相关参照标准的主观控制,也凸显出自主义。例(2)施事"他"以"亲切"的态度接待"张琼华",这一行为是受施事主观控制的,施事"他"具有鲜明的"意志性"。句中的自主状语"亲切"表现出"他"在待人接物时对自身神情、主观态度的有意控制,凸显出自主义。例(3)施事"传庆"明明听到"言丹朱"的叫声,但他故意"朝着相反的方向走"表现出"传庆"在事件中的强意志性。句中自主状语"朝着相反的方向"表明意志施事"传庆"有意选择的动作方向,凸显出自主义。可见,例(1)—(3)中表示人的名词性词语"我""他""传庆",发出的动作行为和主观意志密切联系,他们都是"意志施事"。句中的自主状语"依照他的指示""亲切""朝着相反的方向走",分别表示施事在执行动作行为时有意选择的动作依据,主观控制下的表情态度和主动选择的动作的方向,在句中都有明显的自主义。

从形式特点看,意志施事联系的谓语动词前可加"想""愿"等表现主观意愿的助动词;意志施事所在句子可用主谓句的正反疑问方式提问,并可用否定词的方式回答(在一定语境中可省略否定副词后的谓词)。如例(1)—(3)可变换为:

(1)′我……只能依照他的指示去办事,……
→我想依照他的指示去办事
→你办不办事?　我办事。/我不办事。/我不。
(2)′……他亲切接待张琼华……
→他愿意亲切接待张琼华。
→他接不接待?　他接待。/他不接待。/他不。
(3)′传庆掉过头来就朝着相反的方向走。
→传庆想朝着相反的方向走。
→传庆走不走?　传庆走。/传庆不走。/传庆不。

意志施事还可以是一些表示企业、学校、部队、机关、党派、国家等的名词。因为，这些组织、机关单位、社会团体都是由人组成的，并且是通过人来执行一系列动作，归根结底这些由人组成的群体其实质还是指人的，因此这类名词也具有"意志性"特征。从形式特点看，这类意志施事联系的谓语动词前，也可加"想""愿"等表意愿的助动词，可用主谓句的正反疑问方式提问并可用否定词的方式回答。例如：

(4) 政府制定了一整套政策以便更好地保护野生动物。(《新华社新闻稿》，2004 年)
→政府想更好地保护野生动物。
→政府保不保护野生动物？ 政府保护。/政府不保护。
(5) 中国已经与很多国家签订和平利用原子能协议。(《新华社新闻稿》，2004 年)
→中国想与很多国家签订和平利用原子能协议。
→中国签不签订和平利用原子能协议？ 中国签订。/中国不签订。

例（4）施事"政府"主动为"保护野生动物"而制定了一整套政策，具有明显的主观意图，"政府"是意志施事。句中自主状语"更好"表明了意志施事对动作达成程度的明确设定，施事必会为达成动作程度量的增加付出主观努力，凸显出自主义。例（5）施事"中国"可以主动控制"签订"这一动作行为，既可以签订也可以不签订，在行动中拥有自主权，"中国"是意志施事。句中自主状语"与很多国家"，表明意志施事"中国"有意选择的动作相关对象，凸显出自主义。可见，例（4）（5）中由人组成的群体"政府""中国"可以看作是"意志施事"，它们所联系的动作、行为是受行为主体主观控制的。句中出现的自主状语"更好""与很多国家"，分别表明施事执行动作行为时意欲达到的程度、有意选择的对象，具有明显的自主义。

（二）自主状语与非意志施事共现

非意志施事不能自主地控制动作行为，也就是说，施事所联系的动作行为是其主观意志所不能控制的。非意志施事可分为两种。第一，由表示动物的名词充当非意志施事。按常理来说，"意志性"是人所固有的一种心理属性。因而，动物名词虽具有施动能力，但是它们在发出动作时是无意识无目的的。动物对动作行为不具有主观控制能力，所以由动物名词充当的施事是"非意志施事"。第二,与非自主动词发生联系的施事是"非意志施事"。这种非意志施事有指物的,也有指人的。据我们考察当自主状语与非意志施事共现时[+自主]特征无法得到凸显。下面分别讨论与两类不同的非意志施事共现的自主状语:

第一,自主状语与动物名词充当的非意志施事共现。

动物可以发出一定的动作行为,但动物不具有人所特有的"意志性"。因此动物发出的是无意识、无目的的动作行为,动物名词充当"非意志施事"。从形式特点看,非意志施事联系的谓语动词前不能加"想""愿"等表主观意愿的助动词;"非意志施事"所在的句子,或者不能用主谓句的正反疑问方式对句子提问,或者虽可用主谓句正反疑问句方式提问,但不能用"施事+不"这种含有主观意志的否定方式答问。例如:

(6)"一望无际有几棵树,那这百灵鸟怎么在树上唱歌呐?"(魏润身《挠攘》)

→*百灵鸟想在树上唱歌。

→百灵鸟唱不唱歌?　　　*百灵鸟不唱歌。/*百灵鸟不。

(7)一条黑狗从规整的院子里跑出来,汪汪地叫着。(丁耶《边外集》)

→*黑狗想叫。

→黑狗叫不叫?　　　黑狗不叫。/*黑狗不。

例(6)施事"百灵鸟"不具有主观意志,"百灵鸟"虽可以发出"唱歌"(拟人)这一动作,但这种动作行为是无意识的,"百灵鸟"是非意志施事。句中出现了自主状语"在树上",从语义看这个介词短语具有主体的可控成分。但由于与非意志施事共现,自主状语的自主义隐没,不能表现出施事对动作行为方式的主动控制。例(7)施事"黑狗"发出"跑"这一动作是出于本能,而不是有意识有目的地发出的,"黑狗"是非意志施事。句中出现的状语"从规整的院子里"表明了动作的起点,单就语义而言具有主体可控成分。但由于它与非意志施事"黑狗"共现,所以状语不能理解为施事有意选择的动作起点,自主义隐没。例(6)(7)中,由于动物名词"百灵鸟""黑狗"是"非意志施事",它们发出的动作是无意识无目的的,受其影响句中自主状语的[+自主]特征也无法凸显。

第二,自主状语与非自主动词联系的施事共现。

施事联系非自主动词时，由于非自主动词表示的动作、行为是人的主观意志无法控制的，所以，这类施事是不具有"意志性"的"非意志施事"。从形式特点看，这类非意志施事联系的谓语动词前，不能加"想""愿"等表主观意愿的助动词；不能用主谓句的正反疑问方式对句子提问，也不能用"施事+不"这种含有主观意志的否定方式答问。例如：

(8) 日子像流水一样悄悄逝去。(《人民日报》，1993年)
→*日子想悄悄逝去。
→*日子逝不逝去？　*日子逝去。/*日子不逝去。/*日子不。

(9) 她感觉到一阵刺痛，人就飞速往黑暗深处里坠落。(苏童《妻妾成群》)
→*人想坠落。
→*人坠不坠落？　*人坠落。/*人不坠落。/*人不。

例(8)"逝去"是非自主动词表示人力无法控制的自然变化。与非自主动词"逝去"联系的施事"日子"是无生命名词，不具有"意志性"是"非意志"施事。句中状语"悄悄"表示"悄无声息，不被察觉"，这种情态是行为主体可以通过主观控制达成的，因而语义中有主体可控成分。但在此句中"悄悄"受到非自主动词和非意志施事的影响，自主义隐没。例(9)句中施事"人"联系非自主动词"坠落"，这一动作是不受施事"人"主观控制的动作，"人"是"非意志"施事。句中自主状语"飞速"，可以表示施事以较高的速度执行某动作，语义中有主体可控成分。但是受到非自主动词和非意志施事的影响，状语"飞速"不能表示施事通过主观控制达到的速度，仅仅表明动作的客观状况，其自主义隐没。例(8)、(9)中，与非自主动词联系的施事"日子""人"不能以主观意志控制动作是"非意志施事"，受其影响句中自主状语的[+自主]特征无法凸显。

通过以上分析，我们认为"意志施事"和"非意志施事"有明显差别：①经常充当意志施事和非意志施事的语言成分不同：意志施事一般由表示人的名词性词语充当；而非意志施事大多由指物的名词性词语充当。②意志施事联系的动词都是自主动词；非意志施事联系的动词多是非自主动词。③意志施事联系的动词前一般可加"想""愿"等表示主观意愿的助动词；非意志施事所联系的动词前不能加"想""愿"等表主观意愿的助动词。④意志施事所在的句子可用主谓句的正反疑问方式提问,并可用否定词的方式回答;非意志施事所在句子或者不能用主谓句的正反疑问方式对句子提问,或者虽可用主谓句正反疑问句方式提问,但不能用"施事+不"这种含有主观意志的否定方式答问。⑤自主状语与意志施事共现时,其语义中蕴含的 [+ 自主] 特征得以凸显;自主状语与非意志施事共现时 [+ 自主] 特征无法得到凸显。

二 意志施事与非意志施事的典型特征比较

通过上文的分析我们发现,词汇层面上具有 [+ 自主] 特征的状语与意志施事共现时,状语可以表现出施事对动作行为相关特征的主动控制,自主义得以凸显。词汇层面上具有 [+ 自主] 特征的状语与非意志施事共现时,无法表现施事对动作行为相关特征的主动控制,自主义往往隐没。可见,施事类型是影响状语句法层面 [+ 自主] 特征隐现的一个重要因素。我们认为不同的施事对状语自主义的影响与其典型特征有关。

(一) 意志施事与非意志施事的生命度特征

生命度是从生物学的角度对事物进行分类,指的是世界万物活动能力的强弱程度。随着类型学研究的不断深入,生命度已经成为一个广泛适用的语言学概念,被借用到语义学领域中对名词性成分进行分类,许多语言现象的背后可以看到生命度的作用。科姆里(1989)给出的生命度基本等级序列是:

人类 > 动物 > 无生命物。

我们对这一序列的理解是:人的生命度等级高于动物,动物又比无生命物的生命度高。就活动能力看,人类和动物都是有生命物,都可以自由地控制自身的动作行为,可以发出或不发出某一动作。但人类作为高等动物较之其他动物最大的不同在于:人类在发出动作之前往往经过了复杂的心理活动、思维活动,在发出动作时是有意识有目的的。人类也可以按照主观意志选择执行动作行为的方式途径等。而动物虽然有活动能力,但它们是按照本能行动,不具备有意识地发起动作的能力(拟人手法或文学作品除外)。因此,人类的生命度较之动物要高。无生命物既不能控制自身也不能有意识地发起动作行为,生命度等级最低。

根据我们收集的语料,意志施事多由表示人的名词性词语,或表示国家、党派、组织、企业、学校、部队、机关单位、社会团体等的名词性词语充当。非意志施事多由表示动物的名词充当。从生命度角度看，意志施事＞非意志施事（">"表示"高于"）。二者生命度等级特征又直接影响与之共现的状语［＋自主］特征的凸显。下面详细说明：

1. 意志施事生命度特征

"意志施事"多由表示人的名词性词语或表示组织、机关单位、社会团体等的名词性词语充当，这些词语具有［＋高生命度］特征。

第一，人类做意志施事，句子描述的是人类有意识有目的的活动，经常使用目的性、意愿性的表述，句中状语的［＋自主］特征凸显。例如：

（10）一天放晚学，我急急回家想早点告诉您，我参加全县中学作文比赛得了个第一。（《人民日报》，1995年）

（11）他给我们出的方法，教我们按他的方法起运。（老舍《文博士》）

（12）皇太妃转脸望着年幼君主老泪纵横，她一边安慰他一边把他的长发扎在他粉红色的长袍里。（佚名《平家物语》）

（13）辣辣甚至采取了用绷带固定的办法将艳春的头绑在柱子上。（池莉《你是一条河》）

（14）假如太太有朝一日不照着他所熟习的方法走路，那要多么惊心而没有一点办法。（老舍《不说谎的人》）

例（10）—（14）中的施事"我""他""皇太妃""辣辣""太太"是表示人的代词或专有名词，他们具有高生命度。在句中，施事有意识地发出动作且在事件中表现出明显的目的性。例（10）—（14）中的状语"早点""按他的方法""转脸""用绷带固定的办法""照着他所熟习的方法"，分别说明了时间、方式、情态、方法等动作的相关特征，语义蕴含有主体可控成分。这些状语和具有［＋高生命度］特征的施事共现，表现出施事按照自己的主观意图，对动作特征进行主动控制，以便使事件发展符合主观愿望。句中状语［＋自主］特征都得到了凸显，可以进入肯定祈使句"请……Ad＋VP"中。

第二，表示组织机构等的名词性词语作意志施事，句子描述的是人类有意识有目的的活动，句中状语的［＋自主］特征凸显。例如：

（15）公司以租赁方式使用土地，必须签订租赁合同。（《报刊精选》，1994年）

(16) 在二十世纪六十年代，不知除了中国，还有哪个国家以同样的方法灭虫。(梁晓声《一个红卫兵的自白》)

(17) 去年9月组建的金桥警察署，以动态管理的方式对所辖区域进行全天候监管。(《报刊精选》，1994年)

(18) 党中央机关报首次用这种专栏形式提倡并带头吹起这股"短风"。(《人民日报》，1995年)

(19) 家家户户都将用太阳能发电机来提供照明和加热用的电力。(《报刊精选》，1994年)

(20) 《渝洲唱晚》以"打抱不平"的姿态，替霍家说话，从而打进霍家的生活。(莫怀戚《陪都旧事》)

例(15)—(20)中的施事是表示国家、公司等各类团体或者组织的名词性词语，这类团体或者机构都是由生命度较高的人组成，所以这类施事的施动性比较强，具有一定的"意志性"。例(15)—(18)中的状语"以租赁方式""以同样的方法""以动态管理的方式""用这种专栏形式"说明了动作行为的方法、方式；例(19)中的状语"用太阳能发电机"说明了动作借助的工具；例(20)"以打抱不平的姿态"说明了施事的主观态度。从语义看，这些状语都是对动作行为相关特征的描写，蕴含有主体可控成分。它们和具有[+高生命度]特征的施事共现，可以表现出施事对动作相关特征的主动控制。因而，其[+自主]特征都得到了凸显，可以进入"请……Ad+VP"的格式中。

据我们考察，自主状语句的施事倾向于代词、指人专有名词和指人具体名词。根据学者们的研究，如果将科姆里(1989)给出的生命度基本等级序列"人类>动物>无生命物"转化为语言学概念的生命度等级序列，可粗略表示为：

指人名词>其他有生名词>无生名词①

更进一步可详细表示为：

词项：第一人称>第二人称>第三人称>专有名词>称谓名词>

---

① 张国宪：《"V双+N双"短语的理解因素》，《中国语文》1997年第3期。

人 > 动物 > 微生物 > 植物 > 无生物①
　　代词→名词→
　　生命度：强→弱

　　按照语言学概念的生命度等级，自主状语句中出现的施事处于最高或较高生命度等级。这些施事生命度较高，具有更强的施动性，在执行动作行为时表现出的目的性和意图性明显而强烈，能在事件中主动有效地控制影响事件的诸多因素，显示出对事件的控制能力。与这些施事共现的自主状语，能够表现出主体对行为相关特征的主观控制，因而其语义中的［＋自主］特征得到凸显。

　　2. 非意志施事生命度特征

　　充当非意志施事的词语按生命度等级高低可依次分为两种类型：

　　第一，动物名词。

　　非意志施事多由动物名词充当，动物名词在语言学概念的生命度等级低于人类。动物名词作施事时，它发出的是无意识的不受主观意志控制的动作。因而，当语义蕴含［＋自主］特征的状语与这类非意志施事共现时，其语义中的［＋自主］特征一般无法得到凸显②。例如：

　　（21）这时候，几个老人就笑他，并唆使狗朝他狂吠。（陈应松《松鸦为什么鸣叫》）

　　（22）他今天凌晨看到一群老鼠，整整齐齐一排，相互咬着尾巴从马路上穿过。（余华《夏季台风》）

　　例（21）状语"朝他"引介动作行为"狂吠"的针对对象"他"，与动物施事"狗"共现时其［＋自主］特征受到抑制。例（22）状语"相互"与动物施事"老鼠"同现，其自主性隐没，不能表示主体有意选择的行为方式。

　　（23）长颈鹿远远地以茫然的眼神儿眺望。（王朔《我是你爸爸》）

---

① 王珏：《汉语生命范畴初论》，华东师范大学出版社2004年版，第66页。
② 动物名词作施事时，如果处于拟人环境下，这时，语境赋予动物名词以人的意志。在这种情况下，与之共现的自主状语的［＋自主］特征可得到凸显。

(24) 原来是老的小狗弗雷顿蹲在门口,仍然用昨日那种忧伤的眼光凝视着他。(张贤亮《绿化树》)

(25) 一只浑身沾满雪粒,气喘吁吁的狼出现在面前,用狡黠贪婪的目光死死盯住了他。(王凤麟《野狼出没的山谷》)

(26) 大象一直在以同一姿势晃着尾巴默默地吃着干草。(王朔《我是你爸爸》)

(27) 鸟儿用不同的腔调唱起歌来。(老舍《四世同堂》)

(28) 它试了几次终于一跃而起展翅飞翔,活泼伶俐地在我周围翩翩飞舞了好一阵,又向清明如洗的空中冉冉飞去,像一片小小的雪花,愈飞愈远,消失不见了。(凤凰涅槃《白蝴蝶之恋》)

例(23)—(28)中的施事都是动物名词。句中出现的状语大多是介词短语,形成"用/以/……姿势/眼光/目光/姿势/腔调"的框架。我们认为受到动物名词的生命度特征影响,在介词框架中可以出现"眼神""眼光""目光""姿势""腔调"等与动物身体器官有关的特征。但是动物不具备思考能力,所以介词框架中一般不能出现"方法""手段"等蕴含智力因素的词。不过,在例(23)—(28)中使用了一些描述人的性质的词语,如"茫然""忧伤""狡黠""贪婪""默默""活泼伶俐"等。这些词语的使用增加了句子的拟人性和动态性。在这种拟人性的环境中,动物临时获得了人的"意志性"。因此,句中自主状语的[+自主]特征得到了凸显,有的可以进入"请……+Ad+VP"的格式。如:"请用昨日那种忧伤的眼光凝视着他""请以同一姿势默默地吃干草"。

第二,无生命物。

非意志施事还可由无生命物充当。无生命物既不能控制自身,也不能有意识地发起动作行为。无生命物作施事时发出的动作不受主观意志的控制。因此,当语义蕴含[+自主]特征的状语,与这类非意志施事共现时,其语义中的[+自主]特征无法得到凸显。无生命物从构成看比较复杂,按照是否具有施动能力可分为两类。

A. 有一定施动能力的无生命物

有一定施动能力的无生命物包括自然力量和人造物,它们都"没有生命特征",但具有一定的施动能力。自然力量和人造物作施事时,发出的动作不受主观意志的控制。语义蕴含[+自主]特征的状语与这类非意志施事共现时,其语义中的[+自主]特征无法得到凸显。

自然力量是"没有生命特征"的无生物。不过,我们认为自然力量在一定条件下也具有施动能力，能够自动发出动作。如"水能载舟，亦能覆舟""风卷残云""风吹雨打"等。天体运行、刮风下雨，既不以人的意志为转移，也不受人力控制。因此，自然力量虽然具有一定的施动能力，但却是一种不受主观意志支配的自然动力。所以，自然力量发出的是无意识无目的的动作，有别于人的有意识有目的的动作。例如：

(29) 刹那间，一捆又一捆谷子以惊人的速度飞上来。（谢友鄞《马嘶·秋诉》）

(30) 标金的跌风用一小时一百基罗米突的速度吹着把人吹成野兽。（穆时英《夜总会里的五个人》）

(31) 一股浊流正以惊人的速度向登州海角推进。（张炜《柏慧》）

例（29）—（31）中的施事要么是运动的物体如"谷子"，要么是带有散发性能量的物质如"风""浊流"等，它们都具有某种施动能力。句中的状语"以惊人的速度""用一小时一百基罗米突的速度"，从语义上说蕴含有主体可控成分，施事可通过主观意志实现对动作速度的控制。当这些表示速度的状语与高生命度名词共现时，其自主义可得到凸显。如"他以惊人的速度跑出了大门"中，状语"以惊人的速度"表现出施事"他"对动作行为"跑"的速度的有意控制。但是，例（29）—（31）中的施事"谷子""风""浊流"具有 [＋无生命度] 特征，不具备有意识发出动作的能力，使句中状语"以惊人的速度""用一小时一百基罗米突的速度"的 [＋自主] 特征隐没，这些状语句不能出现在"请……＋Ad＋VP"的框架中。

人造物是指由人类创造出的机械、工具等物体，它们是"没有生命特征"的无生物。人造物一般不能自动发出动作但可以在人的操纵下具有施动能力。例如：

(32) 船依然以它固有的方式剖开江水。（方方《暗示》）

(33) 凶悍的强击机群俯冲而下，以完美的角度射出火箭、投下重磅炸弹。（王朔《空中小姐》）

(34) 汽车却仍无停意，以它一往无前的派头继续往前开。（方方《一波三折》）

例（32）—（34）中人造物"船""强击机群""汽车"在人的操控下运动，具有较强的施动能力，能够对其他事物产生影响；如例（32）中在人的操控下运动的船能"剖开江水"；例（33）人操控的飞机能射出火箭。例（32）—（34）中出现的状语"以……方式/角度/派头"，从语义看蕴含有主体可控成分，当它们与高生命度特征的名词共现时有明显的自主义。如"他以刁钻的角度进攻"中，状语"以刁钻的角度"与高生命度代词"他"共现，具有明显的自主义，表明施事有意选择的动作特征。但是，上述状语在和"船""强击机群""汽车"等无生命物共现时，由于这些名词本身不具备"意志性"特征，使得状语自主义也无法得到凸显。例（34）介词短语中出现的名词"派头"是形容人的，但即便是在介词结构后，使用了像"派头"这样专门形容人的词语，我们仍然认为，这些无生命物施事不能凸显自主状语的［＋自主］特征。这些句子都不能出现在"请……＋Ad＋VP"的框架中。

B. 不具有施动能力的无生命物

不具有施动能力的无生命物，它们既"没有生命特征"，也不能自动或在人的操纵下发出动作。比如："电话、桌子、报告、观念、地点、时间"等等。这类无生命物本身不具备施动能力，在句中联系的都是非自主动词。整个句子表示不受主观意志控制的情况。语义蕴含［＋自主］特征的状语与这类非意志施事共现，其语义中的［＋自主］特征无法得到凸显。例如：

（35）老陈哪，听说咱们北京要地震，有这么回事吗？（王朔《编辑部的故事》）

（36）我告诉您，这个行市要大涨特涨。（曹禺《日出》）

（37）被化肥搅腾得天旋地转的麦播季节眼看就要过去。（田中禾《最后一场秋雨》）

综上所述，施事生命度特征与状语［＋自主］特征在不同句子中的凸显有密切关系。在我们考察的语料中，无生命物按是否具有施动能力可分为：具有施动能力的自然力量、人造物和不具有施动能力的其他物质，前者生命度等级高于后者。因此，我们在生命度基本等级序列"人类＞动物＞无生命物"的基础上，把生命度等级补充为"人类＞动物＞自然力量、人造物＞其他无生命物"。就生命度而言，人是最高的，因为人有思维、感觉与自主行动，其活动能力最强；而动物具有生命特征但不具有思想意识、情感活动,因此生命度低于人;无生命物中"没有生命特征"但有施动能力的自然力量、人造物,其生命度等级高于无施动能力的其他无生命物。意志施事多由指人的名词性词语充当,具有[+高生命度]特征;非意志施事多由表示动物、自然力量、人造物,其他生命物的名词性词语充当,具有[+低生命度]或[+无生命度]特征。意志施事和非意志施事不同的生命度特征,影响了与其共现的状语[+自主]特征的凸显。不考虑其他语用因素的情况下,一般只有具有[+高生命度]特征的人类做施事时,才能凸显自主状语的[+自主]特征;动物、自然力量作为施事时,一般只有出现在拟人或童话故事中才能凸显自主状语的[+自主]特征。另外,公司、家族、国家等各类团体或者组织,虽然是非生命体,但组成它们的是高生命度的人,可以看作是人的意志性在社会领域的一种延伸。因此,当这些词语作施事时也可以激活状语的[+自主]特征。在人类>动物>自然力量、人造物>其他无生命物的生命度框架下,可以区分句中施事的不同行为类型:一是具有生命特征的人类、动物的有意识或无意识的运动,包括人的有理性与无理性行为,动物的"有目的"与无目的行为;二是不具有生命特征的无生命物的无意识的运动。自主状语一般出现在人的有理性行为中,在拟人环境下可出现在动物的"有目的"行为中。这种组合规律反映了自主状语句对施事生命度的选择。我们认为自主状语句的施事具有[+高生命度]的特点,一般由表示人类的名词充当。

（二）意志施事的意愿性特征

据我们考察自主状语所联系的施事多具有强意愿性,施事施行的动作往往是其自身所期盼的,具有"可意欲"或"可意愿"特征。这种特征在句法层面上的表现就是自主状语句中常出现表示意愿性的词语。可分为两类:

第一,施事与能愿、计划类词汇标记共现。

能愿动词及表"计划"的词可以表明动作行为执行者的主观意愿、意志,或者行为主体对未来要发生的事件的主观期待。因此,和这些词共现的施事表现出强意愿性。例如:

(38) 愿王教授这一夙愿终将在深圳这片土地上得以生根开花。(《报刊精选》,1994 年)

(39) 我愿意继续提供帮助,促使新政府尽快成立。(《新华社新闻稿》,2004 年)

(40) 他抬起头来，望着我说："我知道你很爱我，我希望你能经常这样对我说，一直到我死的那一天。"(《读者》，2007年)

(41) 他顶盼望继续作战，而且能在败中取胜；可是，盼望是盼望，事实是事实。(老舍《四世同堂》)

(42) 经营者一定要常常亲自去拜访客户。(《哈佛管理培训系列全集》，2010年)

(43) 收藏家都会出重价抢买。(钱锺书《灵感》)

(44) 清朝灭亡后，毛公鼎一度流落到香港，当时美国人辛普森打算用5万元重金购买。(《中国儿童百科全书》，2015年)

(45) 设计者还打算由电子计算机来操纵汽车飞机。(《中国儿童百科全书》，2015年)

(46) 在病理研究方面，荷兰研究人员计划用猴子做实验并进行尸体解剖。(《新华社新闻稿》，2004年)

(47) 听到萧文他们从省城频频传来的捷报，刑警队的众人们无不大受鼓舞，大家心里都悠着把劲，准备跟着萧文好好地大干一场。(张成功《刑警本色》)

例(38)—(43)出现了能愿动词"愿""愿意""希望""盼望""要""会"等，表明施事的主观愿望，愿望自然是尚未实现的，因而整个句子反映的是行为主体对未然事件的主观期待。例(44)—(47)中的"打算""计划""准备"都表示施事对未来事件的安排，同样反映了施事的主观愿望。例(38)—(47)中由于出现了表示施事主观愿望或计划安排的词语，使得和这些词共现的施事也体现出强意愿性。能愿动词、表"计划"的词语所指向的动作行为，虽然在客观世界中尚未执行和实现，但在主观世界中，这些动作行为具有心理现实性。它们被认定为可以被施事主观控制的动作行为。它们一方面加强了句中施事的意愿性；另一方面，又可激活状语语义中的［+自主］特征。

第二，施事与义务类语气副词共现。

义务类语气副词可表示说话人或施事的意志，表明他们对说话内容的情感、主观评价等。义务类语气副词和施事共现可加强施事的主观意愿。例如：

(48) 本来，作为一个领导干部，有一件风雨衣，拿应得的奖金，一些急难险重的工作交给下级干部去做，等等，情理之中，合理

合法，但是他们偏偏从严要求自己，这就大大提高了他们的威望和感召力。(《人民日报》，1994年)

(49) 厂领导宁可高价采购优质糯米，也要把霉变糯米全部退回。(《报刊精选》，1994年)

(50) 有的青年人并不愿意过早结婚，可他们苦于没有致富门路，又几乎没有什么文化生活，无所事事，有的干脆以打牌、赌博作消遣。(《人民日报》，1998年)

例(48)—(50)中的语气副词"偏偏""宁可""干脆"都表现出说话人(施事)对动作行为所持的主观态度，表明施事对动作、行为、状态的主观选择，带有强烈的意愿性，句子的主观意味很浓厚。而这些句子中的施事也都是意志施事，表现出主体的强意愿性。例(48)语气副词"偏偏"表现出施事有意做出与现实情况相反的行为，凸显出施事强烈的意愿性。根据上下文可知，此例首先提出了在领导干部中普遍存在的不良作风，而施事"偏偏"选择表现得与这些现实情况相反，"从严"要求自己。这是行为主体主动做出的选择，施事在行为过程中表现出强烈的意愿，状语"从严"自主义明显。例(49)"宁可"表明了施事在多种选择中，权衡得失做出了从长远来看更为有利的决定。这个过程显然是需要施事以理性的判断作为基础的，显示出施事较强的意愿性。句中出现的状语"高价"，表明施事在事件中选择的动作工具，具有自主义。例(50)"干脆"表明施事面对多种选择时，做出一种果决性选择。施事"青年"的行为"打牌、赌博"都有极端性，但从另一方面看，这些行为也是"无致富门路、无文化"导致的无奈行为。在这种环境下施事主动选择了"以打牌、赌博"作为"消遣"的方式，表明主体的意愿性，状语的自主义明显。

另外，强势语气副词"给我"也常常和意志施事共现，可以强化施事的意愿性。例如：

(51) 徐佐领向执棍的衙役使了个眼色道："乔致庸抗拒不招，还说胡话，给我往死里打！"(朱秀海《乔家大院》)

(52) 他没有接电话，却冲着护兵喊道："告诉一中队，叫他们赶快给我往外冲，走南门！"(李晓明《平原枪声》)

(53) 谢嘉华端上饭来："少给我耍贫，想蹭一顿直说。"(李鸿禾《冬至》)

例（51）—（53）中出现了语气副词"给我"，从语义看，"给我"表现出说话人强烈的主观意志性，是一个强势语气副词。只有当说话人与听话人在某一点上构成"等级关系"时，才可使用"给我"这个语气副词。因此，当"给我"出现在句中时，可明显加强施事的意愿性。在这些句子中出现的状语"往死里""往外""少"都表明了施事对动作某一特征的强制性的规定，具有自主义。

据我们考察，可以加强自主状语句施事意愿性的语气副词常见的还有"宁、宁肯、宁愿、偏、就、就是、死活、非得、非、毋宁、索性、率性、爽性"等。它们都体现出主体对某种行为、状态等的主观选择，与之共现的施事也表现出强意愿性，对事件的控制能力很高。

（三）意志施事的目的性特征

自主状语句的施事施动性很强，能主动控制事件的发展进程。同时，自主状语句的施事发出动作时，往往带有很强的目的性，在句法上的表现就是常和一些表示目的的词语共现。例如：

（54）他出洋时，为方便起见，不得不戴眼镜，对女人的态度逐渐改变。（钱钟书《围城》）

（55）天下总没有不散的筵席，所以为了避免伤心起见，她总是有意无意地避免各种聚首。（仔仔《我心非石》）

（56）为了保住我的产业，好让我闺女和外孙有口吃喝，我跟日本人去攀交情。（老舍《四世同堂》）

（57）我国还在安徽、浙江等地建立了扬子鳄的自然保护区和人工养殖场，以便为我国和国际上的科学研究提供宝贵的动物资源。（《中国儿童百科全书》，2015年）

（58）他们还特意学习了照相机修理技术，以便更好地为来韶山的游人服务。（《人民日报》，1994年）

（59）他想往前挪一挪，按照旧戏中呈递降表的人那样打躬，报门而进，好引起台上的注意。（老舍《四世同堂》）

（60）我想早日完成小学学业，好减轻姜妈妈的负担。（《人民日报》，1993年）

（61）为了避人耳目，我们就在表面放了些枣子和腊肠，以免被半路上的强盗们给抢了去。（王小枪《无厘头水浒故事：完全强盗手册》）

例（54）—（61）中分别出现了"为（了）……起见""为了""以便""好""以免"等表示目的的词语，这些词语的出现使得句中施事的主观意图非常明确，我们可以清晰地发现行为主体行动的理据，可以理解施事为什么采取这样的行为。这些句子都表现出施事行动之前是经过周详的考虑和计划的。因此，与之共现的施事也就凸显出明显的目的性特征。句中的状语都表现出在施事的目的性行为中，主体对动作相关特征主动、有意识的控制和安排，具有明显的自主义。

三 自主状语句施事优选配位

陈平（1994）提出"原型施事"和"原型受事"的理论，来寻求制约施事和受事优先投射强度的规则。他认为最基本的语义角色为"原型施事"和"原型受事"，分别由两组基本特征组成：

原型施事特征主要包括：自主性、感知性、使动性、位移性、自立性。

原型受事的主要特征包括：变化性、渐成性、受动性、静态性、附庸性。

原型施事和原型受事位于一个连续统的两极，其他语义成分可以看作是分布在这一连续统上的一些点，代表有关原型特征的某些典型组合。据此，陈平提出充任主语和宾语的语义角色的优先序列：

施事＞感事＞工具＞系事＞地点＞对象＞受事（在充任主语方面，位于"＞"左边的语义角色优于右边的角色，在充任宾语方面正好相反。）

从上文我们对自主状语句施事的分析可以看出，自主状语句的施事是一种典型的施事，因此自主状语句施事的优选配位是主语位置。

从心理层面来看，人们总是倾向于把事件或活动看作由一个有意志的动作发起者通过动作对某个受动者施加影响。在"施动者——动作——受动者"这个心理上的"完形"图式里，施动者应能有意识有目的地按照自己的主观意图来控制事件的发展；事件应由施动者引起，且只有施动者对事件负有责任；作为施动者的行为结果，应当能使受动者所代表的事物形成某种结果；这种结果应该符合施动者的预期；等等。一个事件中施动者的控制力表现得越充分，投射到句法结构时就越容易与"主语——动词——宾语"结构匹配。在自主状语句中，施事具有极强的施动能力和意愿性,施事既是事件发生的直接使因,又是整个事件向前发展的积极推动者。这类施事投射到句首的主语位置,符合人们的常规认识和语感要求。所以,自主状语句表现为"主谓宾——施动受"的典型对应,对汉语使用者而言,感觉自然而流畅。

从认知结构上看,自主状语句"主谓宾——施动受"的典型对应反映了人的普遍认知结构。在某种程度上反映了语法认知模式的临摹性(即词与词之间的组合关系反映了人的经验结构),更确切地说是顺序临摹性。语法具有临摹性,这是功能主义语言学家的共识。其中,顺序临摹性指的是语言成分构成的线性顺序,对应于客观世界中事件发生的因果顺序。虽然人类的认知经验有相当多的共性,但不同民族的经验结构未必完全相同。正因如此,语言才可以根据句法成分的次序特征分出不同的类型。就动作与施事的关系而言,操SVO型语言的民族其认知经验结构是:首先有一个行为主体,它发出某一动作行为,这一动作行为在发出之后,或这一动作行为在展开的过程中,作用于或影响了某一事物,然后这一事物产生了变化。自主状语句中"施事——动作——受事"句法实现为"主语——动词——宾语"的排列次序,恰恰对应于事件的发生顺序。所以,自主状语句凝固了语法的顺序临摹原则。在这一原则的作用下,自主状语句的施事占据主语位置也就顺理成章了。

四 小结

第一,首先区分"意志施事"和"非意志施事",比较了两者的不同,并分析了与这两类施事共现时,状语自主义的隐现情况。

第二,分析了与自主状语共现的意志施事的语义特征,我们认为其具有[+高生命度][+意愿性][+目的性]的特征。这些特征对于凸显自主状语的自主性有极为重要的作用,不考虑其他语用因素的情况下,一般只有具有[+高生命度]特征的人类作施事时,才能凸显自主状语的[+自主]特征;动物、自然力量作为施事时,一般只有出现在拟人或童话故事中才能凸显自主状语的[+自主]特征。

第三,指出自主状语句施事的优选配位是主语位置,这是因为自主状语句中施事是典型的意志施事,具有[+高生命度][+意愿性][+目的性]的特征。

第六章 自主状语与动词的双向互动

话语活动是静态要素和动态要素的结合。在静态条件下，词语往往含有一定的语义特征，这是词汇语义学的分析对象。但在动态的应用过程中，词语的语义特征会随其所处上下文、说话情景和社会环境等要素的不同而发生某种程度的有条件的变化。对此，郭锐曾说"词在句法层面上会产生词汇层面未规定的性质，我们把这种性质叫作语法的动态性"①。本章将从自主状语与动词中心语的互动来考察词语的静态义在动态条件下会发生什么样的变化，考察对象锁定在状语自主义隐现与动词的关系上。

第一节 自主状语激活动词自主义项

马庆株以能否由主观意识施加控制作为标准把行为动词分为自主动词和非自主动词。但是，自主动词与非自主动词的对立并非绝对的，"有些自主动词的自主义在一定条件下产生不确定性，即受到其他义素的影响而隐没，在另一些条件下又会显现出来"②。从共时层面上看，由于汉语缺乏形态变化，很多多义动词兼有自主义和非自主义的不同义项，比如："丢—掉—扔"是一组同义词，"扔"只有自主的用法，"掉"只有非自主的用法，将这两个意义差别比较大的词作为桥梁联系起来使人觉得二者同义的是"丢"，它既有自主义项（如：把垃圾丢出去），又有非自主义项（如：钢笔丢了）。又比如"跑"同时具有自主义项①迅速前进（如：跑快点）；②为某种事物奔走（如：跑工作）；③物体离开了应该在的位置（如：跑了一只鸟）；非自主义项④液体因挥发而损耗（如：汽水跑

---

① 郭锐：《语法的动态性和动态语法观》，商务印书馆语言学出版基金发布会暨青年语言学者论坛——21 世纪的中国语言学会议论文（2002.1，北京）。
② 马庆株：《自主动词和非自主动词》，《中国语言学报》1988 年第 3 期。

气了）。

　　由于动词的多个义项包含多种义素，如自主义、持续义、完成义、动作义、状态义、感受义、致使义等。自主义和这些义素之间有的是并存关系，有的是排斥关系。它们的相互影响使某些自主动词的自主义在一定条件下产生不确定性：有时动词的自主义会因为其他义素而隐没，有时又会因为所在结构或其他原因而凸显出来。因而动词的自主性是在具体句式中通过各相关项得以确定的。动作本身的自主性可以通过动词的修饰语、时态标记、能愿动词、含主观处置义的特定句式等表现出来。但是，动词和这些相关项未必要在句子中一起强制出现。我们认为自主状语就是表现动词自主性的一个标记项，一方面动词本身在与自主状语组合时得以确定其自主义项；另一方面，状语本身的自主义在和自主动词组合后得到凸显，二者互为激活对方自主义的催化剂，同时二者的共用又更加突出了主体在事件中对动作的控制力。

　　语言中的词相比于客观现实世界中的事物而言其数量总是有限的，随着社会的发展和人们认识的深化，出于语言经济性的考虑不可避免地要用原有的一些词来表示其他一些有关的事物，这就造成了词的多义现象。动词由于使用频率高大多具有多个义项，其中既有自主义也有非自主义，对此，马庆株指出"多义项动词有不少既含有自主义素的义项，又有不含自主义素的义项。含自主义素的义项叫作自主义项，不含自主义素的义项叫作非自主义项。动词根据义项的性质归类。多义项动词应看作不同的词，在自主义项下具备自主动词的条件，是自主的；在非自主义项下不符合自主动词的条件，是非自主的"①。我们选择了一些常用的兼具自主义项和非自主义项的多义动词，通过考察它们与状语的组合，发现当状语与多义动词组合时，动词的自主义项都能激活状语蕴含在词义中的自主义，有的状语虽然语义中蕴含有主体可控成分，但由于与其组合的是动词的非自主义项，所以该状语的自主义素在句中隐没了，有时句中还有其他说明主体在发出动作时的无意识、不情愿、无主观控制能力特点的词语，这时状语的自主义就更加无法表现出来了，整个句子成为典型的不可控事件。举例如下（以下标号1的是动词的自主义项，标号2的是动词的非自主义项）：

　　　　挨$_1$：靠近、紧接着。

---

① 马庆株：《自主动词和非自主动词》，《中国语言学报》1988年第3期。

(1) 车上认识的那个女孩年纪不大,是来北京开发廊的打工妹,他们紧挨着坐在一起,聊得很投机,在漫长的旅途中渐渐"产生了感情。(卞庆奎《中国北漂艺人生存实录》)

挨$_2$:遭受;忍受。

(2) 11月24日,他在刑场写了就义诗后说:"我为抗日而死,死得光明正大,不能在背后挨枪,死了也不能倒下。"(《中国儿童百科全书》,2015年)

例(1)中"挨"为自主动词表示"靠近",而状语"紧"表示动作主体通过实施某种行为主动缩短与另一人之间相隔的空间距离,突出了动作主体的自主性。例(2)中的"挨"为非自主动词表示"遭受、忍受"义,句中"挨枪"显然是主体不能控制的遭遇,主体对这一事件只能被动承受而没有力量改变,状语"在背后"表明动作发生的处所,但受动词非自主义项影响,这个处所不是主体有意选择的,这一事件的发生是完全出乎主体意料之外的。

包$_1$:用纸、布或其他薄片把东西裹起来。

(3) 为了散热,在发动机的气缸外层包上一个水套,加入冷水对气缸进行冷却。(《中国儿童百科全书》,2015年)

(4) 孩子的父母,以白米七颗,红茶七片,用红纸包起来,包上二三百包,遍赠亲友。(《中国儿童百科全书》,2015年)

包$_2$:容纳在里头;总括在一起

(5) 散文的领域海阔天空,自由广泛;古今中外,无所不包。(《中国儿童百科全书》,2015年)

(6) 原子就像包着一粒小铁蛋的大气球。(《中国儿童百科全书》,2015年)

例(3)、(4)中的"包"是自主动词表示"用纸、布或其他薄片把东西裹起来"。两例中的状语"在发动机的气缸外层""用红纸"分别说明了主体在发出动作时所选择的附着位置和工具,体现出主体的自主性;例(5)、(6)中的"包"是非自主动词,表示"容纳在里头;总括在一起",这是主体无法自主控制的一种状态。

抱$_1$:用手臂围住。

（7）送亲者认为新娘入门应足不沾尘，由长辈直接抱进洞房，迎亲者认为这样会贬低新郎的身份，硬要新娘子下地步行。(《中国儿童百科全书》，2015 年)

（8）在她意料之中，我紧紧地抱住她，我们一起倒在床上。我只听到她粗重的喘息声，仿佛要窒息了。(卞庆奎《中国北漂艺人生存实录》)

抱$_2$：心里存着想法意见。

（9）在 70 多岁高龄时，他还抱病指导两个研究生，这就是青年数学家杨乐和张广厚。(《中国儿童百科全书》，2015 年)

（10）我国东北、华北、西北广大地区恰恰属于陆相地层，所以绝大多数外国学者对我国油气储量抱悲观的看法。(《中国儿童百科全书》，2015 年)

例（7）、（8）中的"抱"是自主动词表示"用手臂围住"，这是动作主体可以自主控制的动作。例（7）中的状语"直接"表明动作"抱"的方式，这是主体可以自主控制的。例（8）中的状语"紧紧"说明动作"抱"的情态，这是动作主体有意选择的，两者都凸显了动作主体的自主性。例（9）、（10）中的"抱"是非自主动词，表示"心里存着想法意见"，这是主体不可控的心理状态。其中，例（10）中出现的状语"对我国油气储量"，受到动词非自主义项的影响，并不表示动作主体有意选择的针对对象，而仅仅是句中主语的感受对象，具有非自主义。

表示$_1$：用言语行为显示出某种思想、感情、态度等。

（11）商这时显得十分尴尬不安，马上表示道歉，并补抄一份送给波普汉。(杜聿明《中国远征军入缅对日作战述略》)

（12）世界友好国家和人民，纷纷向我国表示热烈祝贺和同情支持。(力平《周恩来传》)

表示$_2$：事物本身显示出某种意义或者凭借某种事物显示出某种意义。

（13）能量金字塔表示各个营养级之间能量的配置关系。(《中国儿童百科全书》，2015 年)

（14）在天文学中还常常使用"天文单位"来表示天体间的距离，特别是太阳系天体间的距离。(《中国儿童百科全书》，2015 年)

例（11）、(12) 中的"表示"是自主动词，表示"用言语行为显示出某种思想、感情、态度等"，这是动作主体可以自主控制的动作。其中，例（11）中的状语"马上"表明动作"表示"发生的时间，说明了主体实施动作的迅速，显示了主体的高度自主性。例（12）中的状语"向我国"说明动作"表示"的针对对象，这是动作主体有意识选择的，两例中的状语都凸显了动作主体的自主性。例（13）（14）中的"表示"是非自主动词，表示"事物本身显示出某种意义或者凭借某种事物显示出某种意义"，这是主体自身的一种属性而非自主动作。

表现₁：表示出来；故意显示自己。
（15）法国、日本、台湾、香港等国家和地区的青年也对马头琴表现出浓厚兴趣。（《新华社新闻稿》，2004 年）
（16）这个讲话的人只不过是一个角色，是被诗人操纵着来故意表现自己的。（《读书》，1989 年）
表现₂：行为或作风中表示出来的。
（17）这时法国成为欧洲文明的中心，它的建筑突出表现了伟大的气概。（《中国儿童百科全书》，2015 年）
（18）控制论的创始人维纳，从小就表现出非凡的才能。（《中国儿童百科全书》，2015 年）

例（15）、（16）中的"表现"是自主动词，其中例（15）中的"表现"可解释为"表示出来"，例（16）的"表现"可解释为"故意显示自己"，两者都是动作主体可以自主控制的动作。其中，例（15）中的状语"对马头琴"表明动作"表现"的针对对象，例（16）中的状语"故意"说明动作主体在实施动作时的意志性，两者都凸显了动作主体的自主性。例（17）、（18）中的"表现"是非自主动词可解释为"行为或作风中表示出来的"，这是主体自身的一种不受主体意识控制的状态。例（17）、（18）中出现的状语"突出""从小"表示动作的程度和时间，但受到动词非自主义项的影响，不是动作主体有意达成的程度或有意选择的时间点，显示出非自主性。

吵₁：争吵。
（19）有的人觉得钱太少，跟刘小雄的助手大声吵起来，吵了半天刘小雄的助手也没答应多加一分钱。（卞庆奎《中国北漂艺人生存

实录》)

(20) 他粮食定量 29 斤,他认为要定 31 斤,为了这 2 斤粮,同单位领导吵得不可开交。(《报刊精选》,1994 年)

吵$_2$:声音杂乱扰人。

(21) 晚上,儿子的哭闹吵得他坐卧不宁。(《报刊精选》,1994 年)

(22) "小崇拜"们曾半夜 3 点在宾馆楼下呼唤黎明而吵醒全饭店的客人。(《人民日报》,1993 年)

例(19)、(20)中的"吵"是自主动词表示"争吵"。其中,例(19)中的状语"跟刘小雄的助手""大声"分别表明动作的与事和情态,它们都是主体有意选择的。例(20)中的状语"为了这 2 斤粮""同单位领导"分别表明动作的"目的"和动作的与事,它们也是动作主体在发出动作时有意识选择的,都具有自主性。例(21)、(22)中的"吵"是非自主动词表示"声音杂乱扰人",这是一种状态而不是主体有意发出的动作。

吃$_1$:把食物等放到嘴里经过咀嚼咽下去。

(23) 我大口吃着吴琼带来的食物,像一个叫花子那样毫不顾忌。(卞庆奎《中国北漂艺人生存实录》)

(24) 为了减少消耗,我尽量多在床上躺着,这样可以少吃些,北京的东西太贵,动辄 100 元就花没了。(卞庆奎《中国北漂艺人生存实录》)

吃$_2$:受;挨。

(25) 应该说,我算是比较幸运的人,在北京没吃过太多的苦,就取得了这样的成绩,这不能不让别人觉得我"运气好"。(卞庆奎《中国北漂艺人生存实录》)

(26) 但即使是现在看来,我也不会认为它是幼稚的。虽然以后我会为它吃不少苦头。(卞庆奎《中国北漂艺人生存实录》)

例(23)、(24)中的"吃"是自主动词表示"把食物等放到嘴里经过咀嚼咽下去"。其中,例(23)中的状语"大口"是主体有意选择的动作方式,例(24)中的状语"少"是主体在实施动作"吃"之前就设定好的状态,两例中的状语都显示出自主性。例(25)、(26)中的"吃"

是非自主动词，表示"受、挨"之义，这是动作主体无法有意选择的生存状态，而且常常是不如意的遭遇，显然具有非自主性。例（25）、（26）中的状语"在北京""为它"分别表明事件发生的处所和原因，受到动词非自主义项的影响，这些状语是主体无法自由控制的具有非自主性。

抽₁：把夹在中间的东西取出。

（27）陈岩说他不认识颐和园藻鉴堂在什么地方，黄永玉就随手从身后边抽出一张白卡片来，为陈岩画了一个路线图。（《新华社新闻稿》，2004年）

（28）共和党人将这些言论从上下文中抽出，随意拼凑，明显是想将有关战争与和平这么重要的问题简单化。（《新华社新闻稿》，2004年）

抽₂：植物发芽。

（29）因此，人们老远就能发觉它。它的地下茎约有半米长，从块茎上抽出一枝粗壮的地上茎。（《中国儿童百科全书》，2015年）

（30）河北省邯郸市曾发现一株月季，在一朵粉红色而又略带绿色的月季花中，居然抽出一根嫩绿色枝条，枝条顶端又开了一朵粉嘟嘟的大月季花，形成了罕见的花中花。（《中国儿童百科全书》，2015年）

例（27）、（28）中的"抽"是自主动词，表示"把夹在中间的东西取出"义。其中例（27）中的状语"从身后边""从上下文中"是主体有意选择的动作起点，显示出自主性。例（29）、（30）中的"抽"是非自主动词，表示"植物发芽"之义，这属于自然变化显然不是人力可以控制的。其中，例（29）中的状语"从块茎上"受到动词非自主义项的影响，不是主体有意选择的处所，具有非自主性。

出₁：从里面到外面。

（31）我与刘斌出了门，打的直奔画家村。（卞庆奎《中国北漂艺人生存实录》）

（32）公元627年，玄奘孤身一人出玉门关西进，抱着"求学"的心愿，横穿400千米大沙漠。（《中国儿童百科全书》，2015年）

出₂：显露。

（33）七岁的贺龙处之泰然，连眼睛都没眨一下。从此，贺龙的

豪胆在乡里出了名。(《中国儿童百科全书》，2015 年)

(34) 吴琼开玩笑说:"一杯咖啡就想把我打发了呀，也太小气了吧。我让你出了那么大的名，你得好好感谢我才是呀!"(卞庆奎《中国北漂艺人生存实录》)

例 (31)、(32) 中的"出"是自主动词，表示"从里面到外面"，这是主体可以自由控制的空间运动。其中，例 (31) 中的状语"与刘斌"是主体有意选择的动作的协同对象，例 (32) 中的状语"孤身一人"是主体有意选择的动作方式，两例中的状语都显示出自主性。例 (33)、(34) 中的"出"是非自主动词，表示"显露"之义，这是一种非人力可控的变化。其中，例 (33)、(34) 中的状语"在乡里""让你"受到动词非自主义项的影响，不是主体有意选择的处所和动作对象，具有非自主性。

传$_1$: 由一方交给另一方；由上代交给下代。
(35) 杨青跃迅速将掌握的材料写了一封信，通过互联网传给宋庆龄基金会和《现代汉语词典》编委会。(《新华社新闻稿》，2004 年)
(36) 而聪明的埃及队则凭借精湛的个人技术、准确地传边和默契的配合与爱尔兰周旋。(《人民日报》，1994 年)
传$_2$: 传播；传导。
(37) 他在信中说:"现一台计算机受到袭击后，自动把病毒传给下一台。"(《新华社新闻稿》，2004 年)
(38) 艾滋病毒通过使用毒品的女性性工作者传给嫖客，进而再依次传播给低危女性和低危男性。(《新华社新闻稿》，2004 年)

例 (35)、(36) 中的"传"是自主动词，表示"由一方交给另一方；由上代交给下代"，这是主体有意识发出的动作。其中，例 (35) 中的状语"通过互联网"是主体有意选择的动作方式，具有自主性。例 (36) 中的状语"准确地"表示主体通过有意控制自身心理和肢体动作而达到的动作状态，具有自主性。例 (37)、(38) 中的"传"是非自主动词，表示"传播、传导"之义，这是一种非人力可控的变化。例 (37)、(38) 中的状语"自动""通过使用毒品的女性性工作者"均表示动作的方式，但是受到动词非自主义项的影响，并不是主体有意选择的动作方式,所以不具有自主性。

吹₁:合拢嘴唇用力出气。

(39) 孙思邈断定他是排尿口堵塞。这时正好有个小孩拿着葱管吹着玩,他要来葱管把尖头剪去,小心翼翼地插进病人的尿道,用力吹了吹。(《中国儿童百科全书》,2015年)

(40) 把罐盖盖好,放到离人远一点的地方。然后用嘴对着橡皮管口向里一吹,爆炸就会发生,罐盖腾空飞起。(《中国儿童百科全书》,2015年)

吹₂:(风、气流等)流动。

(41) 当风斜着吹在帆面上时,总要产生一个垂直作用在帆面上的压力。(《中国儿童百科全书》,2015年)

(42) 雪地上的战士,一大早就开始,拍我在火车顶上站岗,鼓风机不停地吹,然后来场人工降雨将我淋个透,这样拍了将近十遍,近3个小时。(卞庆奎《中国北漂艺人生存实录》)

例(39)、(40)中的"吹"是自主动词表示"合拢嘴唇用力出气",这是主体有意识发出的动作。例(39)中的状语"拿着葱管"是主体"小孩"有意选择的动作工具,"用力"是动作主体"孙思邈"选择的动作方式,均具有自主性。例(40)中的状语"用嘴""对着橡皮管口""向里",分别表明了动作主体有意选择的工具、对象、方向具有自主性。例(41)、(42)中的"吹"是非自主动词表示"风、气流等流动",这是人力无法控制的自然现象。例(41)、(42)中的状语"斜着""不停地"表现出动作的具体情态,但是受到动词非自主义项的影响,而且从动作主体看都是自然现象或无生命物,因而不具有自主性。

串₁:由这里到那里到处走动。

(43) 北大很多学生也在那里租房,学生和我们互相串,文化人之间相互都愿意接触。(卞庆奎《中国北漂艺人生存实录》)

(44) 一早起来,烧了开水喝,吃了点干粮,他们分头出去串门子,找小户,约好下晚回学校汇报,还是集中住在一起。(周立波《暴风骤雨》)

串₂:错误的连接(电话串线)。

(45) 钱康把电话贴在耳边,纳闷地说:"声倒是有了,怎么老

串线?"(王朔《无人喝彩》)

(46) 为了阻止同时激活的不同音节间的音位相互串位,产生语误,Dell 提出了所谓的"时间约定"机制。(周晓林等《言语产生研究的理论框架》)

例(43)、(44)中的"串"是自主动词,表示"由这里到那里到处走动"是主体有意识发出的动作。例(43)和例(44)中的自主状语"互相""分头"都是主体有意选择的动作方式,具有自主性;例(45)、(46)中的"串"是非自主动词表示"电话串线或某种错误的连接",这是人力无法控制的,相应地这两例中的状语"老"和"相互"表示动作发生的频率和方式,但受到动词的非自主义项的影响,并不是主体有意选择的,具有非自主性。

代表$_1$:代替个人或集体办事或表达自己的意见。

(47) 这 3 名运动员都有大学本科或大专的学历,心灵手巧,多次代表中国队参加世界航海模型锦标赛并获多项冠军。(《人民日报》,1993 年)

(48) 几天后,在萨马拉乐团归国前的告别仪式上,俄驻华使馆参赞特意代表罗高寿告诉王光英这个口信。(《人民日报》,1993 年)

代表$_2$:人或事物表示某种意义或象征某种概念。

(49) 它由许多圆环交叉而成,这些圆环有的代表天球的赤道(赤道环),有的代表太阳的运行轨道(黄道环)。(《中国儿童百科全书》,2015 年)

(50) 中国古代八卦常用来代表八种不同的事物。(《中国儿童百科全书》,2015 年)

例(47)、(48)中的"代表"是自主动词表示"代替个人或集体办事或表达自己的意见",这是主体有意识发出的动作。其中,例(47)中的状语"多次"表示主体有意让动作在短时间内重复发生,显示出主体的自主性,例(48)中的状语"特意"表明了主体在发出动作时具有鲜明的意志性,两例中的状语都具有自主性。例(49)、(50)中"代表"是非自主动词,表示"人或事物表示某种意义或象征某种概念",是一种人力不可控的状态。其中例(50)中的状语"常"表示动作发生的频率,但受到动词非自主义项的影响,不是主体有意选择的,具有非自主性。

带₁：随身拿着携带。

（51）从搞得像个猪窝似的床上爬起来，然后又找出从老家带来的掉了齿的梳子梳了梳乱糟糟的头，往院外走去。（卞庆奎《中国北漂艺人生存实录》）

（52）1983年的一天，他给我带回一张调动表，调往单位是公安局。（《人民日报》，1994年）

带₂：呈现；含有。

（53）"你是叫我吗，咱们在哪儿见过？"少妇点点头，示意我进去，我便带着这种疑惑走进了麦当劳。（卞庆奎《中国北漂艺人生存实录》）

（54）没想到我的话却刺中了她的痛处，她顿时神色黯然，眼中带着些忧郁，"我其实过得并不幸福，我有钱，但我精神特别空虚。"（卞庆奎《中国北漂艺人生存实录》）

例（51）、（52）中的"带"是自主动词，表示"随身拿着携带"，是主体有意识发出的且可自主控制的动作。例（51）中的状语"从老家"是动作主体有意选择的动作起点，例（52）中的状语"给我"表明动作主体有意选择的受益者，两例中的状语均具有自主性。例（53）、（54）中"带"是非自主动词，表示"呈现含有"，是一种人力不可控的状态。

掉₁：回转。

（55）土耳其男子在他乘坐的客机起飞后谎称飞机上有炸弹，机组人员迅速掉头飞回出发机场。（《新华社新闻稿》，2004年）

（56）艇上贩毒分子见势不妙，马上掉转船头返回莫罗斯基约湾海岸，然后弃船逃进附近丛林。（《新华社新闻稿》，2004年）

掉₂：落。

（57）瞧哇，得了黄病，往这脸上往下掉黄面儿，解雇了，不用你了。（闪文元《1982年北京话调查资料》）

（58）28岁的刘女士爬上自己家的荔枝树，一不小心头朝地从约4米高处掉下，顿时血流满面，昏迷不醒。（《新华社新闻稿》，2004年）

例（55）、（56）中的"掉"是自主动词表示"回转"义，是主体有意识发出的且可以自主控制的动作，两句中的状语"迅速""马上"表明了动作主体有意让动作发生的速度非常快，具有自主性。例（57）、（58）中的"掉"是非自主动词，表示"落"，这是一种人力不可控的变化。其中，例（57）中的状语"往下"表示动作方向，但受到"掉"的非自主义项的影响，这个向下的方向不是主体有意选择的，不具有自主性。例（58）中的状语"一不小心"表明动作是不合乎主体的意愿的，与"掉"的非自主义项搭配使用，加强了整个动作事件非自主性。

顶$_1$：用头支承；支承顶住。
（59）我有一次遇到一个大个儿，用他的膝盖顶我的膝盖侧面。（姚明《我的世界我的梦》）
（60）湿婆头上有一弯新月作为装饰，当银河从天降落时，他用头顶住狂暴的河水，让河水沿着头发，分成七条支流，缓缓流向大地。（《中国儿童百科全书》，2015年）

顶$_2$：相当；抵。
（61）工作千头万绪，市领导恨不能一个人顶几个干才好。（《报刊精选》，1994年）
（62）企业进来的每一个人必须实实在在能顶一个人或几个人用。（《报刊精选》，1994年）

例（59）、（60）中的"顶"是自主动词，意义有细微差别：例（59）中的"顶"表示"支承顶住"，例（60）中的"顶"表示"用头支承"，它们都是主体可自主控制的动作。两句中的状语"用他的膝盖""用头"表明了主体发出动作时有意识地借助的工具，具有自主性。例（61）、（62）中"顶"是非自主动词表示"相当、抵"，这是不能依靠动作主体的主观控制得以实现的。其中，例（62）中的状语"必须""能"分别表示动作发生的客观必要性及可能性，与主体的控制无关，而"实实在在"表示程度，但受到动词非自主义项的影响，这个程度并不是主体通过自己的努力达到的，不具有自主性。

丢$_1$：扔。
（63）精卫从西山衔来一条条小树枝、一颗颗小石头，不断地丢进海里，想要把大海填平。（《中国儿童百科全书》，2015年）
（64）在平静的池塘中丢下一块石头，水面就会激起一圈圈涟漪。（《中国儿童百科全书》，2015年）

丢₂：遗失。

（65）不幸得很，他在第一次打猎时就把猎枪丢了。（果戈理《外套》）

（66）千怕万怕，只怕班长发现我丢了棉皮鞋。（李喜善《塞夜一路暖》）

例（63）、（64）中的"丢"是自主动词表示"扔"，是主体有意识发出的动作。两句中的状语"不断""在平静的池塘中"，分别表明了动作主体发出动作时的情态和致使物体移动到达的位移终点，都是主体自主选择的，具有自主义。例（65）、（66）中的"丢"是非自主动词，表示"遗失"，这是人力无法控制的变化。句中出现的"不幸得很""千怕万怕"等词语，更补充说明了这种变化对于动作主体来说是非意愿性的，加强了整个动作事件的非自主性。

动₁：使用。

（67）因此，就目前条件下，寻求解决的办法，不应以牺牲一方来保全另一方，而应当在缩短家务劳动的时间上动脑筋。（姚国础《"二保一"果真是一剂良药吗?》）

（68）这么一来，装卸工们都积极地动脑筋想起办法来。（王慧芹《甲班一组》）

动₂：触动。

（69）乐队中有人动了心，觉得5万元也不错了，起码收回了成本还能小赚一笔。（卞庆奎《中国北漂艺人生存实录》）

（70）今天的吴琼似乎比以前更漂亮，也更性感，我感到眼前一亮，不觉动了坏心思。（卞庆奎《中国北漂艺人生存实录》）

例（67）、（68）中的"动"是自主动词表示"使用"之义，是主体有意识发出的动作。两例中出现的状语"在缩短家务劳动的时间上""积极"，分别表明了动作主体发出动作时针对的对象和主观态度，它们都是主体有意选择的，具有自主性。例（69）、（70）中"动"是非自主动词表示"触动"，这是人力无法控制的心理状态的变化。例（70）中出现的词语"不觉"更补充说明了这种变化对于动作主体来说是无意识的，加强了整个动作事件的非自主性。

断₁：戒除；断绝。

（71）从今以后不见他，从今以后跟他断了，再也不找他了。（闪文元《1982年北京话调查资料》）

（72）我用金钱切断了我们父女的血缘关系。（《读者》，2006年合订本）

断₂：分成两段或几段。

（73）"所有的人都向前挤，我几乎断成两截，"日本富士电视台记者金顺姬心有余悸地回忆。（《新华社新闻稿》，2004年）

（74）如果你来回弯曲铁丝，反复弯折，铁丝就断了。（《中国儿童百科全书》，2015年）

例（71）、（72）中的"断"是自主动词表示"戒除、断绝"，是主体有意识发出的动作，具有很强的意愿性。其中，例（71）中的状语"从今以后""跟他"表明了动作的开始时间及针对对象，都是动作主体有意选择的，具有自主性。例（72）中的状语"用金钱"是主体有意采用的工具，表明主体是经过充分考虑才执行"切断我们父女的血缘关系"这一行为的，具有自主性。例（73）、（74）中的"断"是非自主动词表示"分成两段或几段"，这是主体无法控制的状态。

翻₁：上下或内外交换位置；为了寻找而移动。

（75）我在小屋子里翻了半天，才凑齐了一些零钱。（卞庆奎《中国北漂艺人生存实录》）

（76）我从箱子里翻出尘封已久的《看看他们》，和张国宝去教室用学校教学用的放映设备放了出来。（卞庆奎《中国北漂艺人生存实录》）

翻₂：数量成倍地增加。

（77）2003年北京市出口韩国软件696.5万美元，同比翻了一番。（《新华社新闻稿》，2004年）

（78）安联大众开业5年来，保费逐年翻倍增长。（《新华社新闻稿》，2004年）

例（75）、（76）中的"翻"是自主动词，表示"为了寻找而移动"是主体有意识发出的动作，具有明显的目的性。例（75）、（76）中的状语"在小屋子里""从箱子里"表明了动作处所，它们都是动作主体有意选择的，具有自主性。例（77）、（78）中的"翻"是非自主动词表示"数量成倍地增加"，这是主体无法控制的变化。例（78）中的状语"逐年"表明动作的时间特征，但受到动词非自主义项的影响，这并不是主体有意选择的，具有非自主性。

反映$_1$：把客观情况或别人的意见等告诉上级或有关部门。
（79）各条战线不断向他反映情况，提出了建设规模和我国实际能力的矛盾。（力平《周恩来传》）
（80）有人给我反映了这个问题，我就去了，去那里一看，果然如此。（李佩甫《羊的门》）
反映$_2$：反照；比喻把客观事物的实质表现出来。
（81）我觉得发生在我周围的事情，也反映了中国篮球界的很多问题。（姚明《我的世界我的梦》）
（82）这充分反映了埃拉托色尼的学说和智慧。（《中国儿童百科全书》，2015年）

例（79）、（80）中的"反映"是自主动词表示"把客观情况或别人的意见等告诉上级或有关部门"，这是主体可自主控制的动作。例（79）中的状语"不断""向他"表明了动作主体发出动作时有意选择的动作情态和对象，具有自主性。例（80）中的状语"给我"表明主体选择的对象，同样具有自主义。例（81）、（82）中的"反映"是非自主动词表示"反照；比喻把客观事物的实质表现出来"。其中例（82）中的状语"充分"受到动词非自主义项的影响，并非动作主体事先设定好的动作程度，具有非自主性。

盖$_1$：建筑房屋。
（83）厢房做厨房餐厅，后来又在院子旁边的空地上盖了砖混结构的两层小楼作居所。（卞庆奎《中国北漂艺人生存实录》）
（84）刘彻回答说："好，如果能娶阿娇做妻子，我给她盖金屋子住。"（《中国儿童百科全书》，2015年）
盖$_2$：超过；压倒。
（85）但是，近年来韩国年轻的女子棋手迅速崛起，风头已经全面盖过了中国队。（《新华社新闻稿》，2004年）
（86）"仅仅三秒钟，海水就从脚盖过了头，"黄启宇描述说。

第六章　自主状语与动词的双向互动　227

(《新华社新闻稿》，2004 年)

例 (83)、(84) 中的"盖"是自主动词表示"建筑房屋"，这是主体有意识发出的动作。其中，例 (83) 中的状语"在院子旁边的空地上"，表明了动作主体发出动作时有意选择的处所。例 (84) 中的状语"给她"表明主体有意选择的动作受益对象，两者都具有自主性。例 (85)、(86) 中的"盖"是非自主动词表示"超过、压倒"，这是人力不可控制的变化。这两例中出现的状语"全面""从脚"受到动词非自主义项的影响，不表示动作主体有意通过实施动作要达成的程度或有意选择的动作的空间起点，具有非自主性。

刮$_1$：用刀贴着物体的表面移动。
(87) 《三国演义》里，关公中了毒箭后，华佗给他刮骨疗毒。(元音老人《佛法修证心要》)
(88) 白厨子把卤肘花放回到盆子里，用刀刮去肉皮上的齿印，又抓了把葱花盖在上面。(苏童《两个厨子》)
刮$_2$：风吹。
(89) 本该是从天空飘向地面的风，却从道路的中心点向着四周围刮出了一个巨大的圆弧，自下而上地将低处的雨水席卷上天空。(荒熊《极东的卡尔莎》)
(90) 平均不到 6 天就出现一次 8 级以上大风，每一两个月刮一次沙尘暴。(《新华社新闻稿》，2004 年)

例 (87)、(88) 中的"刮"是自主动词表示"用刀贴着物体的表面移动"，这是主体可自主控制的动作。例 (87) 中的状语"给他"表明了动作主体发出动作时有意选择对象，例 (88) 中的状语"用刀"表明了主体选择的工具，它们都具有自主义。例 (89)、(90) 中的"刮"是非自主动词表示"风吹"，这是人力不可控制的自然变化。这两例中的状语"从道路的中心点向着四周围""每一两个月"，受到动词非自主义项的影响，都不是动作主体有意选择的处所和发生频率，具有非自主性。

关$_1$：使开着的物体合拢。
(91) 丈夫赶紧把窗户关上，门关上，怕别人听见。(张林《勇敢的大丈夫》)

（92）午睡时间，将营房前后门关住，并做好说服教育工作，没有特殊情况不让外人通行。(《解放军报》，1980年)

关₂：企业等倒闭歇业。

（93）基本建设投资由近三百亿元减到五十多亿元，还下放了两千万职工，关了一些企业。(《邓小平文选》二，1995年)

（94）当集体"斯为美"酒家开办以后，他关了自家的饭店，来酒家当了掌门人。(《报刊精选》，1994年)

例（91）、（92）中的"关"是自主动词表示"使开着的物体合拢"，这是主体有意识发出的动作。例（91）中的状语"赶紧"表明了动作主体有意识地快速发出动作，例（92）中的状语"将营房前后门"表明主体发出的动作所支配的对象，两句中的状语都具有自主义。例（93）（94）中的"关"是非自主动词表示"企业等倒闭歇业"，这显然是人力无法控制的变化。

加₁：把本来没有的添加上去。

（95）我发现他们常看不懂书中的环路图，当我自告奋勇地为他们加上一些符号解说之后，都能帮助他们了解。(彼得·圣吉《第五项修炼》)

（96）这部巨著后曾给当时的大学者东方朔看过，东方朔非常钦佩，就在书上加了"太史公"三字。(《中国儿童百科全书》，2015年)

加₂：两个或两个以上的东西或数目合在一起。

（97）在农历三四月间，既要准备割麦、插秧，又要忙着养春蚕，真是忙上加忙。(《中国儿童百科全书》，2015年)

（98）2010年她被确诊患有肾衰竭，靠透析维持生命，高昂的治疗费让本来就拮据的家境雪上加霜。(《南安商报》，2013年)

例（95）、（96）中的"加"是自主动词表示"把本来没有的添加上去"是主体可自主控制的动作。例（95）中的状语"自告奋勇""为他们"，表明了动作主体发出动作时的主观情态和有意选择的受益者，具有自主性。例（96）中的状语"在书上"表明主体有意选择的与动作相关的处所，具有自主性。例（97）、（98）中的"加"是非自主动词，表示"两个或两个以上的东西或数目合在一起"，这是人力不可控制的变化。

记₁：记录；记载。
（99）而吴琼听得非常认真，还时不时地在采访本上记下我的话，有时还会为我那些刻意的幽默而展颜一笑。（卞庆奎《中国北漂艺人生存实录》）
（100）古代人最初用石块、绳结，后来又用手指来记数。（《中国儿童百科全书》，2015年）
记₂：把记忆保持在脑子里。
（101）在电脑中记一千位也是极平常的事，但是很少有人能记得一百位数。（《中国青年报》，1987年）
（102）联系着实践的需要读书，自觉性会比较高，目的性会比较明确，领会快，记得牢。（姚锦钟《工人要努力掌握科学技术》）

例（99）、（100）中的"记"是自主动词表示"记录、记载"是主体有意识发出的动作。例（99）中的状语"时不时""在采访本上"表明了动作主体发出动作时的情态和有意选择的处所，具有自主性。例（100）中的状语"用手指"表明主体发出动作时有意选择的工具，具有自主性。例（101）、（102）中的"记"是非自主动词表示"把记忆保持在脑子里"，这是人力不可控的心理状态。

决定₁：对如何行动做出主张。
（103）我的心情因为意识到春天的来临而兴奋，于是便临时决定再去天安门看一看。（卞庆奎《中国北漂艺人生存实录》）
（104）中方用国际公开招标的方式来决定工程的归属。（《新华社新闻稿》，2004年）
决定₂：某事物成为另一事物的先决条件。
（105）心态决定一切，良好的心态是决定一个人事业成败的关键。（卞庆奎《中国北漂艺人生存实录》）
（106）人们意识中的一切内容都是由物质世界决定的。（《中国儿童百科全书》，2015年）

例（103）、（104）中的"决定"是自主动词表示"对如何行动做出主张"，这是具有鲜明的主体意志的可控行为。例（103）中的状语"临时"表明了动作主体发出动作的随机性,例(104)中的状语"用国际公开招标的方式"表明主体选择的发出动作的方式,两例中的状语都具有自主义。例(105)、(106)中的"决定"是非自主动词表示"某事物成为另一事物的先决条件",这是无法通过人力控制实现的状态。

开$_1$:使关闭着的东西不再关闭。

(107) 老工人你赶快开门去吧,资本家回来啦,赶快回来了。(闪文元《1982年北京话调查资料》)

(108) 我走到客房,敲门没人回应,我就用钥匙开门。(姚明《我的世界我的梦》)

开$_2$:合拢或连接的东西舒张分离。

(109) 贝克汉姆与对方的阿根廷中场球员阿恰里拼抢时受伤,右脚踝上开了个口子。(《新华社新闻稿》,2004年)

(110) 这个女孩开了窍后,从此一发而不可收,先后傍上了更大的导演,更大的制片人。(卞庆奎《中国北漂艺人生存实录》)

例(107)、(108)中的"开"是自主动词表示"使关闭着的东西不再关闭",这是主体可自主控制的动作,其中例(107)中的状语"赶快"表明了动作主体发出动作的速度,例(108)中的状语"用钥匙"表明主体发出动作时选择的工具,都具有自主义。例(109)、(110)中的"开"是非自主动词表示"合拢或连接的东西舒张分离",这是人力不可控的变化。

了解$_1$:打听;调查。

(111) 他通过身边的工作人员了解到我的身份,然后冲我意味深长地微微一笑,就走开了。(卞庆奎《中国北漂艺人生存实录》)

(112) 人们通过对太阳系以外的"太阳系"的观测和对比研究,更好地了解太阳系的形成和演化过程,揭开更多的宇宙奥秘。(《中国儿童百科全书》,2015年)

了解$_2$:知道得很清楚。

(113) 我对里克·史密斯了解不多,但觉得我知道该怎样对抗肖恩·布雷德利——跟他保持接触。(姚明《我的世界我的梦》)

(114) 首相的反应使我大吃一惊。他向来认为他自己特别了解希特勒的性格,能够精确估计德国行动的限度。(丘吉尔《二战回

忆录》)

例（111）、(112) 中的"了解"是自主动词表示"打听；调查"是主体可自主控制的动作，其中例（111）中的状语"通过身边的工作人员"表明了动作主体有意采用的方式，例（112）中的状语"更好地"表明了动作主体期望达到的程度，它们都具有自主义。例（113）、(114) 中的"了解"是非自主动词表示"知道得很清楚"，这是人力不可控的心理状态。受"了解"的非自主义项影响，例（113）、(114) 中的状语也显示为非自主性的，其中例（113）中的状语"对里克·史密斯"不是主体有意选择的对象，而仅仅表明主体心理状态所联系的客体；例（114）中的状语"特别"并不是主体期望通过实施动作达到的程度。

满足$_1$：使满足。
（115）读者想借阅这些稀世之宝，工作人员就用照相复制的方法满足他们的要求，读者也可以到缩微胶卷阅览室里利用阅读机进行阅读。(《中国儿童百科全书》，2015 年)
（116）两会努力满足中外记者需求。(《新华社新闻稿》，2004 年)

满足$_2$：感到已经足够了。
（117）大学毕业后在西安一家旅游网站做编辑，随着业务的成熟很快他便不满足现状，一年之后他跳到上海发展。(《新华社新闻稿》，2004 年)
（118）不是要比他更好，只要能和他一样优秀并能够成为他的队友就已经很满足。(姚明《我的世界我的梦》)

例（115）、(116) 中的"满足"是自主动词表示"使满足"，这是主体可通过自身努力实施的动作，其中例（115）中的状语"用照相复制的方法"表明了动作主体有意选择的方式，例（116）中的状语"努力"表明了动作主体的主观情态，两例中的状语都具有自主性。例（117）、(118) 中的"满足"是非自主动词表示"感到已经足够了"，这是人力不可控的心理状态。例（117）中的状语"很快""便""不"分别表明动作的情态及对动作的否定，例（118）中的状语"很"表明动作的程度，这些状语受"满足"的非自主义项影响，也显示为非自主性的。

冒₁：不顾危险恶劣环境等。

（119）为了解花、果的品性及其功能等，李时珍多次冒着生命危险吞服药物，用自己的身体来鉴定药物的性质。（《中国儿童百科全书》，2015年）

（120）咱们两家有几年没走动，我和妈特地冒生命危险来看我姨和你们。（冯德英《苦菜花》）

冒₂：向外透；往上升。

（121）经过训练的狗能记住一些矿物的特殊气味，在地震前也能嗅出从地下冒出的某些气味，这是狗能寻矿和预报地震的原因。（《中国儿童百科全书》，2015年）

（122）机上往下望去，就如同一个硕大的玉盆一样，盆底下面还有缕缕青烟冒出。（《国家地理·横越乞力马扎罗山》，2013年）

例（119）、（120）中的"冒"是自主动词表示"不顾危险恶劣环境等"，这是主体可自主控制的动作，其中例（119）中的状语"多次"表明了动作主体有意识地重复发出同一动作，例（120）中的状语"特地"表明了动作主体极强的意愿性，它们都显示出主体在实施动作"冒"时有意选择的相关动作特征，具有自主性。例（121）、（122）中的"冒"是非自主动词表示"向外透；往上升"，这是人力不可控的自然变化。受"冒"的非自主义项影响，例（121）中的状语"从地下"不是主体有意选择的处所，具有非自主性。

跑₁：迅速前进。

（123）就这京汉线儿的人哪，有钱的没钱的全都整个的往南跑。（王德泉《1982年北京话调查资料》）

（124）自古以来就有一种传说：大象在临死前一定要跑到自己的秘密墓地去迎接末日。（《中国儿童百科全书》，2015年）

跑₂：液体因挥发而损耗。

（125）因为用火把辰砂煅烧之后，其中所含的硫会生成二氧化硫气体跑掉，剩下的便是水银。（《中国儿童百科全书》，2015年）

（126）但结冰的湿衣服也会干，就是因为衣服上的冰直接升华变成水蒸气跑掉了。（《中国儿童百科全书》，2015年）

例（123）、（124）中的"跑"是自主动词表示"迅速前进"，这是主体有意识发出的动作，其中例（123）中的状语"往南"表明了动作主体有意选择的方向，例（124）中的状语"一定""要"表明了动作主体的意志性。例（125）、（126）中的"跑"是非自主动词表示"液体因挥发而损耗"，这是人力不可控的自然变化。

碰$_1$：运动着的物体跟别的物体突然接触。
（127）这时他迎了上来，用肘子去碰张裕民，悄悄的说了三个字"合作社。"（丁玲《太阳照在桑干河上》）
（128）十月的一天，他穿上这件"仙衣"大宴宾客，故意碰翻了酒盏碗碟，顿时"仙衣"上沾满了斑斑油迹。（知军《能用火"洗"的衣服》）
碰$_2$：碰见；遇见。
（129）我们在洛杉矶第二次碰到湖人队时，从观众席上传来对我的嘘声超过了第一次。（姚明《我的世界我的梦》）
（130）还继续托这老头子给存钱吧，一到人和厂就得碰上他，又怪难以为情。（老舍《骆驼祥子》）

例（127）、（128）中的"碰"是自主动词表示"运动着的物体跟别的物体突然接触"，这是主体可自主控制的动作，其中例（127）中的状语"用肘子"表明了动作主体有意选择的工具，例（128）中的状语"故意"表明了动作主体的鲜明的意志性，二者均体现了主体对动作的主观控制，具有自主性。例（129）、（130）中的"碰"是非自主动词表示"碰见、遇见"，这是人力不可控的变化。受"碰"的非自主义项影响，例（129）中的状语"在洛杉矶""第二次"都不是主体有意选择的处所和时间，例（130）中的状语"到人和厂"也不是主体有意选择的处所，它们都具有非自主性。

闪$_1$：闪避。
（131）就像老练的斗牛士诱使斗牛往你的方向冲来。不过在双方即将撞击的一刻，巧妙地闪到一边。（佚名《哈佛经典商战谈判技巧的经典法则》）
（132）他就赶快向路北一闪，躲入石牌楼旁边的开封府惠民局的施药亭内。（姚雪垠《李自成》）
闪$_2$：因动作过猛，使一部分筋肉受伤而疼痛。

(133) 前些日子她在芙蓉中路某社区锻炼身体时，刚登上双位扭腰器，由于螺丝松动，旋转幅度过大，一下就把腰闪着了，到按摩诊所花了好几百元按摩一个多星期才康复。(《湖南日报》，2004 年)

(134) 从一个文件柜走到另一个文件柜之际，又踩着了另一只拖鞋而使身子闪了一下，我立刻把它抛出窗外，让它去追随它的"伴侣"。(阿莱克《徒劳无功》)

例（131）、（132）中的"闪"是自主动词表示"闪避"，这是主体可自主控制的动作，其中例（131）中的状语"巧妙地"表明了动作主体有意选择方式，例（132）中的状语"赶快""向路北"表明了动作主体的动作情态和自主选择的动作方向，两例中的状语都体现了主体的自主性。例（133）、（134）中的"闪"是非自主动词表示"因动作过猛，使一部分筋肉受伤而疼痛"是人力不可控的变化。例（133）中的状语"一下"表明事件是出乎主体的意料之外的，具有非自主性。

烧$_1$：加热。
(135) 在古代西方人还不知道石油是什么东西时，中国老百姓已经用这种黑色液体烧饭点灯了。(何勇强《科学全才——沈括传》)
(136) 在上面刻上反写的单字，一个字一个印，放在土窑里用火烧硬，形成活字。(《中国儿童百科全书》，2015 年)

烧$_2$：发烧。
(137) 仪表队长张恩祥，连续发烧 3 天，仍然天天坚持去现场施工，第 4 天烧得他连小便都排不出来。(《人民日报》，1994 年)
(138) 当把他送进医院时，已经高烧到 40℃，输液六小时后，他才清醒过来。(《人民日报》，1994 年)

例（135）和（136）中的"烧"是自主动词表示"加热"是主体可自主控制有意识发出的动作。例（135）和（136）中的状语"用这种黑色液体""用火"表明了动作主体有意选择的工具，具有自主性。例（137）和（138）中的"烧"使用的是非自主义项表示"发烧"是人力不可控的生理状态。相应地，例（137）中的状语"连续"表明动作持续时间，表示的是不受主体控制的时间要素，具有非自主性。

晒$_1$：在阳光下吸收光和热。

(139) 老人露出孩子般天真灿烂的笑容："每天吃黑豌豆糌粑糊，喝青稞酒，多晒太阳多运动，不愁吃穿，心情舒畅吧！"（颜园园、索郎塔杰《达嘎老人的第 108 个藏历新年》）

(140) 这一天，洋铁桶在院子里晒太阳。（柯蓝《洋铁桶的故事》）

晒$_2$：太阳把热照射到物体上。

(141) 那人呢，皮肤晒脱了皮，嘴上是一串串的水泡，稍微一碰就血淋淋的。（《报刊精选》，1994 年）

(142) 嘉好则从小学三年级就接受武警的严格训练，九月骄阳，一些学生晒得头晕了，有的家长开来小车要接走学生，学校拒绝了。（《报刊精选》，1994 年）

例（139）、（140）中的"晒"是自主动词表示"晒太阳"，这是主体有意识发出的动作，其中例（139）中的状语"多"表明了动作主体有意达到的性状程度，例（140）中的状语"在院子里"表明动作主体有意选择的动作处所，两例中的状语都具有自主性。例（141）、（142）中的"晒"是非自主动词表示"太阳把热照射到物体上"，这是人力不可控的自然变化。

说明$_1$：解释明白。

(143) 我努力想说明不管我们外貌如何或来自哪个国家，大家都是在一起的。（姚明《我的世界我的梦》）

(144) 后来，在八届二中全会上，他进一步说明："我们的工业化，就是要使自己有一个独立的完整的工业体系。"（力平《周恩来传》）

说明$_2$：证明；事实充分说明。

(145) 这是我从不愿意拍电影的一个原因，如果要花这么长的时间，肯定说明我对此不是很擅长。（姚明《我的世界我的梦》）

(146) 人们在厌恶这个孩子的同时，还没忘了一点施舍。这说明人类的同情心，永远都不会泯灭。（卞庆奎《中国北漂艺人生存实录》）

例（143）、（144）中的"说明"是自主动词表示"解释明白"，这是主体可自主控制的动作。其中，例（143）中的状语"努力"表明了动作主体的主观情态，例（144）中的状语"进一步"表明动作主体主动加深动作的程度，它们都具有自主性。例（145）、（146）中的"说明"是非自主动词表示"证明"，这是主体不可控的动作。

摔$_1$：使落下而破损。
（147）一名愤怒的开放国民党议员举起投票箱狠狠地摔在地下以发泄愤怒，更多的人则伤心地泪流满面。（《新华社新闻稿》，2004年）
（148）就在张余良扑向张洪传时，张桂全也将雨伞往地上一摔，从后面抱住了奔过来救人的张桂毛。（陈桂棣、春桃《中国农民调查》）
摔$_2$：身体失去平衡而倒下。
（149）赫科斯原是房屋油漆匠，有一次他从高处摔下来，昏迷不醒，被送进医院。（《中国儿童百科全书》，2015年）
（150）宇航员在月面上走路时容易仰面摔倒，只好双脚并拢，一跳一跳地前进。（《中国儿童百科全书》，2015年）

例（147）、（148）中的"摔"是自主动词表示"使落下而破损"，这是主体可自主控制的动作。其中例（147）中的状语"狠狠"表明了动作主体执行动作的主观情态，例（148）中的状语"往地上"表明动作主体选择的动作处所，它们都具有自主性。例（149）、（150）中的"摔"是非自主动词表示"身体失去平衡而倒下"，表示人力不可控的变化。受到动词非自主义项的影响，例（149）、（150）中的"从高处""在月面上走路时""仰面"，虽然表示与动作相关的时间、处所、情态特征，但都不是主体有意选择的，不具有自主性。

烫$_1$：表示利用温度高的物体使另一物体温度升高或发生其他变化。
（151）我的亲生爸爸妈妈死了，后来的爸爸经常打我，还用烟头烫我。（《报刊精选》，1994年）
（152）我赶忙也用开水烫上了。（韶华《燃烧的土地》）
烫$_2$：表示因接触高温感觉疼痛或受伤。
（153）朋友警告过你内引擎没加盖，你忘了，不小心烫到脚。（《哈佛管理培训系列全集》，2010年）

(154) 我抿了一口水,烫了嘴唇一下,忙又放下碗,犹豫一下,说:"那我先回去了,待会儿再来吧!"(郑平《破碎的梦》)

例(151)、(152)中的"烫"是自主动词表示"利用温度高的物体使另一事物温度升高或发生其他变化",这是主体可自主控制的动作,其中例(151)中的状语"用烟头"表明了动作主体采用的工具,例(152)中的状语"用开水"表明动作主体选择的材料,它们都具有自主性。例(153)、(154)中的"烫"是非自主动词表示"表示因接触高温感觉疼痛或受伤",这是不受人力控制的身体感受。其中例(153)中的状语"不小心"说明了主体发出该动作是在无意的,更加凸显了主体的非自主性。

吐$_1$:使东西从嘴里出来。
(155)巧珠奶奶坐在床上直咳嗽,嗓子眼上仿佛有一块永远吐不完的痰,一口一口地吐着。(周而复《上海的早晨》)
(156)他一颗悬着的心落了地,不由得深深地吐了一口气。(郑楼声《说媒》)
吐$_2$:消化道或呼吸道里的东西不自主地从嘴里涌出。
(157)我倒了一杯红得像鲜血似的酒,我喝了一口,感觉很难喝,差点把它吐了出来。(卞庆奎《中国北漂艺人生存实录》)
(158)我好不容易才把他扶上出租车,回到家,他就一头栽进卫生间里狂吐起来。(卞庆奎《中国北漂艺人生存实录》)

例(155)、(156)中的"吐"是自主动词表示"使东西从嘴里出来",这是主体可自主控制的动作,其中例(155)中的状语"一口一口地"表明了动作主体采用的方式,例(156)中的状语"深深地"表明了动作主体有意选择的动作情态,它们都具有自主性。例(157)、(158)中的"吐"是非自主动词表示"消化道或呼吸道里的东西不自主地从嘴里涌出",这是人力不可控的变化。例(157)、(158)中出现的状语"差点"和"狂"更进一步表明了主体不具有控制动作事件的能力,显示出非自主性。

退$_1$:向后移动。
(159)他们忙着签名合影,而她却不想凑热闹,和亚铭一起退到二楼的一个小茶座里坐了下来。(卞庆奎《中国北漂艺人生存实

录》）

（160）洋葱头的辣味呛得她流出了眼泪，不由地背过身去，向后退了几步。（卞庆奎《中国北漂艺人生存实录》）

退$_2$：下降；减退。

（161）又过500年农田成了一片大海，再过500年海水渐渐退去，最后500年在海水退净的地方出现了一座繁华的城市。（《中国儿童百科全书》，2015年）

（162）他们痛苦地发现，高烧退去之后，儿子的手已经因小儿麻痹后遗症而渐渐变形。（《报刊精选》，1994年）

例（159）、（160）中的"退"是自主动词表示"向后移动"，这是主体可自主控制的动作，其中例（159）中的状语"和亚铭""一起"分别表明了动作主体有意选择的与事和动作方式，例（160）中的状语"向后"表明了动作主体有意选择的方向，两例中的状语都表明了主体自主性。例（161）、（162）的"退"是非自主动词表示"下降、减退"，这是人力不可控的变化。受到动词非自主义项的影响，例（161）中的"渐渐"不是主体有意选择的动作情态，显示出非自主性。

脱$_1$：脱下；脱离。

（163）1900年夏天，在唐才常等人召开的上海张园"中国国会"上，他当场脱下长袍，换上西装，剪去象征民族压迫的辫子，反对"忠君"。（《中国儿童百科全书》，2015年）

（164）年轻人出门的时候还多穿一件外套，但没走几步路，就穿不住了，马上脱下来。（《新华社新闻稿》，2004年）

脱$_2$：皮肤、毛发脱落。

（165）一个月后，小蝌蚪脱掉尾巴，变成小负子蟾。（《中国儿童百科全书》，2015年）

（166）为了治水，大禹整整辛勤劳作了13年，脚趾甲都脱落了，小腿上的汗毛也掉光了。（《中国儿童百科全书》，2015年）

例（163）、（164）中的"脱"是自主动词表示"脱下"，这是主体有意识发出的动作，其中例（163）中的状语"当场"表明了动作主体有意选择的动作方式，例（164）中的状语"马上"表明了动作的速度，两例中的状语都具有自主性。例（165）、（166）中的"脱"是非自主动词表示"皮肤毛发脱落",这是人力不可控的生理变化。其中,例(165)、(166)中的状语"一个月后""都"表示与动作有关的时间和范围,但受到动词非自主义项的影响,并不是主体有意选择的,具有非自主性。

下$_1$:高处到低处。
(167) 咱就得颠颠地赶紧下地窖子。(刘心开《如意》)
(168) 副书记刘汝新、副总工程师彭新宁、矿长助理王用恒等同志都抢着要下井。(《报刊精选》,1994年)
下$_2$:雨雪等降落。
(169) 即使连续下暴雨两个小时,降雨量达100毫米,也不会造成水分流失。(《中国儿童百科全书》,2015年)
(170) 2012年12月份入冬以来,济南市已经下了7场雪。(《山东商报》,2013年)

例(167)、(168)中的"下"是自主动词表示"由高处到低处",这是主体可自主控制的动作,其中,例(167)中的状语"颠颠地""赶紧"表明了主体对动作的状态和时间特征的主观控制,例(168)中的状语"抢着""要"表明了主体实施动作的方式及意愿性,两例中的状语均具有自主性。例(169)、(170)中的"下"是非自主动词表示"雨雪等降落",这是人力不可控的自然变化。受到动词非自主义项的影响,例(169)、(170)中的状语"连续""已经"虽然表明了与动作相关的时间特征,但并不是主体有意选择的,不具有自主性。

想$_1$:开动脑筋。
(171) 好吧,等把建华的事办完了,再赶紧给他想办法。(老舍《文博士》)
(172) 她在夜校教室里,一句一句依次在想讲话稿,喃喃地念出,然后又从头想了一遍内容和次序。(周而复《上海的早晨》)
想$_2$:怀念;想念。
(173) 寒假过后,她来到了北京,直到实习期将满她才突然想起了亚铭,给他打了一个电话。(卞庆奎《中国北漂艺人生存实录》)
(174) 她除了工作以外就只是呆呆地坐着痴想,周末就和朋友们一起到酒吧去坐到半夜,常常喝得不省人事。(卞庆奎《中国北漂艺人生存实录》)

例（171）、（172）中的"想"是自主动词表示"开动脑筋"，这是主体可自主控制的动作，其中，例（171）中的状语"赶紧"表明了动作主体实施动作时有意加快速度，例（172）中的状语"一句一句""依次""从头"都说明了动作主体有意选择的行为方式，说明动作是按时间先后有序进行或实施的，这两例中的状语明显具有自主性。例（173）、（174）的"想"是非自主动词表示"怀念、想念"，这是人力不可控的心理状态。例（171）中出现的状语"突然"说明了事件的发生是突如其来的，例（174）中出现的"呆呆地""痴"说明了主体在动作发生时明显是无意识的，两例中的状语都加强了动作的非自主性

招₁：举手上下挥动叫人来。

（175）那个曾与她一起在电影制片厂门口被流氓调戏的漂亮女孩——在朝她招手，于是赵雅芝便离开我们往朋友那儿一路小跑了过去。（卞庆奎《中国北漂艺人生存实录》）

（176）轻轻的我走了，正如我轻轻的来；我轻轻的招手，作别西天的云彩。（徐志摩《再别康桥》）

招₂：引来；招惹。

（177）电影明星、著名歌手和各种造型在彩车上招来一阵阵喝彩。（《新华社新闻稿》，2004年）

（178）搞摇滚势必会发出噪音，容易招来附近居民的责骂。（卞庆奎《中国北漂艺人生存实录》）

例（175）、（176）中的"招"是自主动词表示"举手上下挥动叫人来"，这是主体可自主控制的动作，其中，例（175）中的状语"朝她"表明了动作主体有意选择的对象，例（176）中的状语"轻轻"表明了动作主体的动作情态，它们均具有自主性。例（177）、（178）中的"招"是非自主动词表示"引来、招惹"，这是不受人力控制的变化。其中，例（177）中的状语"在彩车上"受到动词非自主义项的影响，仅表示动作发生的处所，但并不是主体有意选择的，不具有自主性。

照₁：拍摄相片电影。

（179）我们牛街清真寺这一开放，可能国际友人来，给他偷着照的。（王启光《1982年北京话调查资料》）

（180）刘半农说我们过的象化子一样的生活，就给我们照张叫

化子相吧。(《读书》,2000 年)

照$_2$:照摄。

(181) 原来,下午 3 点的阳光从西边照来,机位却放在东边,这样拍出来的脸全是黑的。(卞庆奎《中国北漂艺人生存实录》)

(182) 它们排成不等边的四边形。正是这四颗明星照亮了这块美丽的星云。(《中国儿童百科全书》,2015 年)

例(179)、(180)中的"照"都是自主动词,表示"拍摄",这是主体可自主控制的动作,其中,例(179)中的状语"偷着"表明了动作主体有意选择的方式,例(180)中的状语"给我们"表明了动作主体选择的对象,它们均具有自主性。例(181)、(182)的"照"是非自主动词表示"照射",这是人力不可控的自然变化。其中,例(181)中的状语"从西边"受到动词非自主义项的影响,仅表示动作的方向,但是并不是主体有意选择的,具有非自主性。

撞$_1$:运动着的物体跟别的物体猛然碰上。

(183) 当他们一群群挤在一堆玩耍的时候,他们之中会有一两个顽皮的,故意的用肩膀去撞那些平日穿得比较好的地主家的孩子,有意的去侮辱他们。(丁玲《太阳照在桑干河上》)

(184) 鏖战不息,共工见一时不能取胜,陡然怒气万丈,猛地一头向不周山撞去,只听得哗喇喇巨响连天,刹那间把不周山拦腰撞断。(《中国儿童百科全书》,2015 年)

撞$_2$:碰见。

(185) 在长窗边跑进来的银儿正和胡炳撞了个满怀,胡炳顺脚踢她一下,竟自扬长往外边去了。(茅盾《蚀》)

(186) 我本来是去副总那儿送一份文件的,没想被他撞个正着。(卞庆奎《中国北漂艺人生存实录》)

例(183)、(184)中的"撞"都是自主动词,表示"运动着的物体跟别的物体猛然碰上",这是受主体意识控制的动作,其中,例(183)中的状语"故意""用肩膀"分别表明了动作主体实施行为时的意志性和工具,具有自主性。例(184)中的状语"向不周山"表明了主体有意选择的动作方向,具有自主性。例(185)、(186)中的"撞"是非自主动词表示"碰见",这是表示人力不可控的变化。其中例(185)中出现的状语"和胡炳",受到动词非自主义项的影响,并不是动作主体有意选择的与事,具有非自主性。例(186)中出现的词语"没想"说明了动作的发生是在主体意料之外的,加强了整个动作事件的非自主性。

以上我们分析了自主状语对于确定多义动词义项的作用:当动词同时具有自主和非自主义项时,与自主状语组合的动词能激活其自主义项,并且自主状语自身的自主性也在这种组合中得到加强;当语义中含有自主义的状语与非自主动词组合时,其自主义隐没。有时句中还有别的说明主体在动作事件中的无意识、不情愿或不作为的词语,在这种语境中整个动作事件的非自主性更强,而状语自主义也更加无法在句中得到显现。因此自主状语出现的典型环境是与自主动词组合,在组合中一方面自主状语本身蕴含的自主义素得以凸显;另一方面根据"同类语义增强论",具有同类语义特征的词语相加时,词的某一特征会受到强化。自主动词本身具有自主义,当它和同样表示自主义的自主状语组合后,二者叠加这个状语的自主义会在一定程度上对动词原有的自主义起到强化作用,从而使动词的自主义得到增强,整个动作事件成为典型的可控事件。从本质上说,自主状语是表现动作主体的能动性的句法成分,表示动作、行为、变化的动词可以从语义上分解为不同的侧面,但在具体的句子中并不是每个侧面都得到凸显,基于状语与动词语义关系的不同,不同自主状语在加强动词自主义时的角度有所不同,自主状语其实就是从不同侧面去凸显动词在具体句子中显现的不同自主义特征。

第二节 自主状语与非自主动词的互动

我们认为自主状语的自主义大多隐含在词义内部,因而其自主义的凸显往往需要通过和自主动词组合来获得,当自主状语与非自主动词组合时其自主义大多隐含,但有时非自主动词在一定语境中可以临时获得自主义,这时与之组合的自主状语也体现出自主性。另一方面,个别自主状语自身还能促使非自主动词获得自主义。

一 自主状语与非自主动词组合自主义隐没

我们认为动词自主性对自主状语自主性的凸显起决定性作用,自主状语自身[+自主]特征的隐现、强弱与谓语性质密切相关,当自主状语与非自主动词组合时,状语隐含的自主义一般情况下无法激活。

(一) 时间类

(187) 从今年 5 月份起,城里人每周都有双休日,出城到远郊旅游的多了起来。(《人民日报》,1995 年)
(188) 切尼 14 日下午抵达上海。(《新华社新闻稿》,2004 年)
(189) 这座沉睡了多年的火山在昨晚 2 点 55 分又爆发了。(《新华社新闻稿》,2004 年)
(190) 一眼看到死尸与哭着的两个妇人,他的心中马上忘了棺材、装殓、埋葬,那些实际的事。(老舍《四世同堂》)

例 (187) 中的 "有" 是非自主动词是人力无法控制的,因而也无法选择与之有关的时间,例 (188) 中的 "抵达" 是非自主动词这个动作是人主观上无法控制的,因而也无法有意识地选择实现这一动作的时间,"14 日下午"显示为非自主的。例 (189) "爆发" 是人力无法控制的自然界的变化,因而人类也无法选择在何时开始这个动作,"在昨晚 2 点 55 分"是非自主的。例 (190) "忘" 是人无法控制的心理状态,主体无法有意识发出该动作,自然也无法选择 "马上" 忘。因而自主状语 "马上" 在这里显示出非自主性。

(二) 空间类

(191) 他从我身边如一束快乐的火苗窜过去。(陈染《私人生活》)
(192) 他们用机关枪对着路沟两头处打过来,迫击炮、掷弹筒像热锅炒的苞谷似的,前后左右到处爆炸着,有几颗炮弹落在了沟心里。(《中华日报》,1995 年)
(193) 我漫无目的地沿着上地的大街游荡。(《中国青年》,2009 年)
(194) 他这才明白自己落在井口下,正往水深处坠呢。(邓友梅《那五》)
(195) 单立人刚察觉有点不对头,新郎因狂怒而走了形的脸便充满了整个视界,接着他头部重重地挨了一拳,向后仰倒,腹部跟着又挨了有力的一脚,他一阵眩晕,登时四仰八叉地摔倒在地,瞬间失去了知觉。(王朔《人莫予毒》)

例（191）"窜"是非自主动词不是人可以有意识发出的动作，状语"从我身边"表示主体"他"在"窜"时所经过的路径，而这个路径并非"他"在执行动作时预先设定的，因而状语显示为非自主的。例（192）状语"前后左右""到处"由于和非自主动词"爆炸"组合，显示出非自主性不表示主体有意选择的动作方位。例（193）"沿着上地的大街"和非自主动词"游荡"组合，其语义中本来的自主义隐没，在句中表示主体无意之中经过的路径而非动作发出前自主选择的。例（194）状语"往水深处"表示位移的方向，但是与非自主动词"坠"组合使其显示出非自主性。例（195）"挨"是非自主动词，表示主体遭受的消极结果因而是人力无法控制的，"重重地"是客观结果而不是动作主体主观控制的结果，"倒"是非自主动词是动作主体因受到外力作用而发生的无意识的动作，因而"向后""仰"都不是动作主体有意选择的与动作相关的方向和行为方式，在此例中状语所含的自主义受到非自主动词的影响而隐没。

（三）情态类

（196）雨点不停地落在他的未戴帽子的头上，把他的头发打湿了。（巴金《家》）
（197）一架身短粗的中型波音客机在空中缓缓下降，轮子接触到地面后，已在跑道上滑行了一段距离，停了下来。（王朔《人莫予毒》）
（198）康心殷红着脸，急急地喘息着，想冷下眼狠狠地瞪他。（朱苿《多情恼佳人》）
（199）撑着油纸伞，独自彷徨在悠长又寂寥的雨巷。（戴望舒《雨巷》）
（200）她感觉到一阵刺痛，人就飞速往黑暗深处里坠落。（苏童《妻妾成群》）
（201）日子像流水一样悄悄逝去。（《人民日报》，1994年）
（202）他走完胡同，觉得浑身都热起来。但这种热很快地在空气中消散。（佚名《月季胡同》）
（203）三年的光阴过去了，生命就像捧在手里的砂子慢慢地顺着指缝流失了。（航鹰《归来的柏拉图》）

例（196）状语"不停地"描写了动作的情态，与非自主动词"落"

组合其自主义隐没,例(197)状语"下降"是人力无法控制的动作,与之组合的"缓缓"不是动作主体主观控制的动作方式显示出非自主性。例(198)"喘息"是非自主动词,表示主体无法主观控制的生理行为,与其组合的状语"急急地"表示动作主体的情态,其语义中隐含的自主义隐没。例(199)"彷徨"是非自主动词表示主体不可控的心理状态,因而与之组合的表示动作方式的状语"独自"的自主义隐没。例(200)"坠落"是人力不可控的变化,与之组合的状语"飞速"表示动作的速度语义中有主体可控成分,但是受到非自主动词的影响自主义隐没。例(201)"逝去"表示人力不可控制的自然变化,与之组合的状语"悄悄"表示悄无声息不被察觉的意思,语义蕴含主体可控成分,但因受到非自主动词的影响其自主义隐没。例(202)"消散"是非自主动词表示主体不可控的变化,与之组合的状语"很快"表示动作速度具有主体可控成分,但是受非自主动词影响在此句中仅表示动作的客观速度,具有非自主性。例(203)中的"流失"是非自主动词,是人力无法控制的变化,与之组合的状语"慢慢地""顺着指缝"表示动作的速度和位移方向,但是受到非自主动词影响,它们都不是动作主体有意选择并加以控制的,只是动作的客观表现具有非自主性。

(四) 程度类

(204) 说熟悉,是因为在十年动乱期间,温玉成曾担任过中国人民解放军副总参谋长兼北京卫戍区司令员,常在重要场合露面;说陌生,是因为自一九六九年后,他突然销声匿迹了,人们对他也就渐渐淡忘了。(《新民晚报》,1986年)

(205) 李白玲说了个数,大大超出我的想象。(王朔《橡皮人》)

(206) 康伟业事先已经知道了段莉娜的大概情况,然而一见之下,他还是大大地吃了一惊。(池莉《来来往往》)

(207) 洋派的二少爷让"连城"班小小地吃了一惊。(《小说月报》,2003年)

(208) 魏桂枝清楚地听到了他的声音。(《作家文摘》,1993年)

(209) 局势的变化,萧素的被捕,齐虹的爱,以及她自己的复杂的感情,使她多懂了许多事。(宗璞《红豆》)

例(204)"淡忘"是非自主动词,表示人力无法控制的心理活动,状语"对他"表示动作"淡忘"所涉及的对象,不是主体有意识地选择的，因而"对他"显示出非自主性。例（205）"超出"是非自主动词，主体无法有意识地发出这个动作，状语"大大"表示程度具有主体可控成分，但是受到非自主动词的影响不能表示主体通过主动控制而使动作达到的程度，显示出非自主性。例（206）、（207）"吃惊"是非自主动词表示人无法控制的心理活动，动作主体无法控制"吃惊"的程度，因而无论是"大大"还是"小小"都表现出非自主性，不是主体有意致使行为达到的程度。例（208）"听到"是非自主动词，动作主体主观上无法控制因而也无法选择与之相关的性状程度，状语"清楚地"表示动作客观上达到的程度显示出非自主性。例（209）"懂"是非自主动词，表示人力不可控的心理状态，主体无法控制这个动作，因而也无法事先设定动作可能达到的程度，状语"多"就其语义看具有主体可控成分，但是受到非自主动词的影响，主体无法通过意识控制动作"懂"，也就无法通过该动作实现"多"表示的性状，在此句中"多"是动作完成后呈现的客观结果，显示出非自主性。

（五）对象类

（210）我从小受父亲影响，耳濡目染，对家谱中史料比较熟悉。（《报刊精选》，1994年）

（211）朋友们都来看他，为他着急（《新华社新闻稿》，2004年）

（212）高洋微微笑着说，"尽管我早就对这个游戏腻了，但如此终局，毫不惊人便水落石出我还是有点扫兴"。（王朔《玩的就是心跳》）

（213）允禩不敢在这里多停，连忙吩咐一声："启轿！快着点跑，万岁还等着我哪。为这个疯子误我这么长时间，真是荒唐！"（二月河《雍正王朝》）

（214）随着岁月的流逝，玄机与绿翘越来越不能相容了。（徐小斌《玄机之死》）

例（210）—（212）中的动词"熟悉""着急""腻"都是表示主体心理状态的非自主动词，它们都是人力不可控的，与其组合的状语"对家谱中史料""为他""对这个游戏"表明主体心理状态联系的客体，这是主体无法自主选择的，因而具有非自主性。例（213）中的非自主动词"误"表示人力不可控的动作，与之组合的"为这个疯子"不表示主体主动选择的针对对象,仅指出一个客观原因具有非自主性。例(214)"相容"表示主体无法控制的状态,状语"与绿翘"不是主体有意选择的针对对象,而仅表现出状态联系的客体,具有非自主性。

(六) 频率类

(215) 我点头,刚刚落下去的心酸再一次地浮上来。(《东西南北》,2004年)
(216) 这种像云烟一样袅袅飘散的希望正在重新凝聚起来。(李肇正《同林鸟》)
(217) 那次听音乐时所产生的异样感觉,又一次涌入我的心中。(冯骥才《感觉》)
(218) 林珠在康伟业的世界里升起并不直接,天边总有流云和暮霭,不时地将他遮遮掩掩,阻阻隔隔。(池莉《来来往往》)

例(215)—(218)中的状语"再一次""重新""又一次""不时"都表示动作的频率,从语义上说,主体可以通过有意识地控制来达到上述状语所表示的频率,因而它们都具有主体可控成分。但这些状语和非自主动词"浮""凝聚""涌入""遮掩"组合后,受动词非自主义项的影响,它们的自主义都无法激活,在组合中显示出非自主性。

(七) 凭借类

(219) 在东山最初出现的脸上,她以全部的智慧看到了朝三暮四。(余华《难逃劫数》)
(220) 女医生以敏锐的职业眼光,觉察到郁容秋的苍老和消瘦。(毕淑敏《女人之约》)
(221) 许立宇即便是能继续活在世上,也注定只能以一个残疾人的身份苟且偷生。(王朔《许爷》)
(222) 刚才,我在街上走,凭这身服装打扮,招得蹬三轮的直叫我老干部!(老舍《方珍珠》)

例(219)—(221)中的由介词短语充当的状语"以全部的智慧""以敏锐的眼光""以一个残疾人的身份"就其语义来说,有主体可控成分因为"智慧""眼光""身份"是主体本身具有的属性或社会属性,主体在某些情况下可以有意识地利用这些属性,从而凸显出自主义。但是例

(219)—(221) 中,与这些状语组合的谓词具有非自主性,因而状语的自主义都隐没了。其中,例(219)句中的谓语动词"看"是自主动词,但是与补语"到"组合后表示动作的结果,而这个结果是主体无法控制的,因而"看到"整体具有非自主义。例(220)"觉察"本身就是非自主动词,与补语"到"组合为"觉察到"也是非自主的,因为能否觉察到不是动作主体能自主选择的。例(221)"苟且偷生"从语义看显然不是主体有意选择的生活方式而是无可奈何不符合主观意愿的,因而也具有非自主义。例(222)介词短语"凭这身服装打扮"在句中表示动作的凭借,就其语义看穿什么服装是动作主体可以自主选择的因而它是自主状语,但是受到句中非自主动词"招"的影响,介词短语的自主义隐没。

(八)方式类

(223) 碰碰车在急剧旋转,高速滑行,三个男人咧着嘴大笑,一次又一次驱车冲撞刘美萍,只见四辆车隆隆吼叫着叠错在一堆,刘美萍不时飞在空中。(王朔《顽主》)

(224) 他的胸脯剧烈起伏着,脸由于愤怒用力涨得紫青,他的手掌骨有些隐隐作痛,脚趾也有一点扭了的感觉。(王朔《我是你爸爸》)

(225) 旋转的洗涤物产生向外的力又作用于桶上,这样,桶与衣物之间互相冲击、摩擦,将织物洗净。(《中国儿童百科全书》,2015年)

(226) 成子媳妇在结婚后的第一个上午,脸颊上的光亮是从毛孔的深处透出来的,心里的想法是通过指尖的滑动流出来的。(孙惠芬《歇马山庄的两个女人》)

(227) 老柯就这样以一种奇怪的姿势跌到了乡间公路上。(苏童《灰呢绒鸭舌帽》)

(228) 宇宙总是用独特方式显示自己的奥秘。(王凤麟《野狼出没的山谷》)

(229) 英国赞成欧盟的扩大,但以松散的形式存在。(《人民日报》,1995年)

(230) 那钱只能藏在储蓄罐里以数字的形式存在。(王朔《看上去很美》)

(231) 那个黑夜居然以这样的形式出现了。(余华《一九八六年》)

例（223）—（226）中的状语"高速""用力""互相""通过指尖的滑动"从语义看都具有主体可控成分，"高速"是主体可致使达到的动作速度特征、"用力"是主体可以致使达到的动作力度特征，"互相""通过指尖的滑动"是主体可以选择的动作方式，但是由于和非自主动词"滑行""涨""冲击""流"组合，其自主义均隐没，在句中显示出非自主性。例（227）—（231）中的动词"跌""显示""存在""出现"都是行为发出者自己不能支配的动作行为，是非自主动词，句中状语"以一种奇怪的姿势""用独特的方式""以松散的形式""以数字的形式""以这样的形式"是介词短语充当的方式状语。从语义上看，这些状语都是主体可以自主选择的动作方式具有主体可控成分，但是在句中受到非自主动词的影响，其自主义隐没表示主体无意识状态下动作的伴随方式。

以上几类自主状语从语义上说都具有主体可控成分，但是受到与之组合的非自主动词的影响其自主义隐没，在句中或表明主体不受主观意志控制而伴随动作的时间、空间、程度、频率等特征；或表明不以主体意志为转移的对象或凭借的工具；或表明在不自觉的状态下流露的外在情态具有非自主性。

二 非自主动词临时获得自主义

自主动词与非自主动词的对立并非绝对的，非自主动词在一定的语境中也能用作自主动词，这种语境能够让动作者将无心的动作变成有心的动作。马庆株给非自主动词"丢"设了一个语境，"一个孩子丢了一个铅笔盒以后家长给他买了一个新的，又丢了，又买新的，另一个孩子就会说'我也丢他一回'"①。就更深层次上来看，语义特征不稳定的主要原因是语言符号的模糊反映的不仅有纯客观的模糊，而且包括掺入了主观世界的模糊。就语义这一点来说，这种人的主观意识参与就表现在语义的规定上。自主义作为一种认知语义主观性很强，这种特点使得非自主动词可以因主观世界的干预而临时获得自主义。我们认为非自主动词可以在一定语境中向自主动词转化，主要有两种情况：一是在具有非现实性特点的语境中，由语境赋予主体一定的主动权和自主性，从而使非自主动词临时获得自主义；另一种情况是某些自主状语可以凸显某些非自主动词潜藏的自主特征，使其获得自主用法。

---

① 马庆株：《汉语动词和动词性结构》，北京语言学院出版社1992年版，第127页。

(一) 非自主动词受语用因素影响临时获得自主义

非自主动词在正常的语境中表示的是不能被主体有意识地控制的动作，但是在非现实语境中，非自主动词又可被看作是可以受人力控制的，这时非自主动词临时获得自主义。在这种语境中与之组合的状语的自主义也可得到凸显。非现实语境主要包括以下几类：

1. 祈使句

（232）大家都说"真凉快真凉快，快下场雨吧，要不麦子该旱死了。"（王朔《一点正经没有》）

（233）倘若无意中竟已撞上了，那就即刻跌下来吧。（鲁迅《朝花夕拾——二十四孝图》）

（234）别再回想那些可怕的场景吧，我暂且把这一事件忘记吧。（张炜《柏慧》）

例（232）—（234）中的动词"下雨""跌下来""忘记"都是非自主动词，表示的动作是主体不能有意支配的。但是这些人力不可控的动作，在祈使句中却暂时显示出可控性，主要有两点原因：第一，当人们希望改变人力不能控制的自然现象时，会祈求上天的帮助，因为在人看来上天是万物的主宰具有超越一切的力量，对于人力不可逆转的自然界现象人们认为可以通过祈求上天而促使情况转变为有利于自身的情况。比如："下雨"表示的动作行为是人所不能控制的，但是用于祈使句则表现了人对不可控的自然现象发生转变的希望，是人把符合自身利益的思想愿望赋之于自然界的体现。第二，当人们希望改变客观上不受人力控制的状况时，也可以在祈使句中实现。比如：例（233）中的"跌下来"从常理上说不是个人主观上可以控制的，并不是想跌下来就可以跌下来、想不跌下来就可以不跌下来。但是在祈使句中说话人赋予了听话人一定的主动权，是说话人让"听话人"去"跌下来"，也就是说话人认为听话人在"跌下来"这个动作上具有主动权，是可控的。祈使句的作用让"听话人"在"跌下来"的这个动作上具备了主动权，因而使非自主动词"跌"临时获得自主义，而与之组合的自主状语"即刻"也表明了说话人希望动作立即发生的愿望，体现出自主性。同样例（234）中的"忘记"是不受人力控制的心理动词，具有非自主义。但是，由于祈使句的作用而让"我"在"忘记"的这个动作上具备了主动权。与例（233）稍有不同的是动作主体"我"是主动向听话人要求权利，从而让"我"在"忘记"这个动作中具有主动权。而自主状语"暂且"则表明了动作主体有意选择的"忘记"时间段。

祈使句通过主观赋予主体一定的控制动作的能力，让祈使句中的事件主体对事件具有主动权和可控性，使得非自主动词成为可被事件主体操纵的动作或行为，临时具有了自主义。非自主动词的转化对自主状语自主性凸显有促成作用。

2. 与意愿标记共现

当非自主动词和某些标记主体意志的词共现时，往往会获得自主义，这时与它组合的自主状语也会凸显自主义。

(235) 真希望天气快点晴起来。(《南京花嫁论坛——该死的鬼天气》，2002 年)

(236) 每一个人的身子都完全不能自主了。只有一个唯一的希望是——马上现出黎明，马上爬过山顶，汇合着我们的大队，而不分昼夜地，痛痛快快地睡他一整星期。(叶紫《夜的行进曲》)

(237) 我们热切期望在医务工作者队伍中涌现出千百万个像赵雪芳那样的人民的好医生。(《报刊精选》，1994 年)

(238) 我也希望她能够尽快康复，重返赛场，但是我对此不抱希望。(《新华社新闻稿》，2004 年)

(239) 我希望大家努力学习，早日完成学业，以各种形式报效祖国。(《新华社新闻稿》，2004 年)

(240) 这是我们本赛季最困难的一场球了，只能希望队员们像客战时那样，血性地挺过这个难关。(《央视国际》，2006 年)

(241) 愿王教授这一夙愿终将在深圳这片土地上得以生根开花。(《报刊精选》，1994 年)

(242) 咱们甭管是为什么了，只要能解决灾区人民的燃眉之急，我们啊，再甘愿上他一次贼船。(王朔等《编辑部的故事·人民帮人民一把》)

(243) 她觉得难以忍受，立刻大哭起来，企图在一张小床上哭醒，这是与生俱来的积习，根深蒂固。(王小波《黄金时代》)

(244) 我们的生命毕竟是有限的。我们不想平庸地活着。(叶梦《个性地生存》)

例 (235) — (244) 中都出现了表示主体愿望的词"希望""想"

"期望""盼望""甘愿""愿"，从语义上说表现了主体的两类愿望：一是主体对自然变化的愿望。以例（235）、（236）为代表，"天气阴晴""黎明黑暗"都是不受人力控制的自然变化，天是没有情感和意志的。这里的"快点""马上"表现的是人的意愿，表现了主体加速不可控的自然现象向符合自身利益转变的强烈愿望，体现了主体强烈的自主性。例（237）—（244）则表现了主体对涉及自身的社会生活的愿望："在医务工作者队伍中涌现出千百万个像赵雪芳那样的人民的好医生""尽快康复""早日完成学业""血性地挺过难关""夙愿得以生根开花""再上一次贼船""在小床上哭醒""不平庸的活着"，就常理而言这些愿望都不是人力可以控制的，但是由于这些词语与表示主体期望的词语共现，句子具有非现实的特点，表现出主体促使不可控的社会现实向符合自身利益和期望的方向转变的主观愿望，因而，动作主体也被赋予了操纵不可控动作的能力，非自主动词临时获得自主义，而与之组合的状语自主义得以凸显，表现出动作主体在实施行为时对有关特征的有意识控制。如："尽早""尽快"表现出主体对动作过程速度的控制，"再"表现了主体主动重复动作，"血性地"表明了动作主体将在执行动作时有意识地发挥自身固有品质以挺过难关。"在小床上"表明了动作主体有意识选择的行为处所，"不平庸"则表明了动作主体对自身状态的有意识设定，以上自主状语由于非自主动词的转化而凸显了自主义体现了主体的自主性。

3. 与能愿动词共现

能愿动词中表示说话人意志的"要"，表示主体能力的"能"以及体现说话人主观推测的"可以"和非自主动词共现，可以使非自主动词临时获得自主义，如：

（245）你们也要时时刻刻地动心思，想办法，去帮助他，不要只靠他一个人费尽心机，大家的智慧一定比一个人的多。（老舍《无名高地有了名》）

（246）学习是一个艰苦的过程，需要用意志去战胜困难。学生要时时记住：我们是学习的主人。（《中国儿童百科全书》，2015年）

（247）假若她看见我，她必能跟我来，我们能有法活着。（老舍《月牙儿》）

（248）森怪睁开眼睛，缓缓地说"我希望大家都平安快乐地生活，不要有什么烦恼。"（凯子《挪威森林记》）

（249）我现在已可以高兴地躺下死去。（《人民日报》，2003年）

（250）我希望能尊严地死去,我不想在死前受到哪怕象征性的折磨。(王朔《玩的就是心跳》)

例（245）、(246)中具有强烈意志性的能愿动词"要"与非自主动词组合,其自身具有的强意志性特征感染了与之组合的非自主性动词短语"动心思""记住"使[＋有意][＋自主]等特征临时添加到对方的语义结构中,而使其临时获得自主义。其中的自主状语"时时刻刻""时时"也由此凸显自主义,表明主体对动作时间过程的高度注意和控制,体现了主体的自主性。例（247）中能愿动词"能"表示动作主体对自身能力的肯定,具备[＋能力]的特征,"持续体"标记"着"的使用表明动作行为"活"正在时间轴上展开,它已经开始但尚未终结,因而主体对这一过程有控制的可能,能愿动词"能"的使用从主观上加强了主体对这一过程实施控制的可能,在这种语境中非自主动词"活"具有了临时自主义,而与之组合的自主状语"有法"也凸显出主体有延续"活着"时间过程的控制力,体现出主体的自主性。例（248）中的"希望"显示出主体的强意愿性,"平安快乐地生活"是说话人的主观愿望,这一动作行为尚未开始当然也就更谈不上完结,这种非现实的特点赋予了主体对非自主动作"生活"的主观控制力,因而使得非自主动词发生转化,而与之组合的自主状语"平安快乐"也成为主体心理层面上可以主观致使达到的性状,凸显出自主性。例（249）中的"可以"表明说话者对动作发生与否的主观推测或估计,体现能愿动词的推测功能,整个句子表达的是未然事件。因而主体有一定的时间通过一些措施使未然事件变为现实,这就使非自主动词具有一定的可控性。在例（249）中出现在"可以"后的自主状语"高兴地"与"死去"搭配,从常理上看二者是矛盾的,人一般不会为自己死去感到高兴,这有违一般认知,行为动作主体故意超出常规或预期,选择做出了与常规相反的动作,使我们推测这种行为的背后是因为有一个相关的原因或条件,不管是出于什么样的事实或是主观的认同让动作主体做出这样的举动,都让我们在"高兴"和"死"这二者的矛盾中,看到了主体对自身行为的控制力,动作主体执行动作时有违常理的心态更加凸现了主体的自主性。例（250）中表示主体意愿的"希望"和表示客观条件的"能"组合,鲜明地体现出主体强烈的意愿"尊严地死去","死"是人力不可控制的,这是一个瞬间的动作无法预测它的到来也无法让它延续下去,任何人都无法阻止死亡的到来。但是在例（250）中主体表现出对"死亡"这一不可控的事件具有一定的控制力,主体有意选择了面对死亡的方式，因此非自主动词"死"在这里临时获得了自主性，自主状语"尊严地"的使用也是主体自主性得到凸显的明证。

4. 重叠形式表示主观可控

一些表示自然变化、人的生理心理状态的非自主动词可以通过重叠而获得一定的自主义，在这种语境中与之组合的自主状语也凸显出自主义。

（251）再往下沉沉就到底了。（转引自朱景松《动词重叠式的语法意义》）

（252）陆萋只好把女儿放到座椅上坐好："快醒醒，我们必须马上下车！"（千寻千寻《紫藤萝》）

（253）几个马夫都是年轻人，让他们多睡睡吧。（姚雪垠《李自成》）

（254）刘景桂沉吟了一下，说："你让他多想想吧！"（刘绍棠《运河的桨声》）

（255）只是他还没来得及多爱爱他永远爱不够的孩子们，却过早地去了。（《报刊精选》，1994 年）

例（251）"沉"本是非自主动词，表示人力不可控制的状态，但重叠为"沉沉"之后，说明说话人认为可以采取措施来控制"沉"这个事件，"沉"在某种程度上具有可控性。与之组合的自主状语"往下"同样体现出动作主体主动选择的动作方向，显示出自主性。例（252）—（255）中的"醒""睡""想""爱"都是涉及人的非自主动词，它们表示人的生理或心理状态，就常理而言这些自发的动作行为是很难控制的。但当这些非自主动词以重叠式进入句子后，说话人主观上认为这些动作行为都是主体能够控制的动作行为，用了重叠式以后动作的自主性明显增强。例（252）中的动词"醒"本来表示的是一个不受人力干预的自然而然的过程。当然有时也可以采取人为的措施促使这一过程实现。在例（252）中用了"醒醒"这个重叠形式，表明了说话人要求听话人加强自我控制，主动结束睡眠状态。可见，说话人认为"醒"是听话人可以控制的。自主状语"快"的使用则凸显了说话人要求听话人主动加快实施动作的意图，并且说话人认为这是听话人主观上可以实现的，因而"快"在这里有自主性。例（253）中的动词"睡"也是人力不可控制的一种生理状态，通过重叠变为"睡睡"后，表明说话人要求听话人保持"睡"

这一动作的延续。自主状语"多"的使用更凸显了主体延长"睡"这一动作持续时间的自主性。例（254）中的动词"想"表示人的思维活动，一般是人力不可控制的，重叠式"想想"表明说话人要求主体延长这一活动的意图，而自主状语"多"的使用使非自主动词成为主观上可以由主体主动延长其过程的活动，因而具有了自主义。例（255）中的动词"爱"表示的是人力不可控制的心理活动，人们无法主动开始、阻止或延长、缩短这一动作。但是当"爱"以重叠形式"爱爱"出现在句中后，主体就对这一动作具备了一定的控制力，与之组合的自主状语"多"表明了主体主动干预非可控的心理活动的自主性。

上述表示人力不可控的自然变化和人类生理、心理状态的非自主动词，在重叠式中表现出说话人主观上认为这些动作行为都是主体能够控制的动作行为的特点，使动作的自主性明显增强，而与之共现的自主状语也凸显出自主性。

5. 使令句表示主观可控

使令句中的动$_2$多表示自然变化或是人类的生理、心理状态，它们都是不受人力控制的，但是在致使行为实现的过程中，使令句中的致使动词往往对动$_2$产生一定的影响，致使者可通过致使动词促使被使者实施动$_2$，从而赋予了被使者一定的操纵行为的能力，这时，非自主动词会获得一定的自主义。在这种语境中与之组合的自主状语也凸显出自主义。

（256）让暴风雨快点来吧！（陈玙《夜幕下的哈尔滨》）

（257）丁裁缝来一趟，佟奶奶总是说："树还小咧，叫它再长长。"（汪曾祺《故里杂记》）

例（256）中的"暴风雨"是自然现象，从常理说是人力不可控制的，但是在使令句中它表现出说话者的强烈愿望，说话人主观认为暴风雨可以快点到来，并发出了这一诉求，从而使得非自主动词"来"获得了一定的自主义，与之组合的状语"快点"也显示出自主性，表明说话者主观上希望加快进程的心理特点。例（257）中涉及的"长"（植物的生长）是人力无法控制的，因此"长"在一般情况下是非自主动词，但是在例（257）中受到句法格式义的影响，整个句子表明了说话人主观上想要延续"长"这一过程的愿望，从而使得原来的非自主动词发生了转化，具有一定的自主义。与之组合的状语"再"也显示出自主性，表明说话者主观上希望"生长"这一事件不断延续。

（258）他想，她太累了，让她利用这途中的时光，美美地睡一觉。（陈双娥《反绑架》）

（259）"爱，就别再找我。让我平静地生活吧。"说完，她扭头逃也似的朝家门飞跑而去。（苗申纪、私刘《落差》）

（260）他能用一两个字使人心里憋闷着的情感全发出来，象个爆竹似的。（老舍《牛天赐传》）

例（258）—（260）中的动词"睡""生活""发"表达的是人力无法控制的一些生理、心理活动，是非自主动词。这些动词表示的行为动作是人的本能，一般不是他人发出命令或要求后才会去做的事情，所以跟这些动词搭配的时候"叫""让"一般表达容任而不是使令。使令句的句式义赋予了上述非自主动词临时的自主义，而与其组合的状语"美美地""平静地""用一两个字"分别表明主体主观上希望通过动作实现的性状以及动作进行时有意选择的工具，这些都凸显了状语自身词义中的自主义。

（261）她渐渐养成习惯，隔了两天，就准备（她不承认是希望）他会来，午饭后，总稍微打扮一下。虽然现在两人见惯了，而每听到他进门的声音，总觉得震动，需要神速的大努力，使脸上不自主的红晕在他见面以前褪净。（钱钟书《纪念》）

（262）让学生亲身经历一个项目的全部过程。（佚名《美国最新MBA专业评价》）

例（261）、（262）中的动词"褪""经历"都表示主体无法有意识控制的非自主动作，受使令句句式义的影响，句式中的非自主动词被赋予了一定的自主性，说话人主观认为上述非自主动词表示的动作是主体可以实现的，从而使主体在事件中拥有一定的自主性并促使非自主动词获得自主用法。两句中的状语"在他见面以前""亲身"表明了主体有意选择的时间及动作进行的方式凸显出自主义。

上述使非自主动词临时获得自主义的语境大都具有非现实性的特点，所描写的动作行为不是发生于现实世界而是主观想象世界，表示主体的一种期望。从时间上看，这些动作行为在现实世界还未开始是未然事件，可以说具有虚拟过程性。句中出现的状语多和表示"意愿"的标记（如部分能愿动词、表主观意图的词语等）共现，或者出现在祈使句中。尽管上述动作行为并未实际发生，但是我们认为任何主观意愿的外化都是以内在的心理现实性为基础的，主体意愿必先存于自身心理世界之中，受到这种意愿的主观驱动力的影响而致使人们为实现这一意愿付诸行动，从而实现从心理世界到现实世界的过渡，而另一些意愿由于是人力不可及的无法付诸实施，这时人就会尝试让这种意愿以想象的方式在心理世界实现，诸如期望超自然力量改变人力不可控的自然变化、让人的"生、老、病、死"等生命的自然发展规律朝着自己希望的状态发展，这些主观愿望的外化就形成了上述非现实句。因此，在现实层面上不可控的非自主动词可以在句子描述的发生在虚拟的心理层面的事件中发生某种程度上的转化，即非现实句赋予主体的主观可控性作用于非自主动词，使这些动词就有了一定的"有意性""自主性"。而与非自主动词组合的自主状语也由此得以凸显其自主性。

（二）非自主动词受自主状语影响临时获得自主义

在未受到非现实语境影响的情况下，某些自主状语可以激活非自主动词的自主义，我们尝试从动词的时间特征出发，探讨自主状语如何通过提取动词过程的不同阶段来凸显主体自主性，并在此基础上对非自主动词临时获得自主义作出解释。根据与体（aspect）助词以及与表示体貌意义的副词同现的能力，汉语动词可以大致分为两大类：关系动词（relation verb）和事件动词（event verb）①。关系动词表示事物之间的关系，没有过程或阶段可言，一般不跟体助词"了""着""过"或表示体意义的副词"正在"或"在"连用。事件动词表示事件的情状，根据需要可以跟体助词"了""着""过"或表示体意义的副词"正在""在"等连用。无论事件处于起始阶段（如"开始""着手""出发"等）还是终结阶段（如"结束""完成""灭亡"等），都具有延续的特征（表示终结意义的动词体现为状态的延续）。

马庆株在界定自主动词时其焦点主要集中在考察主体是否可以有意识地发出动作，也就是动作发生的起点是否可控。我们认为仅仅从动作发出这一时间点来考察动作的自主与非自主是不够精确的，因为动作的典型特征是具有时间性，除了瞬间动词动作一发出就结束外，其他动词都有一个过程，而在这个过程的任何一个时间点（段）上都存在着主体介入的可

---

① 陈平：《论现代汉语时间系统的三元结构》，《中国语文》1988 年第 6 期。又，石毓智：《论现代汉语的"体"范畴》，《中国社会科学》1992 年第 6 期。又，沈家煊：《"有界"和"无界"》，《中国语文》1995 年第 5 期。

能性。比如：马庆株提到一些非自主动词一旦加了补语，就可能转变为自主动词，其实这就在考察动词自主性时延长了时间范围，不仅从动作的发出也从动作发出后的持续过程来看动词的自主与非自主特征。我们发现某些自主状语可以激活动词的时间性、过程性从而使动作表现为一个动态过程，主体可以选择动词的不同时间段、事件发生的不同阶段来实现主体对动作的自主控制从而实现非自主动词向自主动词的转化；另外，表示主体心理状态的动词一般是不可控的，但是某些自主状语可以表现出主体有意识地控制心理状态的外在表现，这时体现出主体的自主性。

1. 自主状语凸显主体对动作过程的控制

我们可以把动词陈述的意义看作一个随时间展开的内部过程，这个过程包括起点（过程开始的时点）、终点（过程结束的时点）和续段（过程持续的阶段）。如果一个动作和一段时间对应，则这个动作从完整方面来说，要求具有起始点、持续过程（有时称为续段）、终结点三部分；如果一个动作和一个时间点对应，则这个动作从完整方面来说，要求具有起始点、终结点两部分。某些表示时间的自主状语可以激活非自主动词对应的时间过程中的某个时间点或某个时间段，如果主体在这个激活的时间点（段）上体现出主体的意志性，那么非自主动词可以临时获得自主义。

第一，自主状语提取出动作过程的某一阶段。

(263) 晚上十点，图书馆闭馆了，她不得不回到那寒气逼人、冷如冰窖的小屋继续攻读，至深夜两点才睡。（叶永烈《居里夫人》）

(264) "奶奶，你吃完了早点睡，别等我们，我们今晚要在东屋里帮着搬东西。"（陆文夫《人之窝》）

(265) "快睡吧。"丁小鲁对一直愣愣地坐在灯下的于观说。（王朔《你不是个俗人》）

(266) 这次，他没有生气，揪了揪酣睡者的耳朵："哈毕希特，快醒过来，说说你坐火车的艳遇！"（建安《爱因斯坦和他的院士们》）

(267) 至于我，将一如既往地真诚地生活下去。（肖华《别了，张艺谋》）

例（263）—（265）中的"睡"是非自主动词表示"进入睡眠状态"，句中的"睡"的共同特点都是人主观无法控制的生理状态，具有 [－自主] [＋状态] 的特征。但是如果我们提取出形成这一状态的动作起点并加以主观控制，则会使其具有一定的主观可控性。如在例（263）使用了"至深夜两点"，例（264）（265）中分别使用了"早点""快"，这些状语的使用使我们的视点聚焦到"睡"这一状态的动作起点，显示出主体主动开始或提早"进入睡眠状态"的起点的自主性，因而非自主动词"睡"在这三例中获得了自主性。例（266）"醒"是非自主动词表示"睡眠状态结束，大脑皮层恢复兴奋状态"，这是人无法主观控制的生理状态，具有［－自主］［＋状态］的特征。但是如果我们提取出"醒"这一状态的动作起点并加以主观控制则会使其具有一定的主观可控性。例（266）中使用的自主状语"快"使我们的视点聚焦到"醒"这一状态的起点，显示出主体主动加快实现这一状态的自主性，因而非自主动词"醒"在此例中获得了自主性。例（267）中的"生活"是非自主动词表示"生存"，这也是一般情况下人力不可能凭借意识开始的状态，具有［－自主］［＋状态］的特征，但是如果我们着眼于其"续段"的延续过程，则也可显示出主体的自主性。例（267）中的自主状语"一如既往""真诚"表明了主体在"生活"这个持续过程中将采取的主观态度，显示出主体在动作持续过程中的自主性，因而非自主动词"生活"在这里获得了自主性。

第二，通过方式状语激活状态动词的动态性。

表示心理状态的非自主动词表示的既可以是一种隐含于内心的单纯的精神状态，也可以是一种对外部客观世界作出的心理反应。不管是精神状态还是心理反应，因为几乎不对所关涉的客体产生影响，所以心理动词的动态性较弱，主体对自身的心理状态往往表现出非自主性，但是如果我们通过自主状语激活心理状态中蕴含的动态性，并凸现出在这个动态过程中主体的控制力则非自主动词可能获得自主义。如：

（268）即学会如何有效地记忆。（张景莹《大学心理学》）

（269）如果他是真的爱我，那我也心甘情愿为他付出我的一切我会慢慢地去了解他的。（天涯论坛《屌丝骗爱记》）

（270）不仅唯物主义地理解自然界，也唯物主义地理解社会历史。（李海洋《哲学原理纲要》）

（271）李鹏总理在浙江考察时指出，邓小平同志在南方的重要讲话，对全党全国人民都是一个巨大的鼓舞，一定要全面理解，认真贯彻落实。（《北京晚报》，1992年）

（272）孟子的母亲"三迁"，是智慧地爱孟子，居里夫人的"智

力体操",是智慧地爱女儿。(新浪博客《智慧地爱孩子》)

(273) 加林上高中时,她尽管知道人家将来肯定要远走高飞,她永远不会得到他,但她仍然一往情深,在内心里爱着他。(路遥《人生》)

例(268)—(273)中的动词"记忆""了解""理解""爱"都是表示人的心理状态的非自主动词,一般情况下主体对这些心理动词无法主观控制,但是如果我们不把它们看作内心的静态存在而把这些动词看作动态的过程,则在这个动态过程中就有主体控制介入的可能性。比如:例(268)—(273)中的自主状语"有效地""慢慢""唯物主义""全面""智慧地""在内心里"都表明了主体在实现心理状态的动态过程中有意识采用的方式,凸显了自主性,因而这几句中的非自主动词都具有自主性。

表示人的生存状态的非自主动词动态性较弱,主体对自身的生存状态往往表现出非自主性,但是如果我们通过自主状语激活生存状态中蕴含的动态性,并凸现出在这个动态过程中主体的控制力则非自主动词可能获得自主义。如:

(274) 人世间仍是强悍者的天下,靠实力靠手段你才能活得舒坦尽意。(廉声《月色狰狞》)

例(274)中的动词"活"是表示人的生存状态的非自主动词,一般情况下主体对自身的生存状态只能被动接受因而不具有自主性,但是在例(274)中使用的自主状语"靠实力靠手段"激活了"活"蕴含的动态性,并凸显了在这个动态过程中主体采取的方式,因而凸显了主体主动改变自身生存状态的自主性,非自主动词"活"也获得了自主性。

我们认为,就一个整体事件而言,事件的状态指的是该事件的一个个横断面,描述对象在一定时间内其性质、关系等属性保持稳定,不会发生变化。方式则是一种动作行为进行的途径,方式往往有两个或两个以上的对比性方式项。可以说事件处于某种状态,但不可以说处于某种方式。由于"状态"自身要求事物变化须保持恒定的同质性,从而限定了主体对事物性质程度等方面施加影响的可能,而方式成分的出现,则可以使原本静止的状态拥有一系列程度上存在差异而属性异质的中间性动态过程。因而,主体可以通过有意选择事件过程中的方式来实现对动态过程的干预,从而在一定程度上使事件成为可控事件，而非自主动词也临时获得自主义，表示方式的状语本身蕴含的自主义在这个过程中也得到很好的体现。

第三，通过方式、工具状语激活完成动词的过程性。

某些具有［＋完成］特征的非自主动词，表示的是动作的实现并有自然结果。从常理上来说"谋事在人成事在天"，结果往往是主体无法主观控制的，但是如果我们把视点由"成事"转向对"谋事"的关注，并凸显主体在"谋事"过程中采取的方法、工具等，那么非自主动词就有可能获得自主义。如：

（275）前者从征服中得到满足，后者从人与人的相亲相爱中汲取幸福。（王小波《东西方快乐观之我见》）

（276）他用自己那超人的意志战胜了死神。（残雪《名人之死》）

（277）为正义而战的革命者都得顶狡猾，以最卑鄙的手段完成最大的工作。（老舍《新爱弥耳》）

（278）煤气抢修部门接到通知后，抢修设备和工程技术人员迅速到达现场，并启动紧急预案。（《新华社新闻稿》，2004年）

（279）在"性爱异常"期，少女不安心于学习，特别喜欢看描写男女爱情的电影，平时喜欢谈论两性关系问题，特别注意修饰打扮，追求奇装异服，不惜用多种方式去博得男子的关注。（车文博《心理学150问》）

（280）很多家庭为了拼凑"好运"的数字，全家老少精心推敲，用"集体智慧"来博得一乐。（《报刊精选》，1994年）

（281）聪明的希腊人用木马藏兵之计赢得了特洛伊战争的胜利。（《中国儿童百科全书》，2015年）

（282）14岁的第谷用仪器果真看到了日蚀！（《中国儿童百科全书》，2015年）

（283）在天国之战中，撒旦不是曾用新发明的武器一度获胜吗？（金发燊《弥尔顿和〈失乐园〉——〈失乐园〉汉译本前言》）

例（275）—（283）中的非自主动词"得到""战胜""完成""到达""博得""赢得""看到""获胜"是非自主动词，含有［－自主］［＋完成］的特征。从常理上来说，人无法主观控制动作的结果，但是如果主体从动作的终点（结果）转而关注达成结果的过程，并有意识地选择可以帮助达成理想结果的方式、工具，则主体具有一定的自主性。如：

在例（275）—（281）中使用的自主状语"从征服中""用自己那超人的意志""以最卑鄙的手段""迅速""用多种方式""用木马藏兵之计"等都凸显了主体有意选择恰当的方式以促使结果达成的能动性。例（282）、（283）中的"用仪器""用新发明的武器"则是主体为达成动作结果而使用的工具。上述非自主动词出现的句子不难看出主体的意志性，即主体主观上有意要达成某种结果，并为此有意识地选择了恰当的方式和工具。如果不突出动作的最后结果，我们还可以在这句中加入一些表示意愿性的情态词来凸显动作过程中的主体意愿，如例（282）"14 岁的第谷打算用仪器看日蚀！"可见，这几句中的非自主动词也临时获得了自主义。

我们认为，就一个整体事件而言，事件的结果指的是该事件的终点，描述通过动作而最终实现的结果。而"结果"通常是一种客观无意的表现，是不以人的意志为转移的，就如人们俗话所说的"并不是想就能够得到的"。因此一般来说，动作主体无法自主控制动作结果的达成，因而具有［＋完成］义的动词是非自主的。表示动作方式、工具的状语属于动作的伴随条件，它依附于动作随着动作的产生而产生，动作完成了也就无所谓动作方式或动作的工具了。另外，方式、工具在语用上是施事对于动作发生的一种主观的态度或想法，因此句中也可以加入情态词"打算、想、会"等，所以方式、工具状语的出现可以凸显［＋完成］义动词的过程性、主体意志性而非动作的客观结果。因此，主体可以通过自主的选择实现结果的方式、工具以获得自己满意的结果从而体现主体的自主性，使非自主动词临时获得自主义，与此同时，方式、工具状语也凸显出主体意志性，在句法结构中实现为自主状语。

综上，通过激活非自主动词的时间性、动态性、过程性，显示出主体从关注动作静态状态、完成结果转而着重其过程的改变。尽管状态、结果可能不发生改变，可是我们强调的是主体在过程中的主观能动性。方式、工具对主体来说是一种主观有意的选择，是动作者让动作发生所采取的特定手段，自主状语的自主性体现在主体有意选择适合的方式来促使状态和结果向主体希望的方向发展，这种情况也赋予了主体一定的自主性，因而也激活了非自主动词的自主义。

2. 自主状语凸显主体对心理状态外在表现的控制

从心理学角度来看，心理活动是受外界刺激而产生的，是主体不可控制的，但该状态发生以后，主体应该具有对该情绪加以控制的能力，如"担心"多认为是非自主的，但是我们经常对别人或自己说"别担心"，这就是试图去控制"担心"这一心理活动的表现，因而在表示劝阻某人结束某心理状态时，非自主的状态动词表现出了自主的意义。心理状态动词的可控性还表现在，主体有意识地使内心的感受和外在表现不同。虽然主体受到外界刺激而产生某种心理状态，但他完全可以自主地控制这种外化表现。例如：

(284) 他们本来想悄悄地结婚，正如他们悄悄地相爱。（王冬梅、张铁生《出狱前后》）

(285) 我暗暗钦佩桑塔老爹。（路远《白婴柔》）

(286) 吴仁民冷眼在旁边看这对新婚夫妇的亲密情形，不免偷偷地妒忌起来。（巴金《雾雨电》）

(287) 记忆力一年一年的差了，现在不趁时用功，将来更难了，母亲的心，暗暗地独自焦灼着，但不能对别人诉说。（苏雪林《棘心》）

(288) 我悄悄地独自叹息着。但是我目前仍然有一副逼真的图画再现出来。（庐隐《异国秋思》）

(289) 珊珊问："爷爷，你今天怎么走得这么慢呀？你为什么不骑上去？"刘老根暗自叹息一声："好孩子，咱今天……慢点儿走……"（何庆魁《刘老根》）

(290) 旺古软弱地倚在小梅肩上，像一个孩子，向我艰难地笑笑小梅欣喜地告诉我这些天旺古死而复生的情形。（叶蔚林《割草的小梅》）

(291) 临出屋门手抚抚头发，还回头朝他笑了笑。（陈一水《神奇的医疗》）

(292) 表面上，他让人把画送了回去，心底里，却牢牢地记下了这笔账。（金戈、刘军《陈毅系列传记》）

例（284）—（292）中出现的非自主动词"相爱""钦佩""妒忌""焦灼""叹息""笑""记"都是表示人的心理状态的动词，从语义上说心理状态动词有鲜明的感情色彩，有的具有一定的主观随意性，缺乏明确的意志性。它们一般不能够作为一种有目的的行为来实施，句法上的表现就是不能在前面加上表示"意愿"的能愿动词"要₄"来表达主体的有意识行为，如：一般不能说"*要相爱、*要钦佩、*要妒忌、*要焦灼、*要叹息、*要笑"。上述非自主动词表示的心理活动的发生是主体不可控制的，但该心理活动发生以后，主体可具有对该心理活动加以控制的能力，表现在主体可有意识控制内心感受的外化表现。虽然主体受到外界刺激而产生某种心理状态，但他完全可以自主地控制这种外化表现。比如说，例（284）"相爱"这种心理状态，两人相爱了可能有一些眼神交流，亲密行为等，但是如果主体不想让外人察觉那么他完全可以有意识地在别人面前和爱人保持距离像一般朋友一样，自主状语"悄悄"正凸显了主体自主控制心理状态的外化表现的自主性。例（285）—（287）同样如此，"妒忌""焦灼"等表示的心理状态由于主体不想为人所知，因而主动加以控制使其不被旁人察觉，这种控制正是通过使用表现主体行为隐蔽性的自主状语"偷偷地""暗暗""独自"实现的。例（288）、（289）中的"叹息"是指主体由于心理焦虑等原因而叹气，按常理说这是要发出声音的，但是在这两例中，主体为了不让自身心理状态被别人察觉而有意采用了较为隐秘的方式，使用了"悄悄地""独自""暗自"等自主状语，凸显了主体的自主性。例（290）、（291）中的非自主动词"笑"，一般表示主体因心理的喜悦情绪而露出愉快的表情，发出欢喜的声音。但是例（290）中的状语"艰难地"向我们暗示出，动作主体"旺古"在发出"笑"这一动作时心情可能不是愉悦的，但是他仍旧控制了自身的心理状态而选择了"向我""笑笑"的行为，体现出高度的自主性。例（291）同样如此，我们不能确定动作主体在"笑"时是否真的感到快乐，但是通过上下文我们可以从"临出屋门"这个状语看出，动作主体选择"回头朝他""笑"可能更多的是表示告别或有其他暗示的意味。因而这个"笑"也体现出动作主体对心理状态的控制，临时获得自主义。例（292）中的"记"也是非自主动词，能否记得一般是主体不能控制的，但是在这句中"牢牢地"提示我们主体有意识地采取某种手段来让自己的记忆鲜明，句中还出现了"表面上""心底里"这样的词语表明主体心理状态和外在表现是不一致的，也凸显出主体更深的意图（不打草惊蛇以后算账这样的意思）。

我们认为心理状态动词的自主性比较复杂：就心理状态的感受主体和心理动词所表心理状态之间的关系来看，心理状态的产生是不可控的，由于某种刺激物的存在使得感受者难以抑制地产生某一心理状态，但是如果拉长这个心理过程，则情况可能会出现变化，具有临时的"可控性"。

综上所述，我们认为如果非自主动词满足内外两大条件可凸显其自主义：内部条件即某些非自主动词其词义自身具有或人们主观认为具有某种程度上的可控性，在一定语境或其他因素的作用下，这种可控性被激活，那么非自主动词就临时获得了自主义,而那些完全客观的不涉及任何主观因素的非自主动词,在任何情况下都不能具有自主用法,如"遇害"等。外部条件主要包括非现实语境和自主状语对非自主动词的转化作用。当自主状语与非自主动词组合时,一般情况下自主状语自身的自主义无法激活,但是动词自主与非自主之间并无绝对的界限,当非自主动词临时获得自主义后,自主状语的自主性可以获得凸显。

三 小结

认知语言学认为,语言本质上是转喻的,体现了人的思维特性;而转喻是一种参照点(reference point)和激活现象(activation phenomenon),因为在具体语境中,表达式的常规意义其实是被作为一个参照点为目标意义提供心理通道(mental access)。对于词汇而言,涉及百科知识和语言知识的概念构成了词汇知识的本体基础,因而词汇意义即是存在于概念空间的使用潜源(use potential)。而具体表达式中词汇的意义,则是这一使用潜源的一部分,其识解是在具体使用环境中进行的,即词汇本身充当激活意义潜源的参照点,其意义的确定通过不同的识解方式来进行。也就是说,词汇意义的确定需要在具体语境中进行。换言之,对于进入具体使用环境的词汇来说,其意义处于未完全指定的状态,只有在具体语言环境中,其意义才能得以明确。对于充当状语的词汇而言,这就意味着其意义须服从中心语动词意义。因而,当自主状语与动词组合时,中心语动词自主义的有无、强弱将直接影响状语自身自主义的隐现,当自主状语与自主动词组合时两者自主义互为加强,体现出主体明显的自主性及对事件的控制力。而当自主状语与非自主动词组合时,常规条件下自主状语的自主义隐没。这种现象突出地表现出动词在状中结构中的支配地位,动词语义中的自主义特征是决定状语自主义是否得到凸显的深层语义因素。但是,自主动词和非自主动词并非截然对立,受到语用因素的影响自主状语可以与其他标记词、特殊格式共现以实现非自主动词向自主动词的转化,从而凸显其自主义。这可以用词语的双向选择限制来解释:邵敬敏提出"汉语语法的决定性因素是语义,而不是形式"[①]。"每一个词都具有一个可供组合的个体选择网络,你选择人家,人家也选择你,从而构成一个综合选择网络,这种选择关系主要是语义在起作用,一旦这种选择网络形成,那么

[①] 邵敬敏:《汉语语法的立体研究》,商务印书馆2000年版,第31页。

就会表现为一定的语法功能。"① 在这种选择网络里,某个词的语义中包含的语义特征可以看作词的"个性",它决定了这个词的真正分布。所以如果不考虑单个词的语义特征,那就不能概括一个词的精确分布,我们所总结出来的语法规律就总是会出现例外,规律就不能称其为规律。这就能解释为什么某一个词在和几个语法上属于同一类的词组合时出现的差异。认识到这一点,我们就能解释为什么我们的语法规则总是不能精确地概括语言事实,也能解释一些不符合我们一般所谓语法规则的句子却在母语者中间畅通无阻的原因。运用这一语法观念对汉语的语言事实进行重新审视,可以发现原来使用印欧语法影响下的语法研究手段不能发现的汉语语法的特点,从而得到更贴近汉语实际的结论。通过考察,我们认为自主状语和与它搭配使用的谓词之间有较为明显的语义选择限制,充分挖掘这种关系,可以使一些原来并不能解释的现象得到较合理的解释。

---

① 邵敬敏:《汉语语法的立体研究》,商务印书馆 2000 年版,第 23 页。

第七章　修饰位移动趋式的自主状语

话语活动是静态要素和动态要素的结合。在静态条件下，词语往往含有一定的语义特征，这是词汇语义学的分析对象。在动态的应用过程中，词语的语义特征会随其所处上下文、说话情景和社会环境等要素的不同而发生某种程度的有条件的变化。对此，郭锐（2002）指出"词在句法层面上会产生词汇层面未规定的性质，我们把这种性质叫作语法的动态性"[①]。状语自主义的动态变化是多种因素共同作用的结果，其中最为重要的就是状语修饰的中心语的性质。本章以修饰位移动趋式的自主状语为研究对象，将考察角度锁定在状语自主义隐现与其修饰的位移动趋式自主性的关系上。

第一节　位移动趋式的界定

动趋式述补结构由述语动词直接加上趋向动词构成，即"V＋V$_{趋向}$"。充当动趋式补语的趋向动词具体有哪些，学者们的看法并不完全一致。赵元任（1979）、朱德熙（1982）、刘月华（1998）都有他们各自的观点。因此，我们首先把本文涉及的趋向动词罗列出来，以明确研究对象。列表如下：

	上	下	进	出	回	过	起	开
来	上来	下来	进来	出来	回来	过来	起来	开来
去	上去	下去	进去	出去	回去	过去		开去

[①] 郭锐：《语法的动态性和动态语法观》，商务印书馆语言学出版基金发布会暨青年语言学者论坛——21世纪的中国语言学会议论文（2002.1，北京）。

动趋式的述语和趋向补语之间可以插入"得、不",构成可能式述补结构。由复合趋向动词充当补语的动趋式,在不带宾语的情况下,其述语和趋向补语之间还可以插入动态助词"了$_1$",如"站起来/站了起来"。

"趋向动词"语义的多重性,很早就引起了学者们的注意。目前语法学界基本认可"趋向动词"可表示趋向意义、结果意义、动态(体)意义及一些其他意义。刘月华(1998)指出"趋向动词"有三种语法意义:趋向意义、结果意义、状态意义,并指出判别这三种意义的语法形式上的标志。陈昌来(1994)认为"趋向动词"从意义上说具有多重性,至少能表示三种意义:趋向意义、结果意义、动态意义。

学者们对不同趋向动词的语义作了详细的分析,例如:

以趋向动词"上"为例,吕叔湘(1996)、吕文华(1982)、史锡尧(1993)、陈昌来(1991)等对趋向动词"上"的语义进行分析,大致分为三类,上$_1$(趋向义)、上$_2$(结果义)和上$_3$(动态义)。可见,趋向动词"上"从意义上说具有多重性,上$_2$、上$_3$与上$_1$相比趋向义已经虚化,由表示动作的趋向而引申、虚化出结果义、起始义等。其他的趋向动词也都有类似的语义分化现象,如吴洁敏(1984)认为"起来"有三种用法:"起来$_1$"(趋向义)、"起来$_2$"(结果义)和"起来$_3$"(动态义);陈昌来(1994b)认为"下去"有三种用法:"下去$_1$"(趋向义)、"下去$_2$"(结果义)和"下去$_3$"(动态义);郭家翔(2006)认为"上来"有三种用法:"上来$_1$"(趋向义)、"上来$_2$"(结果义)、"上来$_3$"(动态义);陈昌来(1994b)指出在趋向动词中只有"进、进来、进去、回、回来"等结果义不明显,其他趋向动词"上、上来、上去、下、下来、下去、出、出来、出去、过、过来、过去、起、起来、开、到、来、去"都具有结果义;"起来、起、上、开、下来、下去、上来"还具有动态义。

通过学者们的研究可以得出结论:从意义上看,趋向意义是每个趋向动词都有的;大多数也有结果意义,少数有状态义、动态义。我们认为趋向动词意义的多重性是词义引申、虚化的结果。从句法位置看,趋向动词从独立的动词向后移动到补语位置,处于述语动词之后成为主要动词的补充说明成分,同主语和宾语失去直接的句法联系,在句中属于动词中心语的修饰成分,容易受到述语动词的影响;从意义看,趋向动词作独立的谓语时,自身就是语义重心。但是当它作补语以后就不再是语义重点了,动补结构中的语义重点向前面的动词倾斜,趋向动词补充说明主要动作行为的位移方向。趋向动词在句中地位的下降为它由趋向义向其他意义引申、虚化创造了条件。

按照动趋式中趋向动词是否表示趋向义，可以分出两类动趋式：一类是由表示动作趋向义的趋向动词和谓词构成的动趋式，我们称为位移动趋式。这类动趋式表示人或事物在物理空间的实际位置变化，有明显的运动轨迹。另外一类是由表示非趋向义的趋向动词和谓词构成的动趋式，这一类动趋式不表示人或事物在物理空间位置的变化，而表示抽象的状态、动态意义或更为虚化的时体意义。下面我们主要研究修饰位移动趋式的自主状语其自主义的隐现与位移动趋式之间的关系。

　　常见趋向动词表示的趋向义与非趋向义，我们将其整理成一个表格。如下：

趋向动词	趋向义	非趋向义		
上	由低处向高处	→达到某一目标或实现了预期、目的、结果		
		例：关上、锁上、戴上、评上、住上		
下	由高处向低处	→使结果固定下来，完成		
		例：买下、说下、撤下、炒下		
出	从里面到外面	→表示动作完成兼有从隐蔽到显露或从无到有的意思		
		例：挤出、腾出、生产出、看出		
出来	由里面向外面	→从无到有、有积极结果		
		例：看出来、找出来、听出来		
过来	向立足点趋近	→度过一段艰难的时期或难关		
		例：熬过来、醒过来、变过来		
起来	由低处向高处	→开始、变化		
		例：唱起来、肿起来、疼起来		
上来	由低处到高处	动+上来	→成功完成某一动作	
			例：背上来、答上来	
		形+上来	→表示状态的发展，兼有范围逐渐扩大的意思	
			例：热上来、黑上来	
下来	由高处向低处	→变化趋势（状态变化）……（状态变化已然态）……→完成		
		例：定下来、安静下来、停下来		
下去	由高处向低处	→表示某种状态已经存在并将继续发展		
		例：喝下去、说下去、生活下去、坏下去、少下去		

第二节　修饰位移动趋式的状语自主义的隐现

自主状语［+自主］特征能否得到凸显与位移动趋式的自主性密切相关。因此我们首先考察位移动趋式的自主性。马庆株（1988）指出述补结构是否自主常常与其自身的构成情况有关，非自主性大致可以由述语的性质或者补语的性质来确定，自主性则既要看述语动词又要看补语。我们基本同意马庆株先生的观点，述补结构按其构成可以分为述语和补语，述补结构的性质与其构成成分密切相关。但我们认为述补结构的自主或非自主都需要结合述语和补语全面考察，而不能单看述语或补语的性质。位移动趋式是典型的述补结构，与一般动词不同位移动趋式是动词性短语，从性质上讲是一个结构式，其自主性受到多种因素的影响：除了受述语的自主性和补语的自主性的影响之外，位移动趋式的整体意义也对其自主性有较大的影响。我们认为位移动趋式最典型的意义就是表达位移事件。在综合考虑位移动趋式语法意义的基础上，我们结合位移事件来分析位移动趋式的自主性，在此基础上分析自主状语与不同性质的位移动趋式组合时，状语自主义的隐现情况。

一　位移事件和位移动趋式

"位移是一个动程，位移物体随着时间的推移在空间留下一个位移轨迹"[①]。物体的位移包含诸多要素，"根据 Talmy 和沈家煊的观点，位移事件由四个基本概念构成：图像（Figure），指位移体，它是相对参照点而运动的人或物；场景（Ground），指参照点，作为位移体运动参照的物体，由'处所词语'充当；位移（Motion）指运动本身 Move；路径（Path）指位移体以场景为参照点的位移轨迹"[②]。在具体句子中位移事件的四个基本概念不一定全部出现。位移事件在汉语中的表达有几种方式。

第一，用具有［+位移］语义特征的动词表达位移事件。

具有［+位移］语义特征的动词，如"走、跑、逃、溜、扔、吐、洒、倒"等，其词义本身蕴含一个位移参照点，可以表示物体离开原来

[①] 方经民：《现代汉语空间方位参照系统认知研究》，博士学位论文，上海师范大学，2002年，第20页。

[②] 曾传禄：《汉语位移事件与句法表达》，《集美大学学报》2009年第3期。

位置的位移动程。这类动词可以单用表达位移事件。例如：

(1) 我喵地叫了一声，吓得那群耗子一下子便溜得没了踪影。(卞庆奎《中国北漂艺人生存实录》)

(2) 我扔了烟蒂，站起来拖起箱子，沿着大街向不远处一个公交站牌走去。(卞庆奎《中国北漂艺人生存实录》)

例(1)中的"溜"是自移动词，动作主体"耗子"通过自身的移动而改变所处位置，例(2)"扔"为致移动词。动作主体"我"通过动作"扔"使受动者"烟蒂"的位置发生改变。例(1)、(2)都含有"离开原来所在的位置"的意思，表达了一个位移事件。

第二，用趋向动词表达位移事件。

汉语趋向动词的基本语义是表示物体移动趋向，这类动词可以单用表达位移事件。例如：

(3) 上小学时，他曾三次上山灭火，直到林业部门把表扬信寄到学校，大家才知道。(《中国儿童百科全书》，2015 年)

(4) 里边儿不认识可不就不让你们进去吗。要有委员会带着也可以。(马光英《1982 年北京话调查资料》)

例(3)中的"上"是单音趋向动词，含有从低处向高处移动的趋向义，动作主体"他"通过自身的移动而改变所处位置。例(4)"进去"为复合趋向动词，表示从外面到里面的趋向义。动作主体"你们"发出动作"进去"而使自身位置发生改变。例(3)、(4)都含有"离开原来所在的位置"的意思，表达了一个位移事件。

第三，用动介式表达位移事件。

介词结构可标记位移的路径与动词组合表达位移事件，常见的标记位移终点的介词有"在"和"到"，标记目标或终点标记的介词有"向、往"。例如：

(5) 然后又是一杯浓茶，一杯牛奶，一块蛋糕，整整齐齐地放在桌上，食物的香味弥漫了整个房间，一切跟往常一样。(卞庆奎《中国北漂艺人生存实录》)

(6) 亚米茄公司兴奋不已，复印了大量广告资料，寄往中国商

标局。(《报刊精选》,1994年)

例(5)中的"放"与介词短语"在桌上"组合,"一杯浓茶,一杯牛奶,一块蛋糕"在动作主体的作用下发生了位置的变化,从原来的位置移动到了"桌上"表现了一个位移事件。例(6)动词"寄"与介词短语"往中国"组合,受动者"广告资料"在动作主体"亚米茄公司"的作用下,以"中国商标局"为目标发生了物理空间的变化。

第四,用动趋式表达位移事件。

由述语和表示物体移动趋向的趋向动词组成动趋式,对空间位移事件进行描写。我们把这类表达位移事件的动趋式称为位移动趋式。例如:

(7)便把身子一侧,让出了一条路,鸣凤马上跑出去了。(巴金《家》)

(8)敌人的白衣、白布还在摇晃着,又扔了两支枪下来,接着又扔下来一挺轻机关枪。(吴强《红日》)

例(7)中的"跑"与趋向动词"出去"组合,动作主体自身发生了位置的变化,从里面移动到外面,表现了一个位移事件。例(8)动词"扔"与趋向动词"下来"组合,受动者"轻机关枪"在动作主体发出的动作"扔"的作用下,发生了从高处到低处的空间移动,表现了一个位移事件。位移动趋式中的趋向动词,语义实在表示物体移动趋向,着重刻画物体移动的方向与路径。可见,位移动趋式着重表现物体空间位置的动态变化。

上述四种表达位移事件的语言表达式构建的事件框架有所不同:单用一般位移动词或趋向动词表达简单位移事件,它们显示为单一事件结构说明位移事件中的框架事件;而动趋式和动介式表达复杂位移事件,显示为复合事件结构,可分解为框架事件和伴随事件。就动趋式而言,动趋式中述语动词表达的事件是伴随事件,趋向补语表达的事件是框架事件,两者的关系密切。述语动词说明位移的具体方式而补语标记物体的空间位置变化路径。

杨凯荣(2006)以位移方式没有任何信息价值的动趋式"走进来/去"为例,说明"走"的使用与否所具有的不同功能:用"走"时,一般在已然句中,对移动方式的描写显得较为突出,而在非已然句中有时就不能出现"走"。比如说,在祈使句中一般就不能在趋向动词前使用

"走",加 "走" 后反而语感不自然。例如:

*你走进房间去!	你进房间去!
*你走进去!	你进去!

祈使句中不出现"走",是因为祈使句中说话人一般只要求对方作出位移动作,而不要求对方以什么方式位移。在上表中标"*"的句子是不成立的。原因在于:这种句子一方面对动作进行描摹,另一方面又发出命令,这是一种不合事理的语言行为。可见,在句子合格的前提下,同一位移事件既可单用趋向动词也可用动趋式来表达。但二者的表达功能有所不同:当需要同时强调位移的具体方式和位移路径时,倾向于使用由一般位移动词和趋向动词组合成的动趋式,这时一般位移动词表示位移的具体方式,趋向动词则标记物体的空间位置变化路径;当不需要强调位移的具体方式只表达物体发生了空间位移时,可单用趋向动词来表达位移事件。如例(7)也可这样变换:

(7)′便把身子一侧,让出了一条路,鸣凤马上出去了。(巴金《家》)

此外,位移事件的表达还受到位移体生命度的影响,无生命物充当自移事件的动作主体(位移主体)时,要使用复杂动趋式而不能只用趋向动词,否则会造成动作方式不明。例如:

(9)一只用彩色花布缝制的、后面有两根飘带的荷包在空中飞来飞去,伴和着欢声笑语,达到欢乐的最高潮。(《中国儿童百科全书》,2015 年)

例(9)发生位移的是无生命物"荷包",在表达它的位移时只能使用由动词"飞"与趋向动词"来""去"组合形成的复杂动趋式"飞来飞去",而不能单用趋向动词"来"或"去"表达位移事件。

二 位移动趋式类型

根据位移体和位移动力的关系,位移事件可以分为自移事件和致移事件。自移事件中,位移体是动作主体或施动者,位移动力来源于位移体本身，通过施动者自身的移动而改变所处位置；致移事件中，位移体是受动者，位移动力来源于施动者或致使者。施动者通过发出某种动作而使受动者的空间位置发生改变，按此标准位移动趋式可分为表达自移事件的自移动趋式和表达致移事件的致移动趋式。

（一）自移动趋式

自移动趋式表达自移事件，事件中位移主体同时又是动作主体（施动者），位移动力来源于位移体本身，这时位移主体和位移动力合一，整个事件表示动作主体或施动者的位移而非受事发生的某种位移。例如：

（10）我就辞掉了公职——背上背囊，沿着黄河向东，再从黄河入海口继续走下去。（张炜《柏慧》）

（11）报道援引当地一名政府官员的话说，原本生活在丛林里的两头大象和一头小象2日突然冲出丛林，大肆毁坏周围5个村庄的菜地、甘蔗。（《新华社新闻稿》，2004年）

（12）忽然海风大作，波涛汹涌，呼啸的海浪跃过防波堤，漫上了公路。（王朔《空中小姐》）

例（10）句子主语"我"是表示人的代词是有生施事，"我"既是事件中的动作主体又是位移主体，整个句子是自移事件。"我"主动发出"走下去"这一行为，同时"我"又处于"从黄河入海口"不断向目标靠近的移动过程中，经历了空间位置变化。"我"既是提供"走下去"这一动作动力的主体，又是发生空间位置变化的位移主体。例（11）句子主语"两头大象和一头小象"是有生动物施事，例（12）中"海浪"是无生施事，二者既是位移动作的发出者，又是发生位移的主体：例（11）"两头大象和一头小象"发出"冲"这一动作，同时又处于从里向外的位移过程中，"两头大象和一头小象"既是提供"冲"这一动作的动力主体，又是发生空间位置变化的位移主体。例（12）句子主语"海浪"作为一种自然力，是发出"跃过""漫上"动作的主体。同时"海浪"本身经历了空间位置变化，从原来所在位置"跃过防波堤，漫上了公路"，所以它又是发生空间位置变化的位移主体。例（10）—（12）中位移主体和位移动力合一，反映的都是自移事件。

自移事件中行为主体（位移体）多是有生而非无生或低生施事，这是因为从逻辑上看，无生或低生命物往往无法自己移动，只能在外力的驱动下发生位置变化，只有少数无生命物，人们认为它们可以自己移动，可以出现在自移动趋式中。如例（12）中的"海浪"是无生命物，但是作为一种自然界的力量，人们认定其有施动能力，可以自己移动。少数情况下，无生或低生施事作为行为主体的位移事件可以直接用趋向动词表达。如"太阳出来了""轮船已经出了渤海湾"。但这种直接用趋向动词的表达模式比较受限，一般出现在口语中，使用频率也不高。

（二）致移动趋式

致移动趋式表达致移事件，事件中位移主体是受动者，位移动力来源于动作主体（致使者）。致移事件中的位移主体和位移动力分离，致使者发出外力在前，位移体被动位移在后，致使者和位移体之间有"致使移动"的语义关系，整个事件表明受事在致使者的作用下发生某种位移。例如：

（13）她好像想起什么，弯腰从座位下拽出皮包，拉开链，翻出一个牛皮纸信封递给我。（王朔《橡皮人》）

（14）杜大叔爬上炕，把毯子扯过来，轻轻地替青苗盖在身子上，自语道"明天上一趟山试试。"（浩然《夏青苗求师》）

（15）马青硬把刘美萍从座位上拉起来，挽着，招呼在一旁乐的于观和杨重。（王朔《顽主》）

（16）他往外走，被妻子拽回来，搡到沙发里："那你去干什么？"（陈建功、赵大年《皇城根》）

例（13）—（16）反映的都是受事在致使者的作用下发生的致移事件。其中，例（13）—（15）的句子主语"她""杜大叔""马青"是表示人的代词或称谓，他们提供位移事件的动力，例（16）由介词"被"引介的"妻子"提供"拽"这个动作的动力。例（13）—（16）中发生位移的主体是动趋式动词中心语的受事，在位移动力和位移主体之间有"致使移动"的语义关系。例（13）中的句子主语"她"是位移事件"翻出一个牛皮纸信封"的动作发出者，位移主体是动词"翻"的受事"牛皮纸信封"，致使者"她"发出"翻"这一动作，使位移主体"牛皮纸信封"从原来的位置"皮包里"到了"皮包外"（根据上下文可知）。例（14）中的句子主语"杜大叔"发出"盖"这一动作，使位移主体把字宾语"毯子"从原来的位置移动到青苗的身上。例（15）"马青"发出"拉"这一动作，使把字宾语"刘美萍"发生了空间位置变化——"从座位上起来"，致使者和位移主体是分离的。例（16）句子主语

"他"是位移主体,"妻子"发出"拽"这一动作使"他"停止向外运动的趋势转而朝里运动。在上述例句中,位移主体和位移动力都是分离的,位移主体在位移动力的作用下发生了空间位置变化。因此他们反映的都是致移事件。

自移事件特别是有生自移既可用动趋式也可只用趋向动词表达,而致移事件一般使用动趋式极少单用趋向动词表达。这是因为汉语的趋向动词都是不及物动词,只能带一个施事论元,不能带受事论元。所以,如果删去趋向动词前的动词,单独的趋向动词不能带宾语。如例(13)删去动趋式"翻出一个牛皮纸信封"中的动词"翻","出一个牛皮纸信封"不能成立。独立使用的趋向动词只限于自移事件。致移事件中因为有一个必有的役事论元,所以趋向动词不能独用,必须和前面的动词组成动趋式后才能带役事。

三 修饰自移动趋式的状语自主义的隐现

据我们考察,一般情况下,修饰自移动趋式的状语自主义在句中是否得到凸显,受到自移动趋式整体性质的影响:当自移动趋式为自主性的,修饰该动趋式的状语自主义得到凸显;当自移动趋式为非自主的修饰该动趋式的状语自主义隐没。

(一) 自移动趋式的自主性

自移动趋式自主性的判定,需要同时考虑述语中心语和趋向补语的性质,我们认为自移动趋式中的趋向动词表示物体的运动方向,显示出自主性。因此,自移动趋式整体自主性主要看述语动词的性质。自移动趋式的述语动词按性质可分为自主动词和非自主动词两种。自移动趋式的自主性与述语动词的自主性一致:自移动趋式中的述语动词是自主动词则自移动趋式是自主性的。这时,动趋式表示动作主体可以自由支配的位移事件;自移动趋式中的述语动词是非自主动词则自移动趋式是非自主性的。这时,动趋式表示动作主体无法以主观意志控制的位移事件。不同性质的述语动词和趋向动词的组合模式可分为:

第一,自主动词与标记物体空间移动路径的趋向动词组合,构成自主自移动趋式:"$V_{自主} + R_{趋向动词(趋向义实在)}$"。("V"表示述语动词,"R"表示补语,下文同。)这种动趋式的特点是位移动作的有意发出者与发生位移的主体合一,动作主体(位移体)按主观意志控制着位移的全过程。例如:

(17) 吴迪哭着从座位的另一边跑出去,方枪枪也一下变得敏捷,踩着桌子追上去。(王朔《看上去很美》)

(18) 齐晓轩站起身来,快步向前走去。(罗广斌《红岩》)

(19) 王金生果然抬起头来,抹了一下眼泪,转身就脚步崛崛地冲出门去了。(秦兆阳《大地》)

例(17)—(19)中表人名词"吴迪""齐晓轩""王金生"既是位移动作的有意发出者,又是发生位移的主体,动作主体和位移体合一表示自移事件。动趋式"跑出去""走去""冲出门去"中的动词"跑""走""冲"都是自主动词,整个动趋式描写了位移主体在自身主观意志的控制下,发生的物理空间位置变化。位移事件受到动作主体(位移体)主观意志的控制,动趋式表现为自主性的。

第二,非自主动词与标记物体空间移动路径的趋向动词组合,构成非自主性自移动趋式:"V$_{非自主}$+R$_{趋向动词(趋向义实在)}$"。这种动趋式的特点是位移动作的发出者与发生位移的主体合一,动作主体(位移体)发出的动作是无意识的、无目的,位移过程不受主观意志控制。例如:

(20) 乘务员从紧急出口跌出来,摔断了腰椎。(王朔《空中小姐》)

(21) 那只大雁直往上飞,拍了两下翅膀,忽然从半空中直掉下来。(贾志敏《惊弓之鸟》教学实录)

(22) 凌晨3:15分,沙河机场报告:"起飞了一架直升机,北上向张家口飞去。"(《人民日报》,1994年)

例(20)—(22)中的句子主语"乘务员""大雁""直升机"既是位移动作的发出者,又是发生位移的主体。其中,例(20)"乘务员"是有生指人施事,例(21)"大雁"是有生动物施事,例(22)"直升机"是无生施事。虽然例(20)—(22)中的句子主语的生命度等级不同,但在句中它们都不具有意志性,不能有意识地发出动作。动趋式"跌出来""掉下来""飞去"中的动词"跌""掉""飞"都是非自主动词。整个动趋式描写了动作主体(位移主体),在不受主观意志控制的情况下,发生的物理空间位置变化。例(20)动作主体(位移主体)"乘务员"不能有意识地发出"跌"这一动作,在身不由己的情况下发生了位置变化。动趋式"跌出来"整体显示出非自主性,表示一个不受人力控制的位移事件。例（21）、（22）中的动作主体"大雁""直升机"不能有意识地发出"掉""飞"的动作。动趋式"掉下来""飞去"也是非自主的，表达的是一个不受人力控制的位移事件。

（二）自移动趋式的自主性对状语自主义的影响

自主状语修饰自移动趋式时，其［＋自主］特征是否得到凸显直接受到自移动趋式自主性的影响。根据我们上文的分析，当自移动趋式中心语是自主动词时，动趋式整体显示为自主性的；而当中心语是非自主动词时，动趋式整体显示为非自主性的。一般情况下，当自主状语修饰自主自移动趋式时其自主义得到凸显；当自主状语修饰非自主自移动趋式时其自主义隐没。

第一，自主状语［＋自主］特征得以凸显。

自主状语修饰自主自移动趋式时，自主自移动趋式和自主状语语义中都隐含［＋自主］特征，二者相互匹配。根据"同类语义增强论"，具有同类语义特征的词语相加时，词的某一特征会受到强化。自主自移动趋式本身具有自主义，当它和自主状语组合后，这个状语的自主义会在一定程度上对自主自移动趋式原有的自主义起到强化作用，从而使谓词的自主义得到增强，句子成为典型可控事件。另一方面动趋式的自主义，又可使自主状语词汇层面的自主义，在句法层面得到凸显。据我们考察，自主状语可从位移的方向、工具、方式、动作情态、时间等方面修饰自移动趋式，从而表明动作主体对自移事件相关要素的主动控制，显示出动作主体在事件中的主观能动性，这时状语自主义得到凸显。

A. 自主状语说明与位移有关的方向、目标、起点。例如：

（23）我顺着土坡上走下去，逢沟跳沟，逢坎跃坎，顺着山势下得飞快。（王小波《黄金时代》）

（24）然后她们就朝村口、朝火车经过的地方跑去。（铁凝《哦，香雪》）

（25）由于电梯停运，人们只能从几十层高的楼上走下来。（《新华社新闻稿》，2004年）

例（23）—（25）中的动趋式"走下去""跑去""走下来"中的述语"走""跑"都是自主动词。趋向动词"下去""去""下来"表示位移体移动的实际方向。句子表达的是受到动作主体（位移体）主观意志控制的自移事件。修饰动趋式的自主状语"顺着山坡""朝村口""朝火车经过的地方""从几十层高的楼上"分别说明自移事件中位移体的移动途径、目标和起点。这些与自移事件密切相关的动作特征都是动作主体有意选择的,用来作为自身移动的参照标准。因此,这些状语的自主义都得到凸显。

B. 自主状语说明位移使用的工具。例如:

(26) 当舜用梯子爬上仓顶的时候,瞽叟就在下面放起火来,想把舜烧死。(《中华上下五千年》,2010年)

(27) 列贝罗下了车,用自己的脚走下来,是他差强人意的矜持。(田中芳树《银河英雄传说》)

(28) 郭沫若的身体虚弱极了,跟跟跄跄自己还不能走路,上楼是用两脚两手爬上去的。(桑逢康《郭沫若和他的三位夫人》)

例(26)—(28)中的动趋式"爬上""走下来""爬上去"中的述语"爬""走"都是自主动词。趋向动词"上""下来""上去"表示位移体移动的实际方向。句子表达的是受到动作主体(位移体)主观意志控制的自移事件。修饰动趋式的自主状语"用梯子""用自己的脚""用两脚两手",都说明了自移事件中位移体使用的工具。其中,例(26)位移主体使用的是可选工具,而例(27)、(28)位移主体使用的是身体工具。这些在自移事件中使用的工具,显然是动作主体有意选择来帮助自身完成移动的实体。因此,这些状语的自主义都得到凸显。

C. 自主状语说明位移情态。例如:

(29) 唐石青极亲热地赶过来,要伸手,又不敢冒昧,直到栗晚成伸出手。(老舍《西望长安》)

(30) 这时,正巧有一人骑着自行车从那里路过,尤伯就夺下那辆车,拼命地往回赶去。(秦延生《"007"原型的辉煌与沉寂》)

(31) 我经常看到这个皮肤白净,嗓音温和的医生,下班后在那条小路上从容不迫地走来。(余华《在细雨中呼喊》)

例(29)—(31)中的动趋式"赶过来""赶去""走来"中的述语"赶""走"都是自主动词。趋向动词"过来""去""来"表示位移体实际移动方向。句子表达的是受到动作主体(位移体)主观意志控制的自移事件。修饰动趋式的自主状语"极亲热""拼命""从容不迫"都是说明动作主体在发出动作时，受到主观意志支配的外在情态的。因此，这些状语的自主义都得到凸显。

　　D. 自主状语说明位移的方式。例如：

（32）猪娃们一个跟一个地跑回来了。（石言《秋雪湖之恋》）
（33）车上的司机一步一步地向我走来。（《读者》第82期）

　　例（32）、（33）中的动趋式"跑回来""走来"中的述语"跑""走"都是自主动词。趋向动词"回来""来"表示位移体移动的实际方向。句子表达的是受到动作主体（位移体）主观意志控制的自移事件。修饰动趋式的自主状语"一个跟一个""一步一步"都是说明动作主体在发出动作时有意选择的方式的，表现出动作主体在自移事件中按照次序依次移动的有序性。因此，这些状语的自主义都得到凸显。

　　E. 自主状语说明位移相关时间。例如：

（34）他恨不能马上跑回去，找那个"孤胆大娘"。（老舍《无名高地有了名》）
（35）她赶紧走过来，对我说了一句很重要的话。（王朔《空中小姐》）

　　例（34）、（35）中的动趋式"跑回去""走过来"中的述语"跑""走"都是自主动词。趋向动词"回去""过来"表示位移体的实际移动方向。句子表达的是受到动作主体（位移体）主观意志控制的自移事件。修饰动趋式的自主状语"马上""赶紧"都说明了动作行为的相关时间，它们表明动作主体加快位移事件进程的主观意图，自主义得到凸显。

　　第二，自主状语[+自主]特征的隐没。

　　自主状语修饰非自主自移动趋式时，该动趋式语义含有[-自主]特征，表示不受动作主体主观意志支配的非可控位移事件，受到动趋式非自主性的影响，自主状语词汇层面的[+自主]语义特征无法在句法层面得到显现，因而其自主义隐没。据我们考察，状语修饰非自主自移动趋式时主要是说明位移的空间要素的，其语义中含有主体可控成分。但由于它修饰的中心语是非自主性的，动作主体在位移事件中，并未发挥其主观能动性，没有主动控制动作方向，这时状语自主义隐没。例如：

(36) 一层淡淡的雾气从沟底里漫上来,凉森森地带着一股潮气。(路遥《人生》)

(37) 山风从谷口猛烈地灌进来,刮得那些黑森森的枝叶翻滚如潮。(蔡骏《肉香》)

(38) 阳光从厚重的窗帘后倾泄出来,我轻轻走到窗前,从窗帘缝隙看了会儿外面车水马龙、阳光明媚的街道,把窗帘拉严。(王朔《一半是火焰,一半是海水》)

例(36)—(38)中的趋向动词"上来""进来""出来"表示位移体的实际运动方向,但动趋式中的述语"漫""灌""倾泄"是非自主动词,因而,动趋式整体显示出非自主性。句子表达的是不受动作主体(位移体)主观意志控制的非自主自移事件。修饰动趋式的状语"从沟底里""从谷口""从厚重的窗帘后"说明位移的起点。但是,这些与位移相关的空间要素,并不是动作主体"雾气""山风""阳光"有意选择的。它们作为自然力具有施动能力,但是并不具备发出有意识有目的的行为的能力。因此,句中出现的表示位移起点的状语,其语义中本来蕴含的主体可控成分隐没。

四 修饰致移动趋式的状语自主义的凸显

据我们考察,当自主状语修饰致移动趋式时,其语义中蕴含的主体可控成分可得到凸显。这是因为致移动趋式中的趋向动词,都表示物体移动的具体方向,有实在的动作义,因而是自主动词。同时,充当致移动趋式述语的动词多是典型的位移动词,它们具有[＋自主]特征。自主动词和自主趋向动词组合形成的致移动趋式,整体表现出自主性,表示动作主体有意致使受动者发生空间位置变化的位移事件。当自主状语与致移动趋式组合形成状中结构后,致移动趋式的自主义,可使自主状语词汇层面的自主义在句法层面得到凸显。同时,状语自主义的凸显又可强化致移动趋式的自主义,使整个句子成为典型的可控位移事件。

根据我们收集的语料,自主状语可从位移的处所、工具、方式、频率等方面修饰致移动趋式,从而表明动作主体对致移事件相关要素的主动控制,显示出动作主体在致移事件中的主观能动性,这时状语自主义得到凸显。

A. 自主状语说明位移的相关处所,多使用介词短语。例如:

(39) 我呢,不慌不忙站起来,嘴角挂着一丝微笑,从裤兜里掏出揉成一团的船形帽,轻轻掸去挡风玻璃上的灰尘,露出五颗星。(王朔《你不是一个俗人》)

(40) 她做了个小棉垫,随时从背包里拿出来让孩子垫。(《人民日报》,1993年)

(41) 其中一人突然上前卡住应曲川的脖子,把他往地上按去,抢夺摄像机,并叫人把记者"抓上车"。(《新华社新闻稿》,2004年)

例(39)—(41)中的动趋式"掏出""拿出来""按去"中的述语"掏""拿""按"都是自主动词,趋向动词"出""出来""去"表示位移主体实际的移动方向,动趋式整体显示出自主性。句子表达的是动作主体,有意识地使受动者"船形帽""小棉垫""他",发生了物理空间的位置变化,整个句子表示受到主观意志控制的致移事件。例(39)、(40)中的自主状语"从裤兜里""从背包里"说明了致移事件发生之前受动者的位置。在致移事件中,动作主体意识到并主动接近这个位置,以便对受动者施加影响,显示出自主义;例(41)中的自主状语"往地上"则说明了位移主体选择的要让受动者到达的位移终点,其自主义也很明显。

B. 自主状语说明位移的方式。例如:

(42) 他背靠着墙,蹲在地上,顺手拾起一块尖石头,看准一只甩出去,打在狗的脑瓜上。(周立波《暴风骤雨》)

(43) 大家仍然很兴奋……都只叫净肉,一盘一盘地吞下去。(阿城《棋王》)

(44) 回头我亲自来接她,再亲自送回来。(老舍《方珍珠》)

例(42)—(44)中的动趋式"拾起""吞下去""送回来"中的述语"拾""吞""送"都是自主动词,趋向动词"起""下去""回来"表示位移主体实际的移动方向,动趋式整体显示出自主性。句子表达的是动作主体有意识地使受动者"石头""净肉""她"发生了物理空间的位置变化,是受到主观意志控制的致移事件。例(42)—(44)中的自主状语"顺手""一盘一盘""亲自"说明了致移事件中,动作主体有意识选择的动作方式,凸显出自主义。

C. 自主状语说明位移使用的工具。例如:

(45) 最后,我用我的脏手指在桌上把散落的芝麻都粘了起来,一一送进嘴里,一颗也不剩。这时,我听见了在场的所有人的惊叹。(白桦《远方有个女儿国》)

(46) 梁华流造了第一批制成品之后,便把这些样品,用小胶袋装起来,附上制造厂名称及单价。(《报刊精选》,1994年)

例(45)、(46)中的动趋式"粘了起来""装起来"中的述语"粘""装"都是自主动词,趋向动词"起来"表示位移主体实际的移动方向,动趋式整体显示出自主性。句子表达的是动作主体,有意识地使受动者"芝麻""样品",发生了物理空间的位置变化,是受到主观意志控制的致移事件。例(45)、(46)中的自主状语"用我的脏手指""用小胶袋",说明了致移事件中动作主体有意识选择的工具,凸显出自主义。

D. 自主状语说明位移的频率。例如:

(47) 就说那天栽地瓜,挑水浇窝的小伙计拉肚子,一回一回撂下水担往树林里跑,耽误了活儿,邹伙计头很生气,骂他是有意偷懒,一脚把他踢倒在地垅里。(尤凤伟《石门绝唱》)

(48) 人们不停地把笔记本和各种纸张塞进来,我不停地在上面签好名给他们送出去。(刘晓庆《刘晓庆一架吵翻天》)

例(47)、(48)中的动趋式"撂下""塞进来"中的述语"撂""塞"都是自主动词,趋向动词"下""进来"表示位移主体实际的移动方向,动趋式整体显示出自主性。句子表达的是动作主体有意识地使受动者"水担""笔记本和各种纸张"发生了物理空间的位置变化,是受到主观意志控制的致移事件。例(47)、(48)中的自主状语"一回一回""不停地"说明了致移事件动作发生的频率,动作间隔时间的长短显然是受到动作主体主观意志控制的,在句中这些自主状语凸显出自主义。

根据上文的分析,从语义关系看,自主状语可以表明与位移事件有关的处所、方向、工具、方式、时间、位移主体的情态等。从自主状语类型看,位移动趋式中最常见的自主状语是表示位移方向的介词短语(常见介词有"到""往""给""向""在"等)。这是因为介词短语可以显示位移的"显性方向",标记位移的相关坐标,与位移事件相互匹配。还有一些自主状语说明位移过程中与动作相关的各个特征:包括位移主体情态、工具、方式、频率等。位移动趋式还可以表示"把"字宾语的位移,描述动作主体致使"把"的宾语发生空间位置的变化。这种动趋式中的中心动词绝大多数都具有"使物体发生位移"语义特征，如"拿、推、拔、赶、分离、抢、取、掏、夺、移、拉、掀"等。

修饰位移动趋式的自主状语自主义的隐现，受到动趋式自主性的影响：当自主状语和自主性动趋式组合时，可以表明与位移事件有关的方向、工具、时间、位移主体的情态等，并且这些事件中的要素是受到动作主体主观意志控制的，状语自主义得以凸显；当位移动趋式整体显示为非自主性时，表示主体无法控制的物体空间变化事件，自主状语出现在这类动趋式时其自主义无法激活。

位移动趋式的自主性与述语中心语和趋向动词的性质密切相关。位移动趋式中的趋向动词具有一定的独立性：从语义看，趋向动词在动趋式中表示位移体实际的移动方向，具有实在的动作义，可以单独作谓语；从形式看，述语和趋向动词之间，可以插入表示完成的动态助词"了$_1$"，动趋式中的述语动词可以省略，趋向动词和宾语可以直接组合。可见，位移动趋式中的趋向动词并不是述语动词的附属物，而是和述语动词组合共同表达物体空间位置移动的意义。从认知方式看，述语动词和趋向动词分别被作为两个单独的事件以"次第"的方式进行扫描，趋向动词在动趋式中表示动作位移的方向，这种动作位移方向可以由动作发出者主观决定，显示出自主义。因而，位移动趋式的自主性主要取决于位移动趋式中动词中心语的自主性：自主动词与表示趋向义的趋向动词组合成的位移动趋式（自主自移动趋式和致移动趋式）是自主性的，表示动作主体可以自由支配的位移事件。这两类动趋式的语义可以概括为动作主体按（趋向动词所表示的）位移的方向运动或动作主体有意致使某物体按（趋向动词所表示的）位移的方向运动。修饰这两类自主性位移动趋式的自主状语都凸显出其词义中蕴含的［+自主］特征。非自主动词和表示趋向义的趋向动词，组合成的动趋式是非自主性的，表示主体无法以主观意志控制的位移事件。这类动趋式的语义可以概括为"动作主体无意识地按（趋向动词所表示的）位移的方向运动"。修饰这类动趋式的自主状语其词义中蕴含的［+自主］特征在句法层面隐没。

自主状语自主义隐现与位移动趋式自主性的关系可简单表示为：

由 $V_{自主}$ + $R_{趋向动词(趋向义实在)}$ 构成的动趋式表示主体可以自由支配的位移，自主状语在其中凸显自主性；

由 $V_{非自主}$ + $R_{趋向动词(趋向义实在)}$ 构成的动趋式，主体无法自由控制位移，因而自主状语无法凸显自主性。

从认知上说，自移动趋式和致移动趋式的自主性与动作主体的生命度有关。自主性位移动趋式（自主自移动趋式和致移动趋式），动作主体多由人称代词、亲属称谓名词和表人的专有名词充当。表人名词性词语生命度高，意志性和控制力也相应比较强，在位移过程中动作主体可有意识地控制位移的全过程，所以这类动趋式显示出自主义；非自主性位移动趋式位移体多为动物或其他无生命物，这类名词生命度等级低，意志性和控制力也相应地比较低甚至完全没有。在位移过程中动作主体或者无法以自身意识主导位移事件，或者是无生命物不具有主观意识。因而，这一类动趋式都是非自主的。

五 小结

本节首先按照位移体和动作主体的关系将位移动趋式分为两大类型：自移动趋式和致移动趋式。其次，分析了两类动趋式的自主性。趋向动词在动趋式中表示动作位移的方向，这种动作位移方向是可以由动作发出者主观决定的，显示出自主义。因而，位移动趋式的自主性主要取决于位移动趋式中动词中心语的自主性：自主动词与表示趋向义的趋向动词组合成的位移动趋式（自主自移动趋式和致移动趋式）是自主性的。非自主动词和表示趋向义的趋向动词组合成的非自主自移动趋式是非自主性的，表示主体无法以主观意志控制的位移事件。最后，分析了自主状语与不同类型位移动趋式组合时，自主义的隐现情况。自主自移动趋式和致移动趋式是自主性的，修饰这两类自主性位移动趋式的自主状语都凸显出其语义中蕴含的［＋自主］特征；修饰非自主自移动趋式的自主状语其语义中蕴含的［＋自主］特征在句法层面隐没。

第八章　全书总结

一　本项研究取得的主要研究成就

人的主观能动性不仅在客观世界现实地发挥作用，还反映到语言世界中。在语言中处处都有人的主观能动性留下的印记。从人的主观能动性出发考察它在语言世界的表达是一个新颖的研究课题。目前在语法学界从这个角度进行研究的成果还不是很多，其中的很多问题都有待我们去研究。我们选择了状语这个句法成分作为研究的切入点，以马克思主义哲学的认识论、实践观为基础，综合运用语义特征分析、语义指向分析和系统功能语法、认知语法的相关理论，结合相关的语言哲学视野，力求对自主状语进行较系统、较深入的研究。我们在研究中做的工作如下：

第一，以前人时贤对状语研究的相关成果为基础，结合词语自主特征的分析，全面考察现代汉语状语的自主性。我们在判定自主状语时采用的意义标准是：语义中蕴含有主体可控成分。从形式上看，可进入肯定式祈使句"请（让/一定要）＋Ad＋VP＋O｛祈使｝"。在此基础上我们初步划定的自主状语按性质可分为：动词类、名词类、形容词类、副词类、介词短语类、"一＋量"重叠式类、主谓短语类、动词性短语类、形容词性短语类。

第二，考察状位对不同词语的影响：状语位置对不同词语自主义有显著的影响，有几种情况：一是词语在状位发生非范畴化，核心意义的漂移为自主义的凸显提供了基础，如部分动词、名词。对于动词而言，动词的典型句法位置是谓语位置。状位动词凸显的是其蕴含在词义中的方式、状态义。部分名词可以进入状位，因为偏离了主语和宾语位置，名词本来具有的核心意义——指称义被抑制，而词义中潜存的内涵义、性质义被凸显，这种变化使得行为主体可以有意识地，选择突出名词的某种特定属性并将其运用到行为过程中，使这些名词临时获得自主义。二是词语处于状位时可激活其潜存的自主义，如部分形容词、副词和介词短语。形容词进入状语位置后其词义中潜存的自主义可被激活，表现为行为主体在执行行为的过程中，有意识地显现或改变形容词所表示的性质或状态。部分副词和介词由于虚化程度不高，它们的词义中还有残留的自主义，当它们进入状语位置后其潜存的自主义被激活。三是当词语处于状位时再满足一些条件，可凸显其自主义，如含有强调义的主谓短语和"一+量词"重叠式。这两类语言成分可通过使用一些词汇标记，使其语义中蕴含的自主义在进入状语位置后得到凸显。四是其他短语自主义的判定主要看中心词的性质，如果短语的中心语是自主动词或可控形容词，其语义中蕴含有自主义在进入状位后可能得到凸显。

第三，用语义指向分析法研究自主状语，确定了指向谓语、主语和宾语的自主状语的鉴定标准。将指谓自主状语按照性质分为八类：①自主副词类②形容词类③动词类④名词类⑤介词短语类⑥动宾短语类⑦"一+量"重叠式类⑧"A+N"结构类。在此基础上按照谓词与状语之间的语义关系划分小类。指主自主状语按照性质分为八类：①形容词类②名词类③动词类④主谓短语类⑤动宾短语类⑥偏正短语类⑦联合短语类⑧连谓短语类，再根据不同类别状语与谓词中心语的语义关系划分小类。指宾自主状语分为三类：形容词类、"一量一量"重叠式类和主谓短语类。不同的自主状语语义指向虽然不同，但就实质而言都可表明主体试图从不同方面去控制事件相关要素的主观能动性。指谓自主状语表现了主体对动作进行的时间、发生的处所、使用的方式、方法、范围、角度、工具、材料、状态、依据等的有意控制。指主状语突出行为主体主动调整自身心理、情绪、态度等，以便顺利完成行动实现预期目标的控制力。指宾自主状语凸显了动作发生前行为主体对宾语性状的预期，更为重要的是，行为主体以预期目标为标准来选择执行行为的相关方式。因此，这类状语虽然语义指向宾语，但更为深层的语义联系存在于它和谓词之间。

第四，词在不同的组合中显示的语义特征不尽相同，并不是所有的潜在的语义特征都要在一个格式中表现出来。词语的哪个语义特征能够得到显现，取决于其所处的上下文、说话情景和社会环境等要素。我们分析了与自主状语共现的意志施事的语义特征，认为其具有[+高生命度][+意愿性][+目的性]的特征。这些特征对于凸显自主状语的自主性有极为重要的作用。另外，我们还从自主状语与动词中心语的互动这个角度考察了动词自主义隐现与自主状语的关系。

第五，修饰位移动趋式的自主状语自主义的隐现，受到动趋式自主性的影响：当自主状语和自主性动趋式组合时，可以表明与位移事件有关的方向、工具、时间、位移主体的情态等,并且这些要素是受到动作主体主观意志控制的,这时状语自主义得以凸显;当位移动趋式整体显示为非自主性时,表示主体无法控制的物体空间变化事件,自主状语修饰这类动趋式时其自主义无法激活。

二 本项研究的创新和待完善方面

第一,本文创新之处。

我们以是否具有自主义来对状语进行分类,这是一个全新的角度。据我们目力所及还没有人对状语做这样的分类。在研究中我们发现了一些自主状语在突出人的主观能动性方面有显著作用,并尝试用实际例证进行分析说明。我们对自主状语进行的研究是较为全面的,结合句法位置、语义角色以及句法成分之间的双向制约关系进行了立体式多维研究,有一定的宽度和深度。

另外,我们对前人提及的状位成分作了全面分析,结合工具书对涉及的自主状语进行分类概括,并列出了相关词表,可以为以后的研究尽一点微薄之力。

第二,本项研究的待完善之处。

运用自主范畴来对状语进行分类是我们的一次尝试,这是一个开放性的领域。由于可供借鉴的直接研究成果和理论有限,特别是自身联系汉语实际的能力存在着局限,所以,目前工作的广度和深度还是不够的。而且,由于学识及时间、精力所限,有些研究还有待进一步展开。比如:自主状语与其他成分之间的互动关系非常复杂,但在论文写作时,我们把研究对象限定在一个相对理想静态的环境中,所以考察不够深入。今后,我们将沿着已有的研究方向和思路前进,将研究深入下去。

参考文献

一 专著、论文集

Barbara Dancygier & Eve Sweetser. *Mental Space in Grammar*, Cambridge University Press, 2005.

Dowty, David R. Thematic proto – roles and argument selection, *Language*, 1991.

Halliday, M. A. K. *An Introduction to Functional Grammar*, Edward Arnold, 1994.

Jennife Coates, *The Semantics of the Modal Auxiliaries*, Croom Helm Ltd, 1983.

John R. Taylor, *Linguistic categorization*, Oxford University Press, 2003.

Leonard Talmy, *Toward a Cognitive Semantics*, *Volume*1: *Concept Structuring Systems*, The Mit Press, 2000.

Mark Johnson, *The Body in The Mind*, The University of Chicago Press, 1987.

Roger C. Schank & Robert P, Abelson. *Scripts, plans, goals, and understanding: an inquiry into human knowledge structures.* Lawrence Eribaum Associates, 1977.

Ronald W. Langacker, *Foundations of cognitive grammar*, Stanford University Press, 1991.

Sweetser, E. *From Etymology to Pragmatics: Metaphorical and Cultural Aspects of Semantics Structure.* Cambridge University Press, 1990.

奥尔伍德:《语言学中的逻辑》,河北人民出版社1984版。

海德格尔:《海德格尔选集》,上海三联书店1996年版。

科姆里:《语言共性和语言类型》,华夏出版社1989年版。

利奇:《语义学》,上海外语教育出版社1987年版。

马克思、恩格斯：《马克思恩格斯选集》，人民出版社 1995 年版。
马斯洛：《人的潜能和价值》，华夏出版社 1987 年版。
米夏埃尔·兰德曼：《哲学人类学》，上海译文出版社 1988 年版。
斯诺：《两种文化》，三联出版社 1995 年版。
万德勒：《哲学中的语言学》，华夏出版社 2003 年版。
北京大学哲学系：《西方哲学原著选读》，商务印书馆 1984 年版。
陈嘉映：《语言哲学》，北京大学出版社 2003 年版。
陈昌来：《介词与介引功能》，安徽教育出版社 2002 年版。
丁声树等：《现代汉语语法讲话》，商务印书馆 1999 年版。
范晓：《汉语的短语》，商务印书馆 1991 年版。
傅雨贤：《现代汉语介词研究》，中山大学出版社 1997 年版。
高耀犀：《现代汉语语法》，中州书画社 1982 年版。
顾乃忠：《主观能动性研究》，江苏人民出版社 1991 年版。
郭锐：《现代汉语词类研究》，商务印书馆 2002 年版。
郭绍虞：《汉语语法修辞新探》，商务印书馆 1979 年版。
郭先珍：《现代汉语量词手册》，中国和平出版社 1987 年版。
韩震：《历史哲学》，云南人民出版社 2001 年版。
何杰：《现代汉语量词研究》，民族出版社 2000 年版。
何自然：《认知语用学——言语交际的认知研究》，上海外语教育出版社 2006 年版。
胡明扬：《现代汉语词类问题考察》，北京语言学院出版社 1995 年版。
胡明扬：《胡明扬语言学论文集》，商务印书馆 2003 年版。
金昌吉：《汉语介词和介词短语》，南开大学出版社 1996 年版。
李泉：《汉语语法考察与分析》，北京语言文化大学出版社 2001 年版。
李葆嘉：《语义语法学导论》，中华书局 2007 年版。
李临定：《现代汉语句型》，商务印书馆 2011 年版。
李宇明：《汉语量范畴研究》，华中师范大学出版社 2000 年版。
李宇明：《语法研究录》，商务印书馆 2002 年版。
黎锦熙：《新著国语文法》，商务印书馆 1998 年版。
刘顺：《现代汉语语法的多维研究》，社会科学文献出版社 2005 年版。
刘挺：《几种数量结构重叠的差异》，陆丙甫等：《语言研究论集》，中国社会科学出版社 2001 年版。
刘丹青：《语序类型学与介词理论》，商务印书馆 2003 年版。
刘月华：《状语的分类和多项状语的语序》，吕叔湘：《语法研究和探索

(一)》，北京北京大学出版社1983年版。
刘月华等：《实用现代汉语语法》，外语教学与研究出版社1983年版。
刘月华：《趋向补语通释》，语言文化大学出版社1998年版。
卢福波：《形容词状语语义指向及其语用特点探析》，中国对外汉语教学学会：《中国对外汉语教学学会第五次学术讨论会论文选》，北京语言学院出版社1997年版。
卢英顺：《"下去"语法语义特点探析》，中国语文杂志社：《语法研究和探索（十一）》，商务印书馆2002年版。
陆俭明：《八十年代中国语法研究》，商务印书馆1993年版。
陆俭明：《关于语义指向分析》，黄正德：《中国语言学论丛（一）》，北京语言文化大学出版社1997年版。
吕叔湘：《中国文法要略》，商务印书馆1942年版。
吕叔湘：《中国文法要略》，商务印书馆1953年版。
吕叔湘：《汉语语法分析问题》，商务印书馆1979年版。
吕叔湘、朱德熙：《语法修辞讲话》，中国青年出版社1979年版。
吕叔湘：《现代汉语八百词》，商务印书馆1980年版。
吕叔湘、王海棻：《马氏文通读本》，上海教育出版社1986年版。
吕叔湘：《吕叔湘全集》，辽宁教育出版社2002年版。
马庆株：《与"（一）点儿"、"差（一）点儿"相关的句法语义问题》，中国语文杂志社：《语法研究和探索（六）》，语文出版社1992年版。
马庆株：《汉语动词和动词性结构》，北京语言学院出版社1992年版。
马庆株：《汉语语义语法范畴问题》，北京语言文化大学出版社1998年版。
马庆株：《变换、语义特征和语义指向》，吕叔湘等：《语法研究入门》，商务印书馆1999年版。
马庆株：《忧乐斋文存：马庆株自选集》，南开大学出版社2004年版。
马庆株：《二十世纪现代汉语语法论著指要》，商务印书馆2005年版。
钱乃荣：《汉语语言学》，北京语言学院出版社1995年版。
饶长溶：《"不"偏指前项的现象》，中国语文杂志社：《语法研究和探索（四）》，北京大学出版社1988年版。
人民教育出版社中学语文室：《中学教学语法系统提要（试用）》，人民教育出版社1984年版。
商务印书馆编辑部：《21世纪的中国语言学（一）》，商务印书馆2004版。

邵敬敏：《八十年代副词研究的新突破》，朱一芝等：《现代汉语研究的现状和回顾》，语文出版社1987年版。

邵敬敏：《副词在句法结构中的语义指向初探》，华东师大中文系：《汉语论丛（一）》，华东师范大学出版社1990年版。

沈家煊：《不对称和标记论》，江西教育出版社1999年版。

史存直：《语法新编》，华东师范大学出版社出版1982年版。

石毓智：《肯定与否定的对称与不对称》，北京语言文化大学出版社2001年版。

石毓智：《语法的认知语义基础》，江西教育出版社2000年版。

宋玉柱：《现代汉语语法论集》，天津人民出版社1981年版。

孙正幸：《哲学通论》，辽宁人民出版社1998年版。

王珏：《现代汉语名词研究》，华东师范大学出版社2001年版。

王珏：《汉语生命范畴初论》，华东师范大学出版社2004年版。

王力：《中国现代语法》，商务印书馆1985年版。

王力：《王力文集》，山东教育出版社1985年版。

王立弟、顾阳：《"宾语指向"的状语修饰语》，陆俭明：《面临新世纪挑战的现代汉语语法研究》，山东教育出版社2000年版。

邢福义：《现代汉语》，高等教育出版社1991年版。

邢福义：《汉语语法学》，东北师范大学出版社1998年版。

邢福义：《汉语语法三百问》，商务印书馆2002年版。

邢福义：《汉语被动表述问题研究新拓展》，华中师范大学出版社2006年版。

严家炎、袁行霈：《缀玉集·北京大学中文系研究生论文选编》，北京大学出版社1990年版。

杨树达：《高等国文法》，商务印书馆1984年版。

袁毓林：《现代汉语祈使句研究》，北京大学出版社1993年版。

袁毓林：《汉语语法研究的认知视野》，商务印书馆2004年版。

袁毓林：《词类性质的证伪性测试和本体论检讨——从科学哲学和分析哲学的角度看》，《语言学论丛（三十三）》，商务印书馆2006年版。

詹人凤：《语义指向与语法关系》，中国语文杂志社：《语法研究和探索（九）》，商务印书馆2000年版。

张斌：《现代汉语实词》，华东师范大学出版社2000年版。

张伯江、方梅：《汉语功能语法研究》，江西教育出版社1996年版。

张敏：《认知语言学与汉语名词短语》，中国社会科学出版社1998年版。

张旺熹：《汉语句法重叠的无界性》，中国语文杂志社：《语法研究和探索（十三）》，商务印书馆 2006 年版。
张谊生：《现代汉语副词研究》，学林出版社 2000 年版。
张亚军：《副词与限定描状功能》，安徽教育出版社 2002 年版。
张志公等：《语法和语法教学——介绍"暂拟汉语教学语法系统"》，人民教育出版社 1956 年版。
张志公：《现代汉语》，人民教育出版社 1982 年版。
赵博源：《汉日比较语法》，江苏教育出版社 1999 年版。
赵艳芳：《认知语言学概论》，上海外语教育出版社 2001 年版。
赵元任：《汉语口语语法》，商务印书馆 1979 年版。
郑贵友：《现代汉语状位形容词的"系"研究》，华中师范大学出版社 2000 年版。
周国光、张林林：《现代汉语语法理论与方法》，广东高等教育出版社 2003 年版。
朱德熙：《定语与状语》，新知识出版社 1957 年版。
朱德熙：《现代汉语语法研究》，商务印书馆 1980 年版。
朱德熙：《语法讲义》，商务印书馆 1982 年版。
朱德熙：《语法答问》，商务印书馆 1985 年版。
朱德熙：《定语和状语的区分与体词和谓词的对立》，《语言学论丛（十三）》，商务印书馆 1984 年版。
朱德熙：《定语和状语》，上海教育出版社 1984 年版。
朱德熙：《朱德熙文集》，商务印书馆 1999 年版。
朱德熙：《朱德熙选集》，东北师范大学出版社 2001 年版。

二　硕博士学位论文

李劲荣：《现代汉语状态形容词的认知研究》，博士学位论文，上海师范大学，2004 年。
青野英美：《现代汉语描写性状语研究》，博士学位论文，华东师范大学，2005 年。
陈平：《英汉否定结构对比研究》，硕士学位论文，中国社会科学院研究生院，1981 年。
崔希亮：《汉语介词与位移事件》，博士学位论文，北京大学，2004 年。
方经民：《现代汉语空间方位参照系统认知研究》，博士学位论文，上海师范大学，2002 年。

沈莉娜：《现代汉语动词副词的协同义研究》，硕士学位论文，南京师范大学，2000年。

税昌锡：《论语义指向》，博士学位论文，华东师范大学，2002年。

唐瑛：《现代汉语自主副词研究》，硕士学位论文，苏州大学，2001年。

张国宪：《现代汉语形容词的选择性研究》，博士学位论文，上海师范大学，1993年。

郑仁淑：《状语问题研究》，博士学位论文，上海师范大学，1997年。

三　学术期刊、集刊论文

崔承一：《说说述补（结果）宾谓语句的语义结构系列》，《汉语学习》1991年第2期。

崔希亮：《"在"字结构解析》，《世界汉语教学》1996年第3期。

陈昌来：《"V上"结构的分析》，《青海教育学院学报》1991年第2期。

陈昌来：《动后趋向动词性质研究述评》，《汉语学习》1994年第2期。

陈昌来：《论动后趋向动词的性质兼谈趋向动词研究的方法》，《烟台师范学院学报》1994年第4期。

陈平：《试论汉语中三种句子成分与语义成分的配位原则》，《中国语文》1994年第3期。

陈平：《释汉语中与名词性成分相关的四组概念》，《中国语文》1987年第2期。

陈小荷：《主观量问题初探——兼谈副词"就""才""都"》，《世界汉语教学》1994年第4期。

陈伟琳：《限定副词"只""就"语义指向辨析》，《信阳师范学院学报》1998年第4期。

陈一：《形容词作状语问题再探讨》，《北方论丛》1987年第5期。

陈一：《试论专职的动词前加词》，《中国语文》1989年第1期。

陈子骄：《"都"的语义指向》，《汉语学习》1996年第6期。

戴浩一：《以认知为基础的汉语功能语法刍议（上）》，《国外语言学》1990年第4期。

戴浩一：《以认知为基础的汉语功能语法刍议（下）》，《国外语言学》1991年第1期。

董金环：《形容词状语的语义指向》，《吉林大学社会科学学报》1991年第1期。

丁凌云：《定语语义指向分析》，《安徽教育学院学报》1999年第2期。

段业辉：《论副词的语义制约》，《南京师范大学学报》1992 年第 2 期。
范迪容：《名词状语初探》，《汉语学习》1987 年第 6 期。
范晓、胡裕树：《有关语法研究三个平面的几个问题》，《中国语文》1992 年第 4 期。
范晓：《关于"施事"》，《汉语学习》2008 年第 2 期。
傅雨贤：《副词在句中的位置分布》，《汉语学习》1983 年第 3 期。
古川裕：《"跟"字的语义指向及其认知解释》，《语言教学与研究》2000 年第 3 期。
古川裕：《关于"要"类词的认知解释——论"要"由动词到连词的语法化途径》，《世界汉语教学》2006 年第 1 期。
郭继懋：《再谈量词重叠形式的语法意义》，《汉语学习》1999 年第 4 期。
郭家翔：《"上来"的语义认知分析》，《科教文汇》2006 年第 5 期。
郭奇军、龙启艳：《非范畴化视角下的现代汉语动词作状语研究》，《集宁师专学报》2010 年第 1 期。
郭昭军：《意愿与意图——助动词"要"与"想"的情态差异》，第十三次现代汉语语法学术讨论会论文，2004 年。
高万云：《指名性状语的句法、语义、语用分析》，《汉语学习》1993 年第 3 期。
高增霞：《从语法化角度看动词直接作状语》，《汉语学习》2004 年第 4 期。
何洪峰、彭吉军：《指宾状语的历时考察》，《语言研究》2009 年第 4 期。
贺阳：《性质形容词作状语情况的考察》，《语文研究》1996 年第 1 期。
洪心衡：《关于名词、动词作状语》，《福建师范学院学报》1963 年第 1 期。
侯友兰：《双系状语的移位考察》，《绍兴文理学院学报》1998 年第 2 期。
侯友兰：《量词重叠的语法语义分析》，《绍兴文理学院学报》1998 年第 3 期。
侯友兰：《定语在句中移位作状语的情况考察》，《保定师专学报》1999 年第 1 期。
侯友兰：《状语在句中移位作定语的情况考察》，《山东大学学报》1999 年第 3 期。
胡明扬：《语法形式和语法意义》，《中国语文》1958 年第 3 期。
胡裕树：《汉语语法研究的回顾与展望》，《复旦学报》1994 年第 5 期。
华玉明：《试论量词重叠》，《邵阳师专学报》1994 年第 3 期。

金昌吉：《方位词的语法功能及语义分析》，《内蒙古民族师范学院学报》1995年第3期。

江天：《也谈连动式和动词作状语的问题》，《沈阳师范学院学报》1987年第2期。

赖先刚：《副词的连用问题》，《汉语学习》1994年第2期。

雷良启：《"分别"的语义指向及相关的歧义问题》，《汉语学习》1999年第3期。

李梅：《析现代汉语NV式状中偏正短语》，《四川师范大学学报》2001年第5期。

李洪儒：《试论语词层级上的说话人形象——语言哲学系列探索之一》，《外语学刊》2005年第5期。

李劲荣：《指宾状语句的功能透视》，《中国语文》2007年第4期。

李晋荃：《试谈非时地名词充当状语》，《苏州大学学报》1983年第4期。

李临定：《带"得"字的补语句》，《中国语文》1963年第5期。

李临定：《施事、受事和句法分析》，《语文研究》1984年第4期。

李小荣：《对述结式带宾语功能的考察》，《汉语学习》1994年第5期。

李宇明：《论词语重叠的意义》，《世界汉语教学》1996年第1期。

李运喜：《范围副词的分类及语义指向》，《宁波师院学报》1993年第2期。

李子云：《状语的语义指向》，《安徽教育学院学报》1993年第3期。

厉振苍：《现代汉语中的介词》，《语言文字学》1987年第7期。

林华勇：《现代汉语副词研究回顾》，《汉语学习》2003年第1期。

林华勇：《可控副词和非可控副词》，《语言研究》2005年第1期。

刘大为：《语义蕴含与修饰成分的移动》，《世界汉语教学》1992年第1期。

刘慧清：《名词作状语及其相关特征分析》，《语言教学与研究》2005年第5期。

刘宁生：《句首介词结构"在……"的语义指向》，《汉语学习》1984年第2期。

刘宁生：《"最"的语义指向与"最"字句的蕴含》，《汉语学习》1987年第5期。

刘培玉：《嵌入"在L"的"把"字句》，《语言研究》2004年第2期。

刘培玉：《嵌入"用"字短语的把字句》，《世界汉语教学》2004年第4期。

刘润清、刘正光：《名词非范畴化的特征》，《语言教学与研究》2004 年第 3 期。

刘师健：《嵌入"从 L"的把字句》，《文教资料》2006 年第 19 期。

陆丙甫：《词性标注问题两则》，《辞书研究》1983 年第 5 期。

鲁川、林杏光：《现代汉语语法的格关系》，《汉语学习》1989 年第 5 期。

陆俭明：《关于定语易位问题》，《中国语文》1982 年第 3 期。

陆俭明：《周遍性主语句及其他》，《中国语文》1986 年第 3 期。

陆俭明：《"VA 了"述补结构语义分析》，《汉语学习》1990 年第 1 期。

陆俭明：《动词后趋向补语和宾语的位置问题》，《世界汉语教学》2002 年第 1 期。

卢福波：《谈汉语动词的相关性及其对句法结构的制约作用》，《世界汉语教学》1994 年第 1 期。

卢建：《可换位摹物状语的句位实现及功能分析》，《语言研究》2003 年第 1 期。

卢英顺：《语义指向研究漫谈》，《世界汉语教学》1995 年第 5 期。

卢英顺：《现代汉语中的"延续体"》，《安徽师范大学学报》2000 年第 3 期。

卢英顺：《论趋向动词问题》，《徐州师范大学学报》2001 年第 3 期。

吕叔湘：《形容词使用情况的一个考察》，《中国语文》1965 年第 6 期。

吕叔湘：《单音形容词用法研究》，《中国语文》1966 年第 2 期。

吕叔湘、王海棻：《〈马氏文通〉评述》，《中国语文》1984 年第 1 期。

吕叔湘：《疑问·否定·肯定》，《中国语文》1985 年第 4 期。

吕叔湘：《汉语句法的灵活性》，《中国语文》1986 年第 1 期。

吕文华：《谈结果补语的意义》，《语言教学与研究》1982 年第 3 期。

马贝加：《时处介词"从"的产生及其发展》，《温州师范学院学报》2002 年第 5 期。

马真：《关于"都/全"所总括的对象的位置》，《汉语学习》1983 年第 1 期。

马真、陆俭明：《形容词作结果补语情况考察（一）》，《汉语学习》199 年第 1 期。

马庆株：《自主动词和非自主动词》，《中国语言学报》1988 年第 3 期。

马庆株：《"V 来/去"有现代汉语动词的主观范畴》，《语文研究》1997 年第 3 期。

齐沪扬：《"N+在+处所+V"句式语义特征分析》，《汉语学习》1994

年第 6 期。

钱汝敏：《否定载体"不"的语义语法考察》，《中国语文》1990 年第 1 期。

荣晶、廖庆睿：《"VA 点儿"祈使句及其语序变换规律》，《云南师范大学学报》2006 年第 1 期。

单宝顺、肖玲：《非自主动词的自主用法》，《淮北煤炭师范学院学报》2009 年第 1 期。

邵敬敏、饶春红：《说"又"——兼论副词研究的方法》，《语言教学与研究》1985 年第 2 期。

邵敬敏：《从语序的三个平面看定语的移位》，《华东师范大学学报》1987 年第 4 期。

邵敬敏：《"比"字句替换规律刍议》，《中国语文》1990 年第 6 期。

邵敬敏：《歧义分化方法探讨》，《语言教学与研究》1991 年第 1 期。

邵敬敏：《量词的语义分析及其与名词的双向选择》，《中国语文》1993 年第 3 期。

沈家煊：《句法的象似性问题》，《外语教学与研究》1993 年第 1 期。

沈家煊：《"语用否定"考察》，《中国语文》1993 年第 5 期。

沈家煊：《"语法化"研究综观》，《外语教学与研究》1994 年第 4 期。

沈开木：《表示"异中有同"的"也"字独用的探索》，《中国语文》1983 年第 1 期。

沈开木：《"不"字的否定范围和否定中心的探索》，《中国语文》1984 年第 6 期。

沈开木：《论"语义指向"》，《华南师范大学学报》1996 年第 6 期。

森山美纪子：《主谓补语句的语义结构研究》，《汉语学习》1999 年第 1 期。

山田留里子：《双音节形容词作状语情况考察》，《世界汉语教学》1995 年第 3 期。

史金生：《情状副词的类别和共现顺序》，《语言研究》2003 年第 4 期。

史锡尧：《动词后"上"、"下"的语义和语用》，《汉语学习》1993 年第 2 期。

史锡尧：《"不"否定的对象和"不"的位置》，《汉语学习》1995 年第 1 期。

石毓智：《时间的一维性对介词衍生的影响》，《中国语文》1995 年第 1 期。

石毓智：《试论汉语的句法重叠》，《语言研究》1996年第2期。
宋文辉：《主观性与施事的意愿性强度》，《中国语文》2005年第6期。
孙德金：《现代汉语名词做状语考察》，《语言教学与研究》1997年第4期。
孙德金：《现代汉语动词做状语考察》，《语言教学与研究》1997年第3期。
孙力平、刘挺：《数量结构重叠的语法功能与分布》，《浙江工业大学学报》2002年第3期。
唐吉辰：《连动式和动词作动词的状语的区别》，《沈阳师范学院学报》1982年第1期。
汤建军：《古汉语名词作状语的语义指向问题》，《江西大学学报》1990年第3期。
汤建军、廖振佑：《古汉语某些状语的语义指向研究》，《内蒙古师范大学学报》1996年第4期。
王冬梅：《动词的控制度和谓宾的名物化之间的共变关系》，《中国语文》2003年第4期。
王红旗：《谓词充当结果补语的语义限制》，《汉语学习》1993年第4期。
王红旗：《动结式述补结构的语义是什么》，《汉语学习》1996年第1期。
王红旗：《论语义指向分析产生的原因》，《山东师大学报》1997年第1期。
王娟：《浅谈非自主动词的重叠》，《语文学刊》2009年第5期。
王俊毅：《陈述性和描写性—形容词状语的分类》，《世界汉语教学》2006年第4期。
王小溪：《现代汉语非时地名词作状语微探》，《河北师范大学学报》2003年第9期。
王振来：《被动表述对自主动词和非自主动词的选择》，《汉语学习》2004年第6期。
王政红：《动词作动词的修饰语研究》，《南京师范大学学报》1989年第2期。
文炼：《论语法学中"形式和意义相结合"的原则》，《华东师范大学学报》1960年第1期。
文炼：《论名词修饰动词》，《上海师范大学学报》1994年第3期。
吴洁敏：《谈非谓语动词"起来"》，《语言教学与研究》1984年第2期。
项开喜：《汉语的双施力结构式》，《语言研究》2002年第2期。

肖辉嵩：《否定词"没有"的语义及其指向》，《汉语学习》1984年第6期。

肖伟良：《试论动词作动词的状语》，《广西师范学院学报》1983年第3期。

肖伟良：《兼语短语前状语的语义指向》，《梧州师专学报》1998年第1期。

邢福义：《现代汉语的特殊格式"V地V"》，《语言研究》1991年第1期。

徐复岭：《连动短语前状语的语义指向》，《汉语学习》1986年第3期。

杨凯荣：《论趋向补语和宾语的位置》，《汉语学报》2006年第2期。

杨亦鸣：《"也"字语义初探》，《语文研究》1988年第4期。

杨亦鸣：《试论"也"字句的歧义》，《中国语文》2000年第2期。

姚汉铭、孙红：《助动词语义指向探析》，《青海师大学报》1992年第3期。

阎仲笙：《试论介词和介宾短语的句法地位》，《河北师范学院学报》1992年第2期。

尹百利：《非自主动词重叠探析》，《兰州教育学院学报》2006年第2期。

尹世超：《结构关系与语义指向》，《语文研究》1988年第4期。

喻芳葵：《普通名词能否作状语》，《江西大学学报》1984年第4期。

喻咏梅：《现代汉语处所状语的语义特征》，《东北师范大学学报》1993年第3期。

喻咏梅：《论"在+处所"的语义功能和语序制约原则》，《中国语文》1999年第1期。

袁明军：《非自主动词的分类补议》，《中国语文》1998年第4期。

袁毓林：《祈使句式和动词的类》，《中国语文》1991年第1期。

袁毓林：《论否定的焦点、预设和辖域歧义》，《中国语文》2000年第2期。

袁毓林：《流水句中否定的辖域及其警示标志》，《世界汉语教学》2000年第3期。

袁毓林：《从焦点理论看句尾"的"的句法语义功能》，《中国语文》2003年第1期。

曾传禄：《汉语位移事件与句法表达》，《集美大学学报》2009年第3期。

曾祥明：《对"动词状语说"之我见》，《沈阳师范学院学报》1984年第3期。

詹人凤：《动结式短语的表述问题》，《中国语文》1989年第2期。

张爱民：《形容词重叠式作状语与作其他成分的比较》，《语言教学与研究》1996 年第 2 期。
张伯江：《词类活用的功能解释》，《中国语文》1994 年第 5 期。
张伯江：《施事角色的语用属性》，《中国语文》2002 年第 6 期。
张国宪：《结果补语语义指向分析》，《汉语学习》1988 年第 4 期。
张国宪：《谓词状语语义指向浅说》，《汉语学习》1991 年第 2 期。
张国宪：《形容词结果补语的语义指向》，《学语文》1991 年第 6 期。
张国宪：《"V 双 + N 双"短语的理解因素》，《中国语文》1997 年第 3 期。
张国宪：《性状的语义指向规则及句法异位的语用动机》，《中国语文》2005 年第 1 期。
张惠英：《崇明方言的连读变调》，《方言》1979 年第 4 期。
张黎：《"有意"和"无意"——汉语"镜像"表达中的意合范畴》，《世界汉语教学》2003 年第 1 期。
张力军：《论"$NP_1 + A + VP + NP_2$"格式中 A 的语义指向》，《烟台大学学报》1990 年第 3 期。
张敏：《从类型学和认知语法的角度看汉语重叠现象》，《国外语言学》1997 年第 2 期。
张世才：《形容词作状语的语义指向与在句中的位置》，《喀什师范学院学报》1999 年第 1 期。
张万禾：《助动词"要"的情态语义分析》，《现代语文》2007 年第 3 期。
张万禾：《汉语动词的意愿范畴及其句法表现——对自主范畴的再认识》，《西北师范大学学报》2008 年第 1 期。
张谊生：《现代汉语副词的性质、范围与分类》，《语言研究》2000 年第 2 期。
郑贵友：《动主双系的形容词状语》，《汉语学习》1995 年第 3 期。
郑贵友：《状位形容词在句法框架中的"系"》，《华中师大学报》1996 年第 2 期。
郑贵友：《"视觉感知类"句子中动宾双系形容词状语》，《汉语学习》1998 年第 1 期。
周刚：《语义指向分析刍议》，《语文研究》1998 年第 3 期。
周国光：《试论语义指向分析的原则和方法》，《语言科学》2006 年第 4 期。
朱德熙：《现代汉语形容词研究》，《语言研究》1956 年第 5 期。

朱德熙:《说"差一点"》,《中国语文》1959年第6期。
朱德熙:《汉语句法里的歧义现象》,《中国语文》1980年第2期。
朱景松:《动词重叠式的语法意义》,《中国语文》1998年第5期。
朱景松:《形容词能动意义的确定和提取》,《语言教学与研究》2002年第3期。
朱子良:《补语语义上的多指向》,《衡阳师专学报》1992年第3期。

附　　表

表 1　　常见可以充当自主状语的动词

自主动词		补	摘	拆	催	搭	代	倒	垫	翻
		转	分	改	赶	混	寄	加	借	笑
		选	骗	抢	散	试	添	续	随	陪伴
		比赛	变换	并列	补充	步行	承包	对比	放手	飞跃
		分工	分类	分散	概括	公开	合并	合作	混合	躲闪
		综合	集中	继续	加班	加紧	加快	加深	加速	交替
		预约	监督	监视	降价	节约	控制	联合	垄断	旅行
		冒险	摸索	模仿	配合	配套	批发	强调	强制	强迫
		区别	缺席	谈判	统一	突击	武装	限制	协商	选举
		选择	商量	延期	抓紧					
过渡区	心理动词	敬	担心	羡慕	同情	感激	后悔	警惕	心疼	忧虑
		关切	放心							
非自主动词	属性动词	保守	封闭	辐射						
	变化动词	病	漏	疯	醉	活	胜利	爆破		
	状态动词	活	醉	滚动	交叉	交错	流动	循环	持续	
备注	1. 具有自主义的动词大多可以凸显方式、变化、结果、状态等义素									
	2. 心理动词作为自主与非自主的过渡区，由于［＋自主］特征本身与人的主观意识有关，可看作一种心理现象，考察心理动词的［＋自主］特征有点类似于"同义反复"。所以，我们一般认为心理动词为非自主动词，或者说是一种弱自主动词。心理动词要凸显其［＋自主］特征，一般要和表示强调人为、意愿等的词语搭配使用，如"……宁愿担心……也不希望去忧虑……"中的"宁愿"和"去"这样的词语									
	3. 本表中的非自主动词有些偶尔可以具有［＋自主］特征，但往往也不是它们的典型用法。例如：作为变化动词的"活"。一般是非自主的表示生存义。如"他还活着"。有时，与表示意愿的词语连用时具有一定的自主义，如"他不想活了"；作为状态动词的"醉"一般具有［－自主］特征，而作为变化动词时可以用于例句"他今天一醉方休"却临时具有了［＋自主］特征									

表 2　　　　　　　　　常见可以充当自主状语的名词

表示人的品质、性格等的名词	赤心	好意	热忱	善心	盛情	真心	忠心	敌意
	恶意	风情	病态	欢心	激情	耐性	柔情	色情
	诗意	俗套	温情	邪气	凶气	幽愤	真情	稚气

其他名词	时间	大会	空难	棋赛	联赛	冠军赛	锦标赛	预选赛	越野赛
		高考	晚饭	中考	中盘	初战			
	空间	半路	草纸	侧门	客场	远海	远道	背后	口头
		屋里	网上	嘴里	庭外	路边	侧门	客场	里边
	范围	暗地里	背地	暗下	全程	部分	局部	全部	背后
		表面	道义	反面	精神	幕后	内部	内线	全线
		外线	原则	总体	智力	纵深			
	方式	暗号	暗语	半价	悲声	薄利	草书	差额	厂价
		单程	单身	等额	低价	低息	毒刑	短信	严词
		恶声	翻版	严刑	高利	高薪	公费	官方	广告
		好话	和平	环线	疾步	集团	集体	巨款	军法
		科教	科技	酷刑	快件	美声	明码	明文	配额
		曲线	全票	全速	热线	实况	视频	手工	手术
		书信	双语	婉言	武力	武装	现金	限额	高价
	工具	笔	鞭	袋	罐	炮	盆	绳	坛
		专车	电脑	红牌	冰袋	暗器	菜刀	钢笔	钢琴
		激光	机枪	键盘	电话	电视			
	材料	水泥	羊毛	棉布	棉花	面膜	药皂	珍珠	毛竹
		萝卜	青椒	土豆	黄酒	米醋	香油		
	状态	高压	低压	真空	常温	超低温			

表3　　常见可以充当自主状语的形容词

性质形容词	毒	恶毒	粗暴	凶恶	阴险	自私	凶残	凶狠	无耻	愚昧
	安全	安心	残酷	迟	久	慢	充分	沉着	准确	匆忙
	从容	低	多	方便	公平	公正	共同	广泛	过分	好
	友好	友爱	合理	和睦	和平	狠	积极	及时	急	坚决
	艰苦	简单	紧急	谨慎	乱	齐	具体	刻苦	快	老实
	灵活	冷静	隆重	深	深入	猛	猛烈	秘密	密切	勉强
	民主	明确	耐心	频繁	平等	平均	平稳	迫切	静	浅
	浅显	强烈	巧	切实	亲切	勤	勤奋	勤俭	轻	轻微
	轻易	清楚	少	准	全面	确切	热烈	热情	热心	仁慈
	认真	容易	远	早	霸道	慈爱	随便	特殊	妥善	歪
	顽强	晚	稳	平稳	稳固	系统	细	仔细	细心	详细
	消极	辛勤	虚心	迅速	严	严格	严厉	严密	严肃	严重
	英勇	勇敢	踊跃	友好	残暴	残忍	真	真诚	真实	仔细
	正	正常	正确	正式	直	直接	主动	庄严	自觉	自由
	暧昧	安闲	安逸	安稳	安定	安分	安静	安宁	安生	笨重
	逼真	便利	傲慢	诚恳	诚实	诚挚	荒唐	慌张	惶恐	混乱
	活跃	豁达	传神	淳朴	成熟	聪明	粗鲁	粗心	粗野	脆弱
	错误	大方	呆板	单纯	得体	地道	刁	动听	毒辣	端正
	短暂	扼要	繁忙	反常	放肆	出色	愤慨	愤怒	疯狂	肤浅
	负责	干脆	刚强	高傲	高明	高兴	工整	公道	固执	果断
	害羞	含糊	含蓄	豪放	豪爽	好奇	好强	好胜	好听	合法
	和蔼	和气	和谐	狠毒	狠心	厚道	糊涂	滑稽	缓慢	欢快
	活泼	机灵	机智	激昂	激动	激烈	急促	急迫	急躁	尖锐
	坚定	坚强	艰辛	简洁	俭朴	娇气	骄傲	焦急	狡猾	狡诈
	矫健	紧凑	紧张	可怜	苛刻	慷慨	精	精彩	精炼	精明
	精辟	精巧	精确	精神	精细	精致	拘谨	拘束	倔	倔强
	均匀	刻薄	恳切	开朗	开心	快活	快	狂妄	困难	阔气
	乐观	冷淡	冷酷	厉害	利落	伶俐	马虎	腼腆	敏感	敏捷
	敏锐	偏激	明朗	明显	明智	耐烦	难过	漂亮	强硬	强壮
	朴实	气愤	恰当	谦虚	巧妙	平常	平淡	平静	平凡	泼辣
	亲密	亲热	勤劳	轻巧	轻浮	轻捷	轻快	轻率	轻松	轻闲
	清晰	清闲	清醒	荣幸	融洽	软弱	善良	深沉	深刻	神秘
	神奇	生硬	实际	实在	舒畅	舒服	舒坦	舒适	熟练	爽快
	爽朗	死板	松散	随和	踏实	坦率	淘气	天真	调皮	贴切
	通畅	痛快	痛心	透彻	突出	颓丧	妥当	完整	顽皮	顽固

续表

性质形容词		微妙	微弱	委屈	委婉	窝囊	文静	文明	稳固	稳健	稳妥
		稳重	温和	温柔	温顺	稀疏	犀利	喜悦	细腻	细致	下流
		鲜明	详尽	潇洒	嚣张	辛苦	兴奋	幸福	醒目	凶猛	虚弱
		殷勤	勇猛	忧伤	忧郁	幽默	油滑	幼稚	庸俗	愉快	愚蠢
		圆滑	匀称	扎实	着急	真切	镇定	镇静	整齐	正当	正经
		直爽	忠诚	忠厚	忠实	周到	周密	庄重	自豪	自然	自在
状态形容词	AA式	草草	匆匆	粗粗	淡淡	多多	好好	狠狠	厚厚	紧紧	直直
		久久	苦苦	快快	辣辣	烂烂	满满	慢慢	美美	密密	重重
		浅浅	轻轻	深深	甜甜	稳稳	稀稀	细细	圆圆	远远	早早
	ABB式	笑吟吟		赤裸裸		喘吁吁		紧巴巴		泪汪汪	
		慢腾腾		闹哄哄		羞答答		颤巍巍		兴冲冲	
		气冲冲		气呼呼		热辣辣		热腾腾		笑眯眯	
	AABB式	安安分分		安安静静		踏踏实实		安安稳稳		稳稳当当	
		敞敞亮亮		匆匆忙忙		大大方方		端端正正		干干脆脆	
		工工整整		清清楚楚		含含糊糊		和和睦睦		和和气气	
		整整齐齐		亲亲热热		简简单单		结结实实		开开心心	
		快快活活		快快乐乐		老老实实		认认真真		利利落落	
		利利索索		凉凉快快		详详细细		零零碎碎		零零星星	
		笼笼统统		啰啰嗦嗦		马马虎虎		热热闹闹		勉勉强强	
		明明白白		痛痛快快		漂漂亮亮		平平安安		舒舒服服	
		平平淡淡		辛辛苦苦		平平稳稳		朴朴实实		切切实实	

表 4　　　　　　　　　　常见可以充当自主状语的副词

方式类副词	暗	暗地	暗里	亲笔	亲身	亲口	亲手	亲耳	亲自	亲眼
	一手	竟相	竟相	苟且	悄悄	偷偷	草草	胡乱	极口	优先
	权且	自行	自动	自发	分别	分批	分期	分头	各自	相互
	公开	共同	一起	一同	一并	一齐	一道	一块	绝对	无偿
	私自	私下	径自	枉自	独个	独自	直接	间接	依次	循序
	相继	逐级	逐一	逐个	逐步	逐条	逐件	逐次	挨家	挨个
	轮番	轮流	交替	次第	鱼贯	快步	徒步	稳步	疾步	徐步
时间类副词	赶快	赶紧	尽早	及早	早日	尽快	率先	早早	趁早	提早
	抢先	重新	连连	反复	屡次	屡屡	暂且	长期	短期	定期
	一再	连续	接连	陆续	不断	一贯	连日	连夜	连年	终日
	终年	彻夜	提前	超前	定时	临时	高速	急速	全速	火速
	快速	飞速	低速	慢速						
时机类副词	趁机	趁便	趁势	乘机	乘势	乘时	乘便	乘虚	借故	伺机
	相机	寻机	借机	当场	当众	即席	就地	实地	临阵	临场
	顺便	顺势	就近	就势	就手	顺路	顺势	顺手	顺带	顺口
	即兴	随口	随手	随身	随笔	随机	信口	信手	信步	
意志类副词	尽管	爽性	潜心	存心	悉心	一心	满心	苦心	蓄意	刻意
	专门	特地	恣意	执意	刻意	着意	大肆	肆意	成心	决意
	特意	有意	故意	极意	擅自	百般	誓死	擅自	干脆	尽情
	爽性	索性	专程	尽自	只管	纵情	径自	只顾	姑且	聊且
	恣情	忘情	任情	特为	特地					
依据类副词	按时	按理	按例	如期	如数	如实	照旧	照直	凭空	据实
	定期	择期	定时	依例	仗势	循例				

后 记

本书是在我的博士学位论文的基础上修改、拓展、完善而成的。2014年我通过中国社会科学出版社申报国家社科基金后期资助项目，因为是以博士学位论文为基础来申报，所以，我写了具体、详细的"修改说明"，同年6月有幸获得立项。此后，我对书稿进行了认真的修改，历时2年时间，终于顺利完成得以正式出版。

本项目的基本信息：国家社科基金后期资助项目编号14FYY007，项目结项证书编号20165196。

在本项目的研究过程中，郑州大学薄守生教授负责协助整理相关资料、打印文稿等工作，所以，在本项目的结项证书中把他列为了课题组成员。作为学术专著正式出版，本书的版权署名只署笔者一人。

在本书即将出版之际，我要感谢那些曾经给予我帮助与关怀的人们。我要特别感谢我的博士生导师朱景松教授，朱老师在治学和研究上的严谨作风是我工作和学习的榜样！我要感谢国家社科基金项目的匿名评审专家和成果鉴定专家，他们的宽容和认真都让我非常感动！我要感谢中国社会科学出版社的语言学专业编审任明老师，在语言学领域他具有很高的专业水平！我需要感谢的人还有很多，在此无法一一列举，我会在心底永远感谢所有的善良的人们！

赖慧玲

2016年11月17日